U0541438

本书为国家社科基金项目"中国特色社会主义与当今人类文明发展道路研究"（11BKS024）成果

中国特色社会主义与人类文明发展道路研究

李红军 陈留根 著

中国社会科学出版社

图书在版编目(CIP)数据

中国特色社会主义与人类文明发展道路研究 / 李红军，陈留根著. —北京：中国社会科学出版社，2018.1
ISBN 978-7-5203-1836-5

Ⅰ.①中⋯ Ⅱ.①李⋯②陈⋯ Ⅲ.①中国特色社会主义-关系-社会发展-研究 Ⅳ.①D61②K02

中国版本图书馆 CIP 数据核字(2017)第 324588 号

出 版 人	赵剑英
责任编辑	田　文
特约编辑	陈　琳
责任校对	张爱华
责任印制	王　超

出　　版	中国社会科学出版社
社　　址	北京鼓楼西大街甲 158 号
邮　　编	100720
网　　址	http://www.csspw.cn
发 行 部	010-84083685
门 市 部	010-84029450
经　　销	新华书店及其他书店
印　　刷	北京君升印刷有限公司
装　　订	廊坊市广阳区广增装订厂
版　　次	2018 年 1 月第 1 版
印　　次	2018 年 1 月第 1 次印刷
开　　本	710×1000　1/16
印　　张	17
插　　页	2
字　　数	282 千字
定　　价	75.00 元

凡购买中国社会科学出版社图书，如有质量问题请与本社营销中心联系调换
电话：010-84083683
版权所有　侵权必究

序　言

《中国特色社会主义与人类文明发展道路研究》一书，是贵州师范大学李红军教授近期撰写的一本著作。这部著作是作者承担的国家社科基金项目的成果。本书对这一问题做了较为深入地理论阐述，具有比较强的针对性或现实性。

在世界历史舞台上，社会主义经历了从空想到科学、从理论到实践、从一国实践到多国实践的发展，20世纪中期曾有过"东风压倒西风"的辉煌。然而，随着东欧剧变、苏联解体，国际共产主义运动走向低迷，人们一度陷入"社会主义路在何方"的彷徨。

在中华大地上，中国特色社会主义道路的开辟，中国特色社会主义理论体系的形成，中国特色社会主义制度的确立，创造了举世瞩目的重大成就，"意味着近代以来久经磨难的中华民族实现了从站起来、富起来到强起来的历史性飞跃，意味着社会主义在中国焕发出强大生机活力并不断开辟发展新境界，意味着中国特色社会主义拓展了发展中国家走向现代化的途径，为解决人类问题贡献了中国智慧、提供了中国方案"。本书以马克思主义的科学原理、科学精神和科学方法为指导，展开了对中国特色社会主义与人类文明发展道路的研究。

从研究内容上看，本书首先着重探讨了文明和人类文明史在历史唯物主义范畴体系中的地位。长时期以来，学界关于人类文明有多种多样的界定。马克思、恩格斯从人类社会发展规律的高度，从人和自然的关系，民族、地域和国家的差别等角度论述过文明，尤其是古代文明、资本主义文明。马克思、恩格斯的战友、学生和后继者从多角度论述过文明。本书始终坚持马克思主义的基本观点，通过挖掘马克思列宁主义、毛泽东思想和中国特色社会主义理论体系中关于文明的思想，根据人类文明史发展的实际，针对意识形态领域提出的种种问题，对文明的内涵和外延做了理论阐述，对文明的类型进行不同层次、侧面的划分，对人类文明发展进步的历程作出整体性描述，并从哲学、历史和科学社会主义的高度作出理论分析。论证人类文明发展的一般规律与它在特定国家及其个别发展阶段上的特殊规律的统一。人类社会、人类文明创造活动在社会基本矛盾运动推动下由低级向高级发展的普遍性规律，总是通过不同种族、民族和国家的独特环境实现的，总要打上民族的烙印，具有其特殊性质。因而作为人类实践创造活动成果的人类文明发展，是既统一又多样的过程。所以多样性是世界文明的一个基本特征，也是人类文明进步的重要动力。

其次，从历史理论和现实的结合上，着力探讨中国特色社会主义道路与人类文明史的关系。目前，学界对中国特色社会主义的研究论著颇多，但对中国特色社会主义道路与人类文明史的关系研究还很不足。本书通过深入发掘和研究相关的历史文献资料，以世界历史眼光将中华文明与古希腊文明、古埃及文明、古印度文明进行比较研究，阐明古希腊文明、古埃及文明、古印度文明等都由于种种原因而先后中断，唯有中华文明是人类文明史上没有中断的文明，并深入探讨其内在的原因和启示。创造性地提出并界定了社会主义中华文明的崭新概念，认为社会主义中华文明是中国在社会主义制度下特别是在新开辟的中国特色社会主义道路上形成的文明成果的综合，无论是在中华文明史上、在社会主义文明史上，还是在整个人类文明史上，都是一个伟大的创举。中国特色社会主义道路由其内在的要素（社会制度、指导思想、领导力量等）所决定，是一条能够正确处理同人类文明史上各种关系的成功道路；它虽然还处在探索、发展中，但它不仅从根本上克服了资本主义由其内在矛盾所产生的历史局限性，为解决资本主义制度下不可能根本解决的共同富裕、人类和平共处、消灭战争、人与自然和谐等世界性、全球性的问题提供了社会制度前提，找到了解决问题的途径，而且在物质文明、政治文明、精神文明、生态文明等建设方面取得的辉煌成果已经为推进中华文明、社会主义文明和人类文明作出了独特贡献。我认为，这些方面的探索是十分值得肯定的。

再次，从人类文明史的特定视角展望未来。当代中国对世界社会主义文明、从而对人类历史发展还肩负着一种责任，即"只要中国不倒，社会主义就能在世界上站得住"（邓小平）。中国仍处于社会主义初级阶段，中国特色社会主义道路面临发展中的诸多问题正在探索之中，还存在多方面待解决的问题，例如，以美国为首的西方国家推行"西化""分化"和

"和平演变"战略对社会主义中华文明构成的严峻挑战；以西方发达国家占主导的全球化对社会主义中华文明造成的历史机遇和巨大挑战；西方的金融危机对社会主义中华文明造成的历史机遇和挑战。本书以探讨中国特色社会主义道路与当代资本主义文明的关系为重点，研究如何正确处理社会主义中华文明与古代文明、未来发展的共产主义文明等多种文明的关系。对今后如何加强中国特色社会主义建设，进一步推动社会主义中华文明、社会主义文明和人类文明的发展，作了有创新性的探索和科学论证。

最后，系统梳理、科学分析了关于"过时论""背离论""西方中心论"等论说的观点、依据、论证手法，并作了有深度的理论说明。这大大增强了论著的针对性和现实性。

本书始终注意在坚持正确的政治导向的同时，重视其科学性和学术性。无论是在资料的考证和使用上，理论观点的论证和逻辑安排上，还是在政策分寸的把握以及文字的表述上，都注意凸显这一要求。

虽然该书的作者下了一番功夫，在查阅大量文献的基础上形成目前的成果实属不易，但仍存在许多问题，比如，对中国特色社会主义是中华文明发展的新阶段还缺乏深入分析；中国特色社会主义与人类文明发展道路的关系总结、提炼还需进一步加强。希望作者进一步深化研究，以结出更加丰硕的理论研究成果。

李红军教授《中国特色社会主义与人类文明发展道路研究》一书出版之际，邀我写序，通读书稿后写下上述话语，以此为序。

靳辉明

目 录

导 论 ……………………………………………………………… (1)

第一章 人类文明发展的一般特点和东方国家文明进步道路的特殊性 ……………………………………………………… (18)
 一 人类文明发展的一般特点 ………………………………… (18)
  （一）历史唯物主义视野中的文明 ……………………… (18)
  （二）人类文明史上一些带规律性的特点 ……………… (29)
 二 东方国家文明进步的特殊性 ……………………………… (36)
  （一）马克思主义视野中的东方概念 …………………… (36)
  （二）东方文明的共同特点 ……………………………… (39)
  （三）东方国家文明进步的特殊性 ……………………… (42)
 三 马克思、恩格斯东方社会理论的价值意蕴 ……………… (48)
  （一）对认识人类历史的发展进程和规律具有方法论意义 … (48)
  （二）为东方落后国家走向社会主义道路提供了理论源泉 … (49)
  （三）对推进社会主义建设具有启示意义 ……………… (50)

第二章 人类文明发展视野中的中国特色社会主义 ……………… (53)
 一 中国特色社会主义不是脱离世界文明发展的另辟蹊径 … (53)
  （一）世界文明进程处在各种文明交流交融的历史阶段 … (53)
  （二）社会主义是世界文明整体的有机组成部分 ……… (55)
  （三）参与世界文明进程是中国特色社会主义的必然选择 … (56)
 二 中国特色社会主义对人类文明的继承和发展 …………… (58)
  （一）顺应了人类社会的发展规律 ……………………… (58)
  （二）吸收借鉴了资本主义文明成果 …………………… (60)

（三）坚持和发展了科学社会主义 …………………………（64）
　　（四）汲取了中国优秀传统文化的智慧 ……………………（66）
 三　中国共产党人对中国特色社会主义的探索 …………………（68）
　　（一）中国特色社会主义根植于中国历史和现实实际 ……（69）
　　（二）中国特色社会主义的探索历程 ………………………（76）

第三章　中国特色社会主义是中华文明发展的新阶段 ……（84）
 一　中华文明是人类文明史上唯一没有中断的文明 ……………（84）
　　（一）中华文明的历史流变 …………………………………（85）
　　（二）中华文明延续的原因 …………………………………（91）
 二　社会主义中华文明是中华文明发展的新阶段 ………………（95）
　　（一）社会主义中华文明的新概念 …………………………（95）
　　（二）社会主义中华文明作为中华文明发展新阶段的特征 ……（118）
 三　中国特色社会主义在多层面上推进了人类文明的发展 ……（130）
　　（一）谱写了中华文明史的时代续章 ………………………（130）
　　（二）延拓了社会主义文明史的发展维度 …………………（132）
　　（三）增添了世界文明史的内容厚度 ………………………（134）

第四章　中国特色社会主义同几种模式的比较 ……………（136）
 一　中国特色社会主义与经典科学社会主义的比较 ……………（136）
　　（一）科学社会主义的基本原则 ……………………………（137）
　　（二）中国特色社会主义与科学社会主义的联系与区别 …（139）
　　（三）对"过时论""背离论"的辨析 ………………………（149）
 二　中国特色社会主义与苏联模式社会主义的比较 ……………（150）
　　（一）苏联模式的界定 ………………………………………（151）
　　（二）中国特色社会主义与苏联模式社会主义的异同 ……（153）
　　（三）正确看待苏联模式和中国特色社会主义的关系 ……（160）
 三　中国特色社会主义与民主社会主义模式的比较 ……………（163）
　　（一）民主社会主义的嬗变 …………………………………（164）
　　（二）中国特色社会主义与民主社会主义发展模式的根本
　　　　　分歧 ………………………………………………………（169）
　　（三）借鉴民主社会主义合理成分，发展中国特色社会

主义 …………………………………………………………… (172)
 四　中国特色社会主义与新美国模式的比较 ……………………… (177)
  （一）新美国模式的兴起 ……………………………………… (177)
  （二）中国特色社会主义与新美国模式的区别 …………… (180)
  （三）中国特色社会主义与新美国模式的相通之处 ……… (184)
  （四）学习借鉴新美国模式必须抵制盲目崇拜西方 ……… (184)

第五章　中国特色社会主义对人类文明发展的贡献 ……………… (188)
 一　中国特色社会主义道路对人类文明发展的贡献 …………… (188)
  （一）增加了人类文明发展的物质财富 …………………… (189)
  （二）展示了世界文明发展多样性的基本特质 …………… (190)
  （三）唤起人们对社会主义的信心 ………………………… (192)
  （四）为解决人类文明的共同性问题提供了现实可能 …… (193)
  （五）开创了大国崛起的和平发展之路 …………………… (196)
  （六）为发展中国家提供了榜样示范 ……………………… (198)
 二　中国特色社会主义理论体系对人类文明发展的贡献 ……… (200)
  （一）深化了对三大规律的认识 …………………………… (200)
  （二）提供了理论指南和思想借鉴 ………………………… (206)
 三　中国特色社会主义制度对人类文明发展的贡献 …………… (208)
  （一）实现了由少数人的统治到多数人成为社会主人的转变 … (209)
  （二）结束了只有少数人富裕而大多数人贫穷的历史 …… (210)
  （三）为人类追求公平正义提供了可靠的制度保障 ……… (212)
  （四）实现了人类社会制度史上的深刻变革 ……………… (213)
  （五）为正确处理人类社会面临的问题提供了新思路 …… (215)

第六章　坚持和发展中国特色社会主义，推动人类文明发展 …… (218)
 一　关于中国特色社会主义的国际评论 ………………………… (218)
  （一）国际社会为什么关注中国特色社会主义 …………… (218)
  （二）国际社会怎样看待中国特色社会主义 ……………… (220)
  （三）国际社会关注中国特色社会主义的特点 …………… (227)
 二　在人类文明发展视野中推进中国特色社会主义建设 ……… (229)
  （一）中国共产党人最终价值目标的要求 ………………… (229)

（二）为国际社会分担责任、多作贡献的要求 ………………（231）
（三）总结中国特色社会主义经验，为人类文明发展提供
　　　借鉴 …………………………………………………………（232）
三　处理好同多种文明的关系 ……………………………………（242）
（一）正确处理中国特色社会主义文明同共产主义、中华传统
　　　文明的关系 …………………………………………………（242）
（二）正确处理中国特色社会主义文明同资本主义文明的
　　　关系 …………………………………………………………（244）

结　语 ………………………………………………………………（249）

参考文献 …………………………………………………………（251）

后　记 ………………………………………………………………（262）

导　论

一

　　迄今为止，中国特色社会主义已历经四十个春秋。在这惊心动魄的发展过程中，中国创造了世界文明史上的"奇迹"，对中国历史和整个世界历史的进程产生了深刻的影响。中国独特的发展道路引起了国内外政要、学者的广泛关注，成为研究的热点。这一课题的提出，既是当代中国追求文明进步实践并取得举世瞩目的巨大成就的必然反映；又是拓宽、深化中国特色社会主义理论研究，从人类文明发展的高度对中国特色社会主义进行理论提升的内在要求；更是运用马克思主义理论正确应对、科学分析有关"中国特色社会主义"种种国际评论与学术思潮，弘扬社会主义中华文明的迫切需要。

　　1. 中国找到了一条不同于西方现代化模式的、人类追求文明进步的新路，取得了辉煌成就，引起了国际社会的广泛关注

　　当代中国把科学社会主义的基本原理和中国的具体实际相结合，在坚持自力更生的基础上实行对外开放，主动、大胆地吸收当代资本主义文明中的精华，特别是其先进的生产力、高质量的生产要素以及组织和管理社会化大生产的丰富经验，利用资本主义发展社会主义，走出了一条不同于西方国家现代化模式的、人类追求文明进步的新路，取得了耀人眼目的成就。从经济总量来看，中国已经成为世界第二大经济体；政治上，中国特色的社会主义民主制度得到长足发展，人民代表大会制度、中国共产党领导的多党合作和政治协商制度、民族区域自治制度在维护政治稳定、维护民族团结和推进科学发展方面取得了巨大的成就；社会建设上，强调以人为本，把维护社会的公平正义放在突出位置，关注就业和分配的公平，在

解决低收入者的诸方面困难,缓解收入分配差距扩大的趋势,促进共同富裕等方面成就卓著,稳定和谐的社会愿景正在形成;文化上,以社会主义核心价值体系为内核的社会主义文化空前繁荣。

与中国特色社会主义相对照,自20世纪80年代中期以来,苏联和东欧社会主义国家的改革相继失败。在与资本主义的全面竞争与抗衡中,走社会主义发展道路的苏联模式被击垮,世界社会主义运动在总体上进入了暂时的低潮,资本主义世界由于冷战的胜利而处于相对的强势地位,资本主义文明一时成为了当代世界的主流文明。但是,自2008年美国次贷危机引发的全球性金融危机后,资本主义文明所内在固有的不可克服的矛盾和危机以金融危机的形式再次爆发出来,这场危机使人们对资本主义文明的反思更为深刻。而社会主义中国在这场危机中出色的应对能力和负责任的大国作为,赢得世界各国人民的更多尊重和好评。同时也引起了国际社会对中国特色社会主义这一独特的文明形态的广泛关注,引起了一些有远见卓识的政治家、思想家和学者的深刻思考。美国的马丁·哈特等人说:中国发展经验表明,"它提供了一种可行的、成功的选择"①。新加坡的程翔说:"中国模式的最大作用在于,它提供了另外一种发展路径——而且可能在于提供了一种迂回的前进路线,从而绕过当前源自西方的经济问题。"② 这些评论表明,中国特色社会主义既坚持了马克思主义的基本理论,坚持和发展了社会主义制度的优越性,又将西方的和非西方的先进经验、中华传统文明的成果引入中国特色社会主义文明的发展之中。这种新的发展道路,在人类文明历史进程中,既超越了社会主义的苏联模式,又超越了西方资本主义的发展模式,其发展理念、发展道路为世界文明发展注入了新的活力。

中国特色社会主义的伟大实践及其巨大成就,社会主义中华文明与已有文明成果及文明形态的复杂关系,特别是当代资本主义文明与社会主义文明之间的消长进退的复杂态势,构成了本课题研究的现实背景。

2. 从人类文明史的高度对中国特色社会主义进行深化和拓展研究,已经成为摆在国内广大理论工作者面前的一个时代课题

党的十七大在全面总结中国特色社会主义发展的历史经验的基础上,

---

① [美]马丁·哈特—兰兹伯格、保罗·伯克特:《解读中国模式》,庄俊举编译,《经济社会体制比较》2005年第2期。

② Ching Cheong, "Success of the Chinese model", The Straits Times, May 28, 2009.

从道路和理论体系两个方面对中国特色社会主义进行了概括和规定，党的十八大报告对中国特色社会主义的内涵作了更进一步的全面阐释。将"社会主义生态文明，促进人的全面发展，逐步实现全体人民共同富裕"加入中国特色社会主义道路中，从而揭示了这条道路的价值目标；把"科学发展观"作为中国特色社会主义理论体系的重要组成部分，深化和提升了对"实现什么样的发展、怎样发展"这一重大理论和实践问题的认识，从而将中国特色社会主义理论体系推向新阶段；明确指出了中国特色社会主义制度是由根本政治制度、基本政治制度与具体制度组成。并将"中国特色社会主义制度"的提法首次写进党的代表大会报告，这是中国特色社会主义不断走向胜利、进一步走向成熟的重要标志。这样的科学概括和准确表述，为我们准确把握和科学认识中国特色社会主义及其形成的中华社会主义文明形态提供了可能。

十七大以来，国内学术界围绕"一面旗帜、一条道路、一个理论体系"，对中国特色社会主义进行了热烈的讨论，内容涉及其时代背景、思想来源、理论基础、现实依据、科学内涵、逻辑结构、主要内容、理论体系、主要特点，指导作用、重大意义以及旗帜、道路和理论体系的关系等多个方面，在每一个方面都提出了许多有科学价值的观点。这些成果有力地推动了马克思主义中国化、时代化、大众化研究的拓展和深化，对马克思主义的理论创新起到了巨大的促进作用，也推进了中国特色社会主义建设实践的发展。当然，对中国特色社会主义的研究仍有不足之处。这就要求我们在以后的研究中进一步拓宽中国特色社会主义理论研究的视域，特别是要以马克思主义宽广的世界眼光，进一步从理论上提炼、升华中国特色社会主义发展道路，引导全国人民自觉坚持走中国特色社会主义道路，帮助国际社会更好地认识中国特色社会主义，推动社会主义中华文明走向世界，提升其国际影响力。

3. 运用马克思主义理论正确应对、科学分析有关"中国特色社会主义"种种国际评论，批驳各种错误思潮和观点，形成强大的文化凝聚力，推动中华民族的伟大复兴，成为我国意识形态领域工作和国际交流中面临的重大任务

近些年来从人类文明发展角度评论中国特色社会主义，已经成为国际学术界的一个热点领域，也成为当前意识形态领域斗争的一个重要方面。国际评论的不同流派、具体观点甚多，交锋激烈。概括起来无非是两大方

面：一是充分肯定、客观评价；二是别有用心的"捧杀"或"棒杀"。正反两方面的观点都涉及历史唯物主义的基本原理，特别是马克思主义的世界历史思想和东方社会理论中关于人类文明发展的总趋势和各个国家、民族发展的具体道路，特别是经济文化落后国家率先进入社会主义的客观必然性、可能性、现实性以及进入社会主义以后如何建设社会主义、如何巩固和发展社会主义的一系列问题。涉及中国特色社会主义的性质、经济发展方式、发展趋势和世界历史意义问题。面对这些国际评论，特别是诸如"西方中心论"、"历史终结论"、"中国崩溃论"、"中国威胁论"、"西方普世价值论"、"西方资本主义翻版论"等错误思潮和反动观点的挑战，中国的理论工作者如何以马克思主义为指导，从哲学、经济学、政治学和历史学等多学科的综合视角，密切结合世情、国情和党情现实，对其进行科学分析，作出马克思主义的科学回答，以帮助人们澄清理论是非，划清思想界限，端正对中国特色社会主义及其在人类文明史上的历史地位的看法，已经成为一个十分迫切的重大任务。

二

研究中国特色社会主义与人类文明发展道路的关系这一问题，既具有基础理论性，又具有强烈的意识形态的针对性。无论是从理论上说，还是从政治上说，都具有重大的意义。

1. 有助于深化对马克思主义基础理论的研究。为了能清楚地阐明中国特色社会主义对人类文明发展的贡献，必须做好理论铺垫。这涉及历史唯物主义和科学社会主义的一系列基本理论问题，如：要论证人类文明发展的一般规律与它在特定国家及其个别发展阶段上的特殊规律的统一理论，人类历史、人类文明的纵向发展和横向发展的有机结合、前进性和曲折性的统一理论，要阐明马克思主义关于社会主义本质的统一性和社会主义发展道路、发展形式的多样性理论。要研究如何利用资本主义来发展社会主义，正确处理中国特色社会主义同当代资本主义文明关系的理论等，这些工作定会大大深化马克思主义基本理论及其与现实问题结合的研究。

2. 有助于深化、拓宽对马克思主义中国化最新理论成果——中国特色社会主义理论体系的研究。促进人们从人类文明发展的宏大视野去认识中国特色社会主义及其形成的社会主义中华文明，认识其形成的特点及其对人类文明作出的伟大创造和贡献；促进人们从人类文明发展基本规律的视角去深入理解和把握中国特色社会主义的本质内涵、中国特色社会主义道路与人类文明发展的内在联系；规律与道路、一般与特殊、世界性与民族性等辩证关系，从而把握中国特色社会主义道路在人类文明发展史上的历史地位，并推动中国特色社会主义理论的创新。

3. 有助于进一步推动中国特色社会主义建设。本课题研究要从人类文明发展的角度总结中国特色社会主义在改革、发展中胜利和挫折的经验教训，分析、比较各种不同性质国家发展中的异同，使我们从历史的经验、智慧和启示中，深化对中国特色社会主义发展的内在规律（社会历史发展规律、社会主义建设规律、共产党执政规律等）的认识，以正确评估业已取得的成就，清醒地面对发展中存在的问题，有效应对前进中面临的困难与挑战，进一步加强中国特色社会主义建设，为推动社会主义中华文明，进而推动人类文明的发展作出新的贡献。

4. 有助于深刻批判和有力抵制各种错误的理论与思潮。较长时期以来，国外流行种种诋毁当代中国的怪论，如"欧美中心论"、"历史终结论"、"世界趋同论"、"中国威胁论"，国内也存在盲目崇拜西方的错误思潮和观点。从理论上科学说明中国特色社会主义与人类文明发展的关系，必将有助于消除或削弱这些错误理论与思潮的影响，扩大马克思主义的阵地；而且可以把马克思主义理论研究推向深入，提升到新高度，提高自觉运用中国特色社会主义理论体系指导学术研究和宣传活动的能力。

5. 有助于为中国赢得宝贵的话语权。深入研究这一问题，科学阐明中国特色社会主义对国际社会的参与，所承担的国际责任，对解决人类面临的共同问题作出的贡献，以及对全球治理的现状和未来的影响，必将有助于为中国赢得主动和宝贵的话语权，为我国扩大开放提供理论支撑。

三

进入新世纪以来，关于中国的发展道路、发展模式及其与人类文明发展道路的关系，引起了国内外的政界、学术界的强烈关注和热议。

国内学术界直接以本问题命名的专论尚不多见。但是，有多个学科的著作和论文，实际上从不同的角度探讨和论证了这个问题。这些论证综合起来，大致涉及以下几个层面：

1. 关于中国特色社会主义的研究

中国特色社会主义是近些年来国内学者研究的热点课题。从文献查阅看，党的十七大之前，专门以"中国特色社会主义"命名的研究成果，不足200篇，学术专著更少。党的十七大报告对中国特色社会主义理论体系和中国特色社会主义道路作出了明确界定。此后，学术界高度关注中国特色社会主义的研究，涌现了大量研究成果。十八大召开前的4年多时间里，关于中国特色社会主义的总体研究，有专著450多部，论文7153篇。自十八大报告对中国特色社会主义内涵作出新的全面阐释以来，学术界新增专著1024部，论文7516篇。其内容涉及时代背景、思想来源、理论基础、现实依据、概念界定、逻辑结构、主要内容、范畴体系、理论特点、指导意义、历史地位、"道路、理论、制度"的关系等广泛的方面。每一个方面都提出了许多有科学价值的观点。这里只概述以下四点：

第一，中国特色社会主义的形成时间问题。

突出的有三种见解。一是"始于毛，成于邓"；二是始于党的十一届三中全会；三是始于党的十二大；还有其他的一些看法。

第二，中国特色社会主义的内涵问题。

大多数学者赞成党的十八大的概括，认为这是对我国社会主义建设经验，特别是改革开放以来我们党进行理论和实践的双重探索所取得的经验的最权威的总结，既包括国内社会主义建设的经验，也包括国外一些社会主义国家的先进经验，全党应高度重视并始终坚持。有学者认为，中国特色社会主义道路实际上包括了党的指导思想、经济制度和体制、发展战略和对外关系、政治体制、文化及社会事业六个方面。有学者认为，中国特色社会主义道路的内涵包括制度依托（经济制度、政治制度、文化制度）、发展内涵（四个文明建设）、路径选择（包括发展动力和发展条件）、目标指引四个方面及其内在联系。有学者认为，中国特色社会主义，是以理论（马克思主义）为指导，以制度为依托，以发展为主题和主线，以经济为重点，以路径为平台，以又好又快的发展和现代化为目标，形成了一个比较完整、配套、协调的科学体系。

第三，中国特色社会主义的特征问题。

有学者把中国特色社会主义的特征概括为以民为本、市场经济、共同富裕、中华文化和民主政治；有学者把中国特色社会主义的特征概括为：马克思主义指导的社会主义精神文明、公有制为主体的社会主义市场经济、共产党领导的社会主义民主政治；也有学者认为，中国特色社会主义具有社会和谐、以人为本、科学发展的基本特征。

第四，中国特色社会主义的价值问题。

一些学者认为，中国特色社会主义的和平发展道路，是人类追求文明进步的一条新路。它在发展经济、摆脱贫困上，给第三世界指出了奋斗方向。也有学者认为，这条道路为社会主义国家巩固、建设和发展提供了成功的范例，对发展中国家产生着榜样效应，同时也为整个世界的发展提供了新的经验和理念。还有学者提出，中国特色社会主义道路破解了社会主义建设和发展的"历史难题"，创造了社会主义建设和发展的"民族形式"，开辟了世界社会主义运动复兴的正确方向，提供了科学社会主义在当代的重要试验平台，显示了社会主义制度的优越性和光明的未来。

国内学术界对中国特色社会主义的研究普遍注意到三个重大问题，即：坚持科学社会主义基本原则同中国特征、时代特征的关系；中国特色社会主义同马克思列宁主义、毛泽东思想关于社会主义革命和建设理论的关系；中国特色社会主义的开放性同如何处理与当代资本主义的关系。在这三个重大问题上，绝大多数学者遵循党的基本理论立场，从不同学科的角度作了不同程度的探讨，深化了对中国特色社会主义的认识，推动了马克思主义中国化、时代化和大众化的研究。但是在这三个问题上也有不同的声音。特别是对中国特色社会主义同马克思列宁主义、毛泽东思想关于社会主义革命和建设理论的关系问题上，有学者把它们对立起来或者割裂开来，离开了党的理论立场，造成了不良后果。对中国特色社会主义的研究需要进一步扩大视野，特别是需要把中国特色社会主义放到人类文明历史的宏阔领域去考察，把握它在整个世界文明发展中的贡献和地位。

2. 关于世界文明的研究

20世纪80年代，伴随思想的解放和改革开放的深入，围绕如何建设社会主义的高度物质文明和精神文明、推进中国社会主义现代化这一主题展开了广泛争鸣，形成了近代以来中国历史上有关文明问题的第二次大讨论，取得了一定的成果。在讨论中，有学者指出，冷战结束后，世界格局和国际形势发生急剧变化，国与国之间的竞争取决于国家在物质文明、精神文明等方面的综合实力。这种背景促使不少国内学者把注意力转向文明问题的研究，并对各种文明进行比较对照。1998年联合国大会通过决议，确认了世界上各种不同文明的存在，并把2001年定为"文明对话年"。

之后，中国社会科学院专门成立了"世界文明研究"课题组和世界文明比较中心，于1999年、2002年、2010年三次组织编写出版多卷本专著《世界文明大系》、《世界文明图库》和《世界文明通论》。此外，另有学者出版了《文明的祈盼：影响人类的十大文明理论》、《世界文明论研究》等大批专著和论文。

这些著作和论文深刻展现了我国学者的文明观和文明史研究成果，提出了我国学者关于文明的理论框架，为从人类文明史的视野研究中国特色社会主义作了一定的理论铺垫。

3. 关于中国特色社会主义道路与资本主义文明关系的研究

近些年来国内学者对中国特色社会主义道路与资本主义文明的关系展开广泛的讨论，提出的观点很多。如有学者认为，走中国特色社会主义道路要赢得与资本主义相比较的优势，就必须吸收资本主义的积极文明成果，善于利用资本主义建设社会主义。落后国家率先进入社会主义以后，由于原有基础薄弱，建设和发展社会主义，离不开正确认识和对待资本主义。

有学者认为，在"社会主义初级阶段"基础上，具有中国特色的市场经济、民主政治、先进文化、和谐社会等战略性选择，蕴涵着对迄今为止一切人类文明成果的吸收。科学发展观，就是立足社会主义初级阶段基本国情，总结我国发展实践，借鉴国外发展经验，适应新的发展要求提出来的。

也有学者认为，整个人类文明发展的历史，都是继承与否定的关系，社会主义制度与资本主义制度之间的关系也不例外。社会主义与资本主义是人类社会发展链条上的两个相互衔接的环节，社会主义是在资本主义创造的文明成果的基础上发展而来的，资本主义是社会主义的最直接的历史前提。脱离开资本主义创造的文明基础的社会主义，决不是科学社会主义。继承资本主义时代一切有利于社会主义自身发展的文明成果是社会主义的本质所在和客观要求，是社会主义富有活力、魅力之所在。

还有学者认为，尽管中国社会与西方社会无论在理念、制度、模式、风格上，都存在巨大的差异，但作为人类文明发展的成果，都在不同程度上体现着人类文明进步的内在规律，在相当长的时期内有很强的互补性。相互借鉴、取长补短，这是人类文明之间应有的态度。

4. 关于中国特色社会主义与人类文明关系的研究

如前所说，国内学者对中国特色社会主义与人类文明关系的研究相对较弱,但近几年情况有所变化。仅从课题立项情况来看,有国家社科基金一般项目"中国特色社会主义与人类发展模式创新研究"(2012年,天津师范大学)、有国家社科基金重大项目"中国特色社会主义道路与人类文明发展研究"(2011年,复旦大学)、国家社科基金重点项目"中国特色社会主义道路与人类文明史研究"(2011年,贵州师范大学)、国家社科基金青年项目"中国特色社会主义与人类文明发展道路研究"(2011年,中央党校)、国家社科基金一般项目"世界大变革背景下中国特色社会主义发展道路研究"(2010年,中共黑龙江省委党校)、国家社科基金重点项目"国际化视野中的中国特色社会主义道路"(2009年,北京市社会科学院)、国家社科基金一般项目"中国特色社会主义道路和发展模式的创新性及其国际意义分析"(2008年,浙江工商大学)。这些课题大部分尚在研究中,成果多未推出。从一些学术研讨会上交流的观点和推出的阶段性成果看,大致涉及以下内容:

第一,有关中国特色社会主义道路与人类文明关系的基础理论研究。一些学者研究马克思主义经典著作,特别是社会发展理论、马克思的三社会形态和五社会形态学说时,突出了对马克思关于历史向世界历史转变、东方社会理论、相同的经济基础由于不同的经验事实的影响显示出变异和程度等差别思想的研究。一些学者研究了列宁关于世界历史发展的一般规律以个别发展阶段在发展形式上或顺序上表现出的特殊性为前提的思想,关于帝国主义时代世界划分为压迫民族和被压迫民族的思想,关于向社会主义过渡由于地方差别会产生多种多样特点的思想。

第二,论证中国特色社会主义道路对人类文明发展道路及其理念的丰富和发展。

有的成果列举大量事实和数据详细论述当代中国在物质文明、精神文明、政治文明、生态文明等方面的建设成就以及对国际社会的援助,论述了中国特色社会主义道路对人类文明发展道路的新贡献。

有的成果在批判西方学者关于"历史终结"论、"欧美中心论"、"趋同论"等等观点时,依据胡锦涛关于"多样性是世界文明的一个基本特征。人类历史发展的过程,就是各种文明不断交流、融合创新的过程"的论断,指出世界历史并没有因美国的发展模式而终结,没有也不会始终以欧美为中心。不同性质的国家也并不会随着科学技术的发展,通过不同的改革而达到资本主义的趋同,"趋同论"是以唯技术主义为基础宣扬的资本主义制度的永恒论。进而论证了中国特色社会主义对人类文明发展道路及其理念的丰富和发展。

有的论文认为，在人类文明的发展史上，中华文明是唯一没有出现断层的文明，连续性特征最强。在我国五千年文明史中，中华民族创造了光辉灿烂的文明，铸就了民族的勤劳、节俭、责任和集体主义等美德，中华文明以其巨大的包容性，对促进整个人类文明的进步作出了重大贡献。中国在文明发展的历史和文明的内涵上，同西方文明和俄罗斯文明的差异性很大。当代中国所具有的独特文明是把科学社会主义的基本原理同中华文明所具有的民族精神和民族文化结合起来的，在社会制度、价值观、政治意识、思维方式和行为方式等，都有自己的特点。

有的论文从多方面论证了走中国特色社会主义道路对中华文明的继承和丰富发展。

第三，论证社会主义制度文明具有本质的统一性和具体实现形式的多样性。

有的论文在批判苏联理论界否定社会主义模式的多样性以及西方汉学家对马克思主义中国化的误解时，指出"多元论"与多样性是两个根本不同的问题。所谓社会主义模式"多元论"，它根本否定人类社会发展中的共同的基本规律，根本否定马克思主义基本理论，是对马克思列宁主义的背叛。而社会主义道路的多样性则是在承认人类社会发展中共同的基本规律，肯定马克思列宁主义的基本理论的前提下，要求各国无产阶级政党善于根据自己的民族特点来运用马克思列宁主义的基本理论，着眼于社会主义发展道路、实现现代化道路的多样性，以保证事业取得成功，混淆社会主义道路的多样性和所谓社会主义模式"多元论"的界限是错误的。正是针对苏联大国沙文主义自封苏联模式为样板和示范的错误，总结其经验教训，我们才提出了中国发展道路的问题，意在主张各国要独立自主地寻找适合本国情况的发展道路和发展模式。还有学者在批判分析"苏联模式唯一论"时，指出了社会主义制度文明具有本质的统一性和具体实现形式的多样性。

第四，论证中国的发展离不开世界。大量成果从不同角度论证了在现时代条件下中国的发展离不开世界，坚持中国特色社会主义道路必须对外开放，并不断提高对外开放的水平。有学者一方面论证了必须把马克思主义普遍真理和中国实际相结合，独立自主、自力更生，走中国自己的道路；另一方面根据邓小平关于"中国的发展离不开世界"、"只要中国不倒，社会主义就能在世界上站得住"的思想，指出中国的经验对发展中国家具有借鉴的意义。还有学者通过论证中国模式产生的必然性、中国模式的产生所带来的世界影响，较好地阐述了中国特色社会主义与世界文明发展的关系问题。

总体来看，应该说上述成果已涉及本课题研究的若干重要方面，而且有一定的深度，为本课题研究提供了一定基础。但是这些成果一是散见于多种著作和多篇论文中，二是对中国特色社会主义道路和人类文明史中的多个概念还有待明确界定，对其中多种关系的揭示尚不够清晰，理论分析还有待深入。

国际社会方面，相关的论文、著作很多。参加热议的包括不同制度性质、不同发展程度的国家，不同立场和职业的人们。具体观点很多，表述不一，从精神实质来看，大致有肯定和否定两个方面的观点。

1. 肯定评价。认为中国特色社会主义对人类文明发展道路有重要影响。其具体观点很多，概括起来有三个方面：

第一，从肯定中国特色社会主义所取得的巨大成就方面，认定中国特色社会主义对人类文明发展道路的影响。如英国著名历史学家汤因比认为，西方观察者不应低估中国有可能自觉地把西方文明与中国的传统文化融合在一起的可能性，这将大大增强国际政治中的和平因素，更加有利于国际社会实现世界和平的共同目标。俄罗斯科学院院士季塔连科曾在《远东问题》杂志撰写长文《论中国现代化经验的国际意义》，论述中国所选择的社会发展模式。他认为，中国破解了发展中国家实现现代化的难题，其积累的成功经验，为打破"金元帝国"对世界格局的垄断地位奠定了基础，为广大发展中国家提供了切实可行的现代化模式。世界著名未来学家奈斯比特在《中国大趋势》中对中国未来发展进行了预测，认为未来世界的发展不再以西方为中心，中国将成为改变世界格局的重要驱动力。

第二，从比较中肯定中国特色社会主义道路对世界文明发展道路的影响。一是比较中国与印度、苏联的不同发展。如印度学者对选择了不同经济发展模式的中印两国进行了对比分析，认为选择了社会主义发展模式的中国所取得的成果远远高于选择了资本主义发展道路的印度。中国在财富分配、减少贫困、人均寿命、识字率和电话普及率等方面的表现都远远好于印度。有学者评说，较之"苏联模式"，在对待社会主义社会阶级斗争和如何构建新社会的问题上、在对待商品市场和资本主义的问题上、在发展观上是坚持"民本"思想还是坚持"国家至上"（实质是"君本"思想），是坚持科学发展还是"唯意志论"发展上有三个重大原则区别，"中国特色社会主义道路是对苏联模式的突破"。二是比较中国与推行新自由主义的如俄罗斯、拉美、东亚等国家，认为俄罗斯等国家造成了严重的经济危机，而中国因坚持中国特色社会主义道路，经济得到了飞速发展，成功应对了世界经济危机、重大自然灾害，还举办了奥运会和世博会等。由此肯定中国特色社会主义对世界文明发展的贡献。

第三，西方一些左翼学者在批判日裔美籍学者福山"历史终结"论、论述现代资本主义有多种模式的时候，肯定了中国特色社会主义作为一种模式对世界文明发展道路的意义。

2. 否定评价。这类评价根本否定中国特色社会主义及其对人类文明发展道路的影响。大致也有三个基本方面：

第一，"历史终结"论的鼓吹者否定中国特色社会主义道路。如1989年美国政治学家弗朗西斯·福山写的《历史的终结》一文，断言人类社会的发展史是一部"以自由民主制度为方向的人类普遍史"，称自由民主制度即美国的所谓政治民主与经济自由相结合的制度，是"人类意识形态发展的终点"和"人类最后一种统治形式"，否定不同于美国的任何一种制度和发展道路，其中包括中国特色社会主义制度。

第二，一些人通过否定中国模式的客观存在，否定中国特色社会主义及其对世界文明发展道路的影响。这又有多种情况，其一，根本否认"中国模式"的存在。如德国杜伊斯堡—埃森大学政治学研究所、东亚学研究所所长托马斯·海贝勒在《中国是否可视为一种发展模式？——七个假设》中说，由于中国正处于从计划经济向市场经济的转型时期，与这一过程相伴的是急剧的社会变革、政治变革，有很多不确定因素，现在谈论"中国模式"为时尚早，因此中国模式并不存在。美国学者、中国问题专家阿里夫·德里克也完全否定"中国模式"这一概念。其二，把中国的发展道路诬指为资本主义。如美国的迈克尔·舒曼在2010年3月1日美国《时代》周刊网站上发表《中国：新的经济模式？资本主义》的文章，把中国模式诬指为资本主义。还有学者把近代以来世界各国走向现代化道路看作遵循同一模式，认为中国创造的所谓奇迹，在日本和东南亚诸国，更早在荷兰、英国与美国早已皆是如此。其三，中国的发展未形成一条独特的道路。如英国学者里奥·霍恩在2008年7月29日的英国

《金融时报》上发表《中国模式背后的真相》一文，认为中国之所以成功，恰恰是因为没有"模式"，"中国模式"只不过是一个想法。还有观点断定中国将垮台。美籍华裔律师章家敦2001年7月出版的《中国即将崩溃》一书，认为"与其说21世纪是中国的世纪，还不如说中国正在崩溃"。他断言，"中国现行的政治和经济制度最多只能维持五年"。这里，很多人所使用的"中国模式"概念，实质上是指中国特色社会主义。

第三，更早一些，苏联学者否定社会主义模式的多样性，从而也否定中国特色社会主义。如苏联科学院副院长费多谢也夫在《马克思列宁主义关于社会主义的学说与现时代》一书中就说："右倾修正主义者附和反共分子"，"断定社会主义有苏联的、中国的和古巴的等等模式，深入分析一下他们的社会主义模式多元论的概念，不难看出，他们实质上是企图针对现实的社会主义而设计一种与科学社会主义的理论和实践毫不相容的'模式'"①。受这种诬指的影响，西方的某些汉学家，如美国的著名"中国通"费正清及其学生甚至把马克思主义中国化歪曲为"民族主义"。国际上还有一种"背离论"，也认为中国在意识形态上脱离马克思主义、在社会制度上脱离社会主义、在对外关系中背离第三世界。

国际方面还有多种具体的观点，如炒作"中国威胁论"、"中国责任论"、"中国崩溃论"、"中国投资环境恶化论"等，称"中国将统治世界"，企图损害中国的国际形象；有的蓄意高估中国实力、夸大中国作用、过度渲染中国影响，企图设置"美丽陷阱"；有的企图让中国承担更多与发展中国家地位不相称的责任，达到"捧杀"中国的目的。这些观点其基本精神未超出上面的概括，限于篇幅，不再展开论述。

四

中国特色社会主义与人类文明发展道路的关系已在国际范围内展开，涉及历史的、现实的和理论的多方面内容。现在要赢得对这个重大关系认识的话语权，唯有对其进行深入研究，这需要从研究的内容和研究的思路及方法方面着手。

在研究内容方面，主要围绕以下问题展开。

---

① [苏] 费多谢也夫：《马克思列宁主义关于社会主义的学说与现时代》，杜肖译，中国人民大学出版社1983年版，第101页。

1. 中国特色社会主义与人类文明发展道路关系研究的理论指南

深入研究马克思主义关于社会发展的理论。着重发掘在人类社会基本矛盾运动推动下，人类历史纵向发展过程，即由低级社会形态向高级社会形态的更迭发展过程的普遍性和规律性，与人类历史的横向发展过程，即历史逐步发展为世界历史的过程的普遍性和规律性相统一的理论；马克思在《给"祖国纪事"杂志编辑部的信》中关于《资本论》所阐述的资本主义制度产生的历史必然性"明确地限于西欧各国"、反对把他这一观点变为"万能钥匙"、一般历史公式，并套用到各个民族的社会历史中的思想；列宁关于"世界历史发展的一般规律，不仅丝毫不排斥个别发展阶段在发展的形式或顺序上表现出特殊性，反而是以此为前提的"[①]观点。

深入研究马克思、恩格斯、列宁关于社会主义发展理论中所包含的社会主义本质的统一性和社会主义发展道路、发展形式的多样性的理论。着重发掘马克思主义的俄国社会发展和东方社会理论中关于经济文化比较落后的国家如何建设和发展社会主义的问题；列宁关于一切民族和国家都将走上社会主义，但各自的走法不同；列宁关于社会主义共和国"应当把自己的生存同资本主义的关系联系起来"等思想。

以上思想具有极强的历史穿透性。通过对这些思想的研究，奠定课题研究的马克思主义深刻的理论基础。

2. 中国共产党关于中国特色社会主义与人类文明发展道路关系的根本观点和一贯主张

第一，党的第一代领导集体关于社会发展、社会主义革命和建设的普遍规律和特殊规律相结合以及"中国应当对于人类有较大的贡献"的思想。要着力研究《矛盾论》、《实践论》、《中国革命战争的战略问题》、《关于正确处理人民内部矛盾》等一系列著作，深入把握和阐发中国共产党关于矛盾的普遍性和特殊性、普遍规律和特殊规律辩证统一的思想；要深入研究《论十大关系》、《论无产阶级专政的历史经验》、《再论无产阶级专政的历史经验》等著作，深刻把握和阐发关于社会主义革命和社会主义建设的普遍规律和特殊规律相结合的原理。

第二，党的十一届三中全会以来的历次代表大会和中央领导关于人类

---

① 《列宁选集》第4卷，人民出版社2012年版，第776页。

文明发展的统一性和多样性、中国特色社会主义与人类文明发展道路关系的思想。认真研究十一届三中全会以来党的历次代表大会的政治报告和中央领导的重要著作和谈话。特别是其中关于对立统一是人类历史发展的根本规律，人类历史演进到现代以后，这个对立统一的过程突出地表现为社会主义与资本主义两种不同制度国家之间的统一、合作、竞争、斗争的关系，人类文明在这种复杂的关系中推进。不同制度国家对人类文明的发展都会作出贡献，但对人类文明发展道路影响的深度和广度，甚至会有根本性质的不同等思想，中国的发展"向人类表明，社会主义是必由之路，社会主义优于资本主义"的思想。

3. 全面系统的收集和概括新中国成立70年来，特别是改革开放40年来，中国的发展对世界的文明发展的贡献

第一，对世界历史进程的影响。中国特色社会主义体现了共产党执政规律、社会主义建设规律和人类历史发展的一般规律。证明人类历史从低级向高级发展的必然性、统一性和各民族具体发展道路的多样性。证明"多样性是世界文明的一个基本特征。人类历史发展的过程，就是各种文明不断交流、融合创新的过程"，最终达到共产主义的高级阶段。

第二，对人类从资本主义转向社会主义，建设、巩固和发展社会主义的影响。对于中国这样一个经济文化比较落后的国家走上社会主义道路以后如何建设社会主义、如何巩固和发展社会主义的问题，中国特色社会主义进行了创造性的探索和回答，并对什么是马克思主义，怎样对待马克思主义等"四个重大理论和实际问题"进行了回答。在实践上，成就举世瞩目。这对社会主义在当今世界复兴有重大影响。

第三，对当今国际社会政治格局等的影响。中国作为一个发展中国家，在经济、政治、文化、社会方面的发展，在物质文明、精神文明、政治文明、生态文明方面的建设，在摆脱贫困和失业、建立日益完备的社会保障方面取得的重大成就；中国在坚持独立自主、自力更生发展自己的同时，对国际社会、特别是对第三世界国家提供的支援，提供的可供借鉴的中国特色社会主义整体发展及其经济的、政治的、文化的、社会的分体改革和建设的经验；中国对国际事务的参与、对全球性问题的解决和负责任的态度等；中国在维护世界的稳定及和平方面作出的贡献，证明了它的国际意义。

4. 充分论证"中国的发展离不开世界"、中国"必须大胆吸收人类社会创造的一切文明成果"

在现时代主题、经济全球化、科技迅猛发展、发展社会主义市场经济条件下,吸收人类社会创造的一切文明成果对中国特色社会主义的发展的意义。

5. 对多种错误理论的评析

第一,收集归纳国际国内,特别是国际社会有关诋毁中国特色社会主义的种种奇谈怪论。

第二,从理论、历史和现实的结合上,分析种种魔化、诋毁中国的怪论产生的背景、实质和影响。

第三,通过批判种种反马克思主义的错误观点和思潮,进一步深入论证正确认识和处理中国特色社会主义与世界文明发展道路关系的马克思主义观点。

在研究思路方面:本课题研究始终以马克思主义为指导,从确立"文明"等基本概念入手,研究人类文明发展的一些重要规律,以为本课题要求解决的主题或重点内容的研究做好理论铺垫。以此为基础,把中国特色社会主义及其形成的社会主义中华文明置于人类文明发展中进行分析和比较,阐明中国特色社会主义对人类文明的巨大贡献,进而从当今的时代高度,深入探讨和充分论证如何进一步加强中国特色社会主义建设,为人类文明的健康发展作出更大的贡献,更加圆满地实现对世界的庄严承诺:"中国应当对于人类有较大的贡献。"

整个课题研究以强烈的问题意识,坚持破和立的统一,注意将正面的论述与对错误理论的批判结合起来,通过对各种错误理论的批判分析,加深对正面立论的阐述和论证。

在具体方法上:课题的研究方法是同课题的研究对象紧密相连的。本课题综合性很强,包括多学科的知识。因此在研究方法上既注重方法论指导原则,也注重具体操作层面的方法。

本课题始终坚持以唯物主义历史观与辩证法作为根本的理论基础和方法论。

第一,坚持系统的文献研究与梳理。这包括运用现代技术研究手段,对马克思主义的经典著作、中国共产党的文献、国内外相关的权威性著作、杂志进行系统的梳理,以详细地占有与本课题有关的全面系统的资料，并对占有资料进行科学整理、分类，研究其内部联系。

第二，比较研究。通过对中国特色社会主义与资本主义文明、社会主义文明的苏东模式、其他主要文明样态的比较研究，了解各种文明之间相互区别的特殊性，又在一定历史条件下相互借鉴、相互吸收、相互竞争的共存性。通过比较研究，切实感受不同文明形态在当代世界是如何进行交流、交锋，并在一定条件下交融的。从而坚定走中国特色社会主义道路的决心与信心，推进中国特色社会主义建设。

第三，综合运用多种方法。如历史分析和现实分析、理论分析和实证分析、宏观分析和微观分析、正面研究和批判分析等相结合。当前应特别注意从正反两面开展研究和论证，通过这种研究和论证，引导人们正确认识中国特色社会主义与人类文明发展道路的关系。

第一章 人类文明发展的一般特点和东方国家文明进步道路的特殊性

文明是时代发展的精华,是衡量一个社会进步程度的重要标尺。在长达逾千年的历史发展中,人类文明呈现出自身的特点和规律。马克思、恩格斯从人类社会长期发展的实践中揭示出文明的一般规律与特殊规律。我们只有切实把握这些规律,才能充分发挥创造历史的主动性和能动性,为我们在新的历史条件下大力推进中国特色社会主义文明建设作出应有的贡献。

一 人类文明发展的一般特点

文明发展的一般规律是文明发展规律中的共性部分,在一定意义上说不受时空限制。马克思、恩格斯在这方面形成了许多深刻的思想。

(一) 历史唯物主义视野中的文明

1. "文明"和"人类文明史"概念的界定

关键词的明确界定,是保证研究指向明确,避免前后矛盾的前提。中国特色社会主义与人类文明发展研究亦是如此。"中国特色社会主义"与"人类文明史",是本研究中的两个基本概念。党的十八大报告已经对"中国特色社会主义"作了明确的概括,本课题研究从"人类文明史"的角度予以解读。关于"人类文明史"的概念,因人们对"文明"的见解不同而看法不一致。为了使本课题研究有明确的指向、确定的对象和特定的视角,首先必须界定文明和人类文明史两个概念。

(1) "文明"概念的界定

"文明"一词至今在中外学术界仍颇具争议,尚难遽定其确切含义。关于"文明"概念的界定,往往与"文化"概念的辨析紧紧相连,还涉及两者之间关系的廓清。学术界有的将文明界定为狭义的文化（限定在人类创造的精神财富范围）；有的则将文明界定为广义的文化（包括人类创造的全部文明成果），即使持相同观点的学者亦有不同的表述。

"文明"一词在西方源于拉丁文"civilis"，意思是公民的，国家的，社会的，用以表示国家、社会的进步状态。[①] 至于其在西方何时出现，还没有一个权威的说法。有学者根据修昔底德《伯罗奔尼撒战争史》的描述"现在因为文明生活的通常习惯都在混乱中，人性很傲慢地现出它的本色"[②]，认为"文明"一词出现在公元前4世纪；而有学者则认为出现在文艺复兴运动时期。在西方，不同的研究者在解析文明问题、分析文明现象时，基于自己的文化背景和研究视角，对"文明"的定义众说纷纭，莫衷一是。有学者认为，文明指人类理性的发展以及利用自然的能力。孔德指出："文明一方面是指人类理性的发展，另一方面又指由此而来的人们对自然的影响的发展。换句话说，文明这个观念的构成要素，是科学、美术和实业。"[③] 有学者提出文明是人类智德的进步；也有学者提出文明是一种进步的社会秩序，杜兰认为，"文明是增进文化创造的社会秩序。它包含了四大因素：经济的供应、政治的组织、伦理的传统以及知识与艺术的追求。"[④] 有学者认为文明和文化是一回事，泰勒曾说："文化，或文明，就其广泛的民族学意义来说，是包括全部的知识、信仰、艺术、道德、法律、风俗以及作为社会成员的人所掌握和接受的任何其他的才能和习惯的复合体。"[⑤] 爱德华·麦克诺尔·伯恩斯、菲利普·李·拉尔夫等人认为，"由于每个文化都有其自己的特点，由于有些文化比其他文化发达得多，我们完全可以说文明即一种先进文化。我们可以说，一个文化一旦达到了文字已在很大程度上得到使用，人文科学和自然科学已有某些进步，政治的、社会的和经济的制度已经发展到至少足以解决一个复杂社会的秩序、安全和效能的某些问题这样一个阶段，那么这个文化就应当可以

[①] 见《中国大百科全书（哲学2）》，中国大百科全书出版社1987年版，第924页。
[②] [古希腊] 修昔底德：《伯罗奔尼撒战争史》（上册），谢德风译，商务印书馆1997年版，第239页。
[③] 《圣西门选集》第2卷，商务印书馆1982年版，第170页。
[④] [美] 威尔·杜兰：《世界文明史》第1卷，幼狮文化公司译，东方出版社1999年版，第3页。
[⑤] [英] 爱德华·泰勒：《原始文化》，连树声译，上海文艺出版社1992年版，第1页。

称为文明"①。塞缪尔·亨廷顿提出:"文明和文化都涉及一个民族全面的生活方式,文明是放大了的文化"②、"一个文明是一个最广泛的文化实体"③ 但也有学者认为,文明和文化不应当混为一谈。如雷蒙·威廉斯认为,"Civilization 原先指的是一种过程,而且在某些语境里这种意涵现在仍然保存着……Civilization 不仅表达这种历史过程的意涵,而且凸显了现代性的相关意涵:一种确立的优雅、秩序状态……从 19 世纪初期起,civilization 的词义逐渐演变成现代意涵,所强调的不仅是优雅的礼仪与行为,而且还包括社会秩序与有系统的知识——后来,科学亦包含其中"④,而"Culture 在所有早期的用法里,是一个表示'过程'(process)的名词,意指对某物的照料,基本上是对某种农作物或动物的照料"⑤。文明是"一个空间,一个'文化领域'",是"文化特征和现象的一个集合"⑥。

在中国的古代文献中,"文明"一词最早出于《周易》,"见龙在田,天下文明"⑦。《尚书》言道:"浚哲文明,温恭允塞"⑧,表示国家和社会面貌的开化、光明,富有文采。古代典籍中"文明"概念的原生语义与现今相差甚远,至清代,"文明"概念才指社会进步、有文化的状态,萌生了它的社会含义。19 世纪中叶到 20 世纪初,伴随着西学东渐的进程,中国思想界对文明的关注日益增多。梁启超提出"形质文明"的概念。陈独秀在《法兰西人与近世文明》中提出"开化"、"教化"是文明的核心,"文明云者,异于蒙昧未开化者之称也。La Civilisation,汉译为文明,开化,教化,诸义。世界各国,无东西古今,但有教化之国,即不得谓之无文明。"⑨ 钱穆在《中国文化史导论》中区别了文化与文明,指出"大体文明文化,皆指人类群体生活而言。惟文明偏在外,属于物质方面。文

---

① [美]爱德华·麦克诺尔·伯恩斯、菲利普·李·拉尔夫:《世界文明史》第 1 卷,罗经国等译,商务印书馆 1987 年版,第 26 页。
② [美]塞缪尔·亨廷顿:《文明的冲突》,周琪等译,北京新华出版社 2013 年版,第 20 页。
③ 同上书,第 21 页。
④ [英]雷蒙·威廉斯:《关键词:文化与社会的词汇》,刘建基译,生活·读书·新知三联书店 2005 年版,第 46—47 页。
⑤ 同上书,第 102 页。
⑥ [美]塞缪尔·亨廷顿:《文明的冲突》,周琪等译,北京新华出版社 2013 年版,第 20 页。
⑦ 立强编译:《周易》,宗教文化出版社 1998 年版,第 3 页。
⑧ 张馨编:《尚书》,中国文史出版社 2003 年版,第 11 页。
⑨ 《陈独秀著作选编》第 1 卷,上海人民出版社 2009 年版,第 164 页。

化偏在内，属于精神方面"。① 葛兆光认为，文化是各民族能够保持自身差异性的关键，是民族的个性和特色的展现，是具有创造性的领域。通常指的是一个文化民族中特有的知识、思想、风俗习惯和认同方式，是一种不必刻意传授、耳濡目染就会获得的精神气质；而文明则随着历史发展进程不断走向趋同，是一些诸如规则、常识、纪律等例行性的领域。也就是说，文化呈现的是"异"，文明展示的是"同"。文明指的是一个不断在运动前进的过程；文化指的是已然存在的传统。"文明"反映了殖民和扩张的意识，它象征着一个同一化的趋向，使不同的人不断趋于相同。它是使各个民族差异性逐渐减少的那些东西，表现着人类的普遍的行为和成就，是一种需要学习才能获得的东西，因而它总是和"有教养"、"有知识"等词语相连②。马克垚认为，文明是人类所创造的伟大成果，它既有物质的，也有精神的，既有政治的，也有经济的、文化的等，所以可大致把文明划分为物质文明和精神文明两大类；而文化则较多地指人类的精神财富，如文学、艺术、宗教、风习等③。

在一些不同观点中，反映出研究的两条不同的理论基础和认识路线：历史唯物主义和历史唯心主义。

历史唯心主义的基本理论立场是把"文明"限于观念形态的文化，把一部人类文明史仅仅限于观念形态的文化史，割断与物质的社会关系的联系。④ 如哈贝马斯肯定了人类文明的多样性，但在分析资本主义文明时，认为要想达到人的解放的文明时代，需要通过交往行动促进生活世界、社会和个人行为的合理化，背离了历史唯物主义的思想路线。而马尔库塞同样以人的解放为文明进步的价值旨归，但他却深陷人本主义的历史唯心主义窠臼中，试图以文化的、心理的革命代替现实的阶级革命、以所谓人的本能的解放代替束缚人的社会关系的解放。再如亨廷顿的"文明冲突论"，他认为世界上七种不同类型的文明是不同层次的文化上的区别，反映了其研究方法上的唯心主义。亨廷顿放大了文化在文明形成发展中的地位，尽管他意识到文明多样性与共性之间的衔接方式，然而他颠倒了西方文明与现代化和工业化进程之

---

① 钱穆：《中国文化史导论》，生活·读书·新知三联书店1988年版，序言第1页。
② 参见葛兆光《思想史研究课堂讲录：视野、角度与方法》，生活·读书·新知三联书店2005年版，第205—206页。
③ 参见马克垚主编《世界文明史》上册，北京大学出版社2004年版，导言第3页。
④ 梅荣政：《推进社会主义条件下的中华文明建设》，《红旗文稿》2012年第3期。

间的衍生关系,"明知故犯"地声援着"西方中心论"。

而历史唯物主义则告诉我们,文明是人类在长期的艰苦的社会实践中创造的成果。历史唯物主义认为,人类生存的物质需求是劳动创造文明的最初起点,物质资料的生产方式是文明发展的根源所在,制约着政治生活、精神生活和社会生活的过程。文明的产生、发展依赖一定的自然条件和社会条件,文明一旦离开它赖以生存的物质资料的生产方式,就如无源之水、无本之木。

马克思、恩格斯对"文明"概念的界定深深扎根于历史唯物主义理论,积极汲取了卢梭和傅立叶的文明批判理论,以及科瓦列夫斯基和摩尔根的文明起源理论中的合理成分,从人类社会发展规律的高度,从不同的国家、地区、民族之间的差异等角度制定出文明范畴,以直叙、半直叙、间叙的方式论述了古希腊文明、古罗马文明以及资本主义文明。其后继者们又从多方面对"文明"作了进一步的阐释。概括他们的主要思想内容,大致有以下几点:

第一,文明从根本上讲,是人类为适应外界的挑战而创造出来的物质和精神成果的总和。马克思、恩格斯在不同时期的不同文献中,都从物质和精神成果这一层面使用过"文明"概念,如"他用强加在他们身上的罗马文明,只在一个方面使他们留下了印象"[1],"上面我们是站在古希腊罗马文明的摇篮旁边。这里我们却站在这一文明的棺木旁边了。"[2] 这说明"文明"既包括物质的内容,也包括精神的内容,它是人类在社会实践中,为应对自然、社会和人与人之间关系所创造和形成的器物文化、政治制度、社会关系、人们生存方式等物质和精神成果的总称。

第二,文明是人类社会发展到一定阶段的产物。文明与野蛮、愚昧、无知等相对立,是人类发展到一定阶段的产物。恩格斯在《家庭、私有制和国家的起源》一文中对此做过详细的考察。恩格斯认为,人类社会经历了蒙昧时代、野蛮时代、文明时代三个主要阶段,在蒙昧时代和野蛮时代,人类基本上是以动物式的本能生存,只是在野蛮时代后期,由于生产力的发展和剩余产品的出现,迫切需要产生一系列公共机关的时候,人类才步入文明时代,对此,恩格斯指出,"文明时代是社会发展的这样一个阶段,在这个阶段上,分工、由分工而产生的个人之间的交换,以及把

---

[1] 《马克思恩格斯全集》第25卷,人民出版社2001年版,第216页。
[2] 《马克思恩格斯选集》第4卷,人民出版社2012年版,第164页。

这两者结合起来的商品生产，得到了充分的发展，完全改变了先前的整个社会。"① 此后，人类开始进入到文明时代，产生了人类文明。

第三，文明是人类社会不断进化发展的过程。文明虽然意味着人的精神生活、社会生活的进步，但文明只是人类经历的独特的、不断演变的动态过程，并不代表它是"人类预先注定要通往完善的道路"②。文明要随着社会生产方式与交换方式的不断变革而不断发展和进化，而且这种进化发展是没有止境的，一旦停止了进化和发展，文明也就不再是文明了。

第四，各种文明是平等的，不存在高低、优劣之分。世界各地的人群在生成发展进程中形成了各具特点的文明，这些文明说到底是各个地方人群的实践的产物，都有自身产生的必然性和价值，都是和各人群的生存发展相适应的，因而，它们的存在和发展都是合理的。对此，习近平在访欧期间有过明确表述，他说："各种人类文明在价值上是平等的，都各有千秋，也各有不足。世界上不存在十全十美的文明，也不存在一无是处的文明，文明没有高低、优劣之分。"③

第五，文明具有阶段性、继承性、发展性等特征。人类在社会实践中，面对的具体环境在不断发生变化，人类为更好地生存和改造社会，都会不断创造新的文明形式和内容，因而，任何人类文明都有一个不断产生、发展、完善的过程，都是从低级阶段逐渐向高级阶段过渡，既有继承，又有创新。

(2) "文明史"概念的界定

古今学者关于文明史概念研究的论述，对本研究的开展多有裨益。伏尔泰对文明史全景式的描绘以及卢梭对文明发展的批判与反思，开启了文明史研究的先河。黑格尔跨越了机械论历史观，认为世界文明的历史在矛盾的推动下不断发展，由低级向高级进步，日臻完善，具有其规律性和必然性，这对于人类文明史的研究具有划时代的意义。但黑格尔以理性和激情为历史发展动力，登上了唯心史观的顶峰，使人类文明史的研究也飘扬"形上"，而费尔巴哈在批判黑格尔历史哲学的唯心主义性质时，连同其辩证法一并抛弃了，甚为不当。马克思主义诞生以前，唯心史观占领了文

---

① 《马克思恩格斯选集》第4卷，人民出版社2012年版，第190页。
② [奥] 西格蒙德·弗洛伊德：《论文明》，徐洋等译，国际文化出版公司2000年版，第95页。
③ 《习近平谈治国理政》，外文出版社2014年版，第259页。

明史研究的高地，古今文明史认知上的分水岭由此划开。马克思主义将历史研究拉回了文明的发源地——人类生活实践，使人类文明史研究回到活生生的现实。随后，斯宾格勒、汤因比和雅斯贝尔斯等均在文明形态史研究中颇有建树，丰富了人类文明史研究的维度。布罗代尔深受马克思主义唯物史观和涂尔干社会学思想等的影响，认为"每种文明和所有文明都把我们纳入到广阔无垠和长时段的历史运动中去，对于每个社会来说，这一运动是产生该社会的独特内在逻辑和无数矛盾的根源"。[①] 他提出文明史有其自身结构及层次，同时强调人类文明史的研究要注重对社会底层人的历史的研究，意味着他已经意识到人民群众创造历史的角色。马克垚曾说过："世界历史就是文明发展变化的历史"，认为文明史无所不包，应从更为宏观的视野整体考察和比较文明发展的规律性问题。徐春将文明形态与社会形态区别开来，认为文明形态"是一个时空维度更广、历史跨度更大、地域更宽泛、内容更全面丰富、处于一定历史发展阶段或一定类型的文明，主要注重生产力和技术发展水平这些物质内容而不特别强调某一个民族、国家的具体社会发展状况"[②]。可见，人类文明史研究渊源深厚、著述颇丰，这为本课题的研究筑建起了优越的平台，其中的精芜与瑕瑜也为本研究提供了有益参考和拓延空间。

基于对文明概念的剖析，结合学术界的探讨，本研究尝试对"人类文明史"进行概念界定。根据唯物史观，我们认为：人类文明史是已往以生产力发展为基础的物质生产和精神生产的综合，是关于已往人类社会进步、社会发展（包括意识形态、社会制度、发展模式和发展道路）的过程的整体描述。通常分为通论性文明史和专题性文明史。人类文明史的研究应遵循历史唯物主义的方法，以"人"为主体视角展开研究，以科学技术生产力的发展进程为追溯点，紧扣人类文明整体性原则的同时，立足文明的基本单位，既关注原因、过程和结果，也关注未来。如汤因比所说："文明乃是整体，它们的局部彼此相依为命，而且都互相发生牵制作用。"[③] 人类文明史的研究对象既包括各文明单位和人类整体文明的物质

---

① ［法］布罗代尔：《资本主义论丛》，顾良、张慧君译，中央编译出版社1997年版，第162页。

② 徐春：《社会形态与文明形态辨析——唯物史观研究中一个值得注意的问题》，《郑州大学学报》（哲学社会科学版）2006年第2期。

③ ［英］阿诺德·J·汤因比：《历史研究》（下），曹未风等译，上海人民出版社1997年版，第463页。

和精神成果，也涵盖各文明单位和人类整体文明的规律性元素，是统一性与多元性的统一。需要注意地是，人类文明史的研究对象往往与历史学、文化学、社会学、考古学等学科的研究对象存在重合点，造成了人类文明史研究的边界模糊。其中缘由仍然在于学术界尚未就文明的概念达成广泛共识，另方法论方面的缺失致使人类文明史的研究举步维艰。

2. 人类文明发展进步的过程

（1）从人类社会发展史意义上把握"人类文明史"

文明既是一个历史范畴，也是一个社会范畴。历史是已经过去了的客观存在，人类文明史亦是如此。马克思、恩格斯在《德意志意识形态》第一卷手稿中曾写道："历史可以从两方面来考察，可以把它划分为自然史和人类史。但这两方面是不可分割的；只要有人存在，自然史和人类史就彼此相互制约。"[①] 人类史即人类社会发展的过程。马克思、恩格斯从未脱离人类社会现实的物质生产活动来探讨纯粹自然，也从未离开自然来讨论纯粹的人类社会，而是以现实的人的物质生产活动为起点，将自然史和人类史综合起来考述。"人类文明史"即人类文明发展的过程，属于人类史，可以从人类社会发展史意义上加以把握。20世纪30年代开始萌生的法国年鉴学派认为："文明史叙述的重点是那些有进步倾向的人类活动成果，或者说是与人类的生存目标相一致的创造性成果。"[②] 人类社会的发展进程，是人类文明在基层社会中活跃着的生产和生活过程，人类社会发展史将人类文明史逐渐摊开，人类文明的发展寓于人类社会发展之中。可见，人类文明史能够展现出人类社会发展的根本线索和深厚本质。如胡锦涛所说："一部人类社会发展史，是人类生命繁衍、财富创造的物质文明史，更是人类文化积累、文明传承的精神文明史"，物质文明史和精神文明史是人类文明史的两个基本构成部分，物质文明和精神文明的创造均源于人类社会实践。

文明形态是人类文明史研究中的重要范畴。社会形态与文明形态虽相互区别，却内容重叠、关联密切。列宁把社会形态与社会有机体两个术语等同起来，意在强调社会形态的产生、发展和消亡是鲜活的现实，有其特殊规律。文明是社会形态的灵魂，文明形态是社会形态高度凝练，两者均伴随人类社会实践的深化而更迭。马克思、恩格斯说道："一切历史冲突

[①] 《马克思恩格斯选集》第1卷，人民出版社2012年版，第146页脚注①。

[②] 周春生：《文明史概论》，上海教育出版社2006年版，第48页。

都根源于生产力和交往形式之间的矛盾"。① 而解决矛盾的关键在不断变革交往形式以适应生产力的发展，进而推动社会历史向前发展。生产力和生产关系的适应与矛盾交互的过程，推动着经济基础与上层建筑之间的辩证运动，社会形态的更替成之于全部社会要素的共同作用。而文明的创生和发展，也正是社会基本要素矛盾运动的结果，可以这样说，人类社会形态的演进，见证了文明形态的发展。马克思在《资本论〈第一卷〉》1867年第一版序言时说道："我的观点是把经济的社会形态的发展理解为一种自然史的过程"，"现在的社会不是坚实的结晶体，而是一个能够变化并且经常处于变化过程中的有机体。"② 人类社会生产方式的质变，撼动了社会形态的固有根基，使之发生转型，而社会转型的实质就是文明转型，其中是有规律可循的。人类社会的发展史，就是社会各个要素相互作用产生化学反应的过程，在这个过程中，文明久经酝酿，接踵成形，形成了人类文明自身的发展史。人类文明史奠立于人类社会发展史，从人类社会发展史意义上把握"人类文明史"，从人类社会实践的动态中去把握人类文明的起源、发展、结构和形态，是理解人类文明史的钥匙。

（2）人类文明的发展进步

马克思在《〈政治经济学批判〉序言》中概括了人类历史在社会基本矛盾的推动下，由低级向高级发展的几个阶段："大体说来，亚细亚的、古希腊罗马的、封建的和现代资产阶级的生产方式可以看做是经济的社会形态演进的几个时代。资产阶级的生产关系是社会生产过程的最后一个对抗形式……人类社会的史前时期就以这种社会形态而告终。"③ 而"代替那存在着阶级和阶级对立的资产阶级旧社会的，将是这样一个联合体，在那里，每个人的自由发展是一切人的自由发展的条件。"④ 马克思、恩格斯描述的人类历史发展的阶段也是"人类文明史"发展的几个阶段。其中每个阶段都是人类文明进步的一个阶梯。

"人类文明史"作为人类掌握自然、社会和人类思维规律在一次次对客观规律的掌握中，实现超越自己的实践活动，有自己的真实的历史过程。

---

① 《马克思恩格斯选集》第1卷，人民出版社2012年版，第196页。
② 《马克思恩格斯选集》第2卷，人民出版社2012年版，第84页。
③ 同上书，第3页。
④ 《马克思恩格斯选集》第1卷，人民出版社2012年版，第422页。

人类从动物界的蛮荒状态分化出来，是文明萌发的开端。随着社会生产力的发展，人类社会不断从低级文明向高级文明演进。原始社会的蒙昧时代，单纯依靠采集现成的天然产物为食；原始社会的野蛮时代，主要经营原始畜牧业、农业，学会了增加天然产物生产的方法。这一时期生产力水平比较低，采取生产资料公有制和平均主义分配方式，社会生活中没有政府和法律的制约，依靠宗族和习惯维持社会经济生活。这个时期人类也没有独立的精神生产，精神生产泛化于人们的日常生活中，文明处于萌芽状态。随着生产力的不断发展，人们学会了对天然产物进一步加工，手工业和商业产生，推进了脑力劳动和体力劳动的分离，精神生产开始独立地起着越来越突出的作用，出现了政治法律思想、道德、哲学、宗教、文学艺术、科学等社会意识形式。原始社会时期，私有制和贫富分化开始出现，阶级社会诞生并取代了原始社会，人类文明由萌芽迈向成长。

人类文明从原始社会的文明萌芽状态跨入"文明时代"后，依次地由奴隶制文明发展到封建制文明，再发展到资本主义文明。其中，奴隶社会基于生产力的发展而产生，石器、金属等工具的出现大大提高了劳动生产率，为人类创造社会产品的同时，也创造了剩余产品。这样，分工获得进一步提高，人类社会首次开启了人剥削人的形式，分化出剥削阶级和被剥削阶级，奴隶制国家也随着奴隶与奴隶主的激烈矛盾和斗争应运而生，亚洲、欧洲和非洲出现的人类历史上最早的国家，均为奴隶制国家，西方的罗马和中国的夏、商、周、春秋战国均为奴隶社会时期。这一时期，生产力和生活水平的提高，为人类物质文明和精神文明的发展创造了条件，加上文字的进化，使人类可以记录和传播、传承自然生活经验以及生产活动经验，为随后的科学文化发展作了必要的准备。文字从产生到成熟被普遍视为人类进入文明时代的标志。

奴隶主和奴隶之间的矛盾激烈推进，地主阶级和农民阶级之间的矛盾逐渐上升为社会的主要的矛盾，标志着封建社会的到来。中国的秦朝至清朝和欧洲的中世纪就是封建社会时期。封建社会形成的自然经济以土地为基础，采取封建土地所有制，地主阶级通过掌握土地，采用地租、放贷等方式对农民实行压榨。这时的经济生活以家庭为基本生产单位，农业与手工业相结合，具有较强的自我封闭性、独立性。政治制度上普遍形成了封建君主专制，当然中西方不同国家在具体制度上差异显著。封建社会维持的时间较长，尤其在中国，不可否认，在其时间范围内，封建社会为人类文明宝库的构筑贡献了非常丰盈的材料。仅就中国而言，灿烂的中华文明有极大的部分源于此时期，也曾经出现过文明高度发达的朝代。虽然社会形态的演进带来了文明的进步，但丝毫不能掩盖封建社会的地主阶级和农民阶级之间剥削与被剥削之间的关系，地主阶级和农民阶级之间的矛盾必将推动社会形态的演变。

社会生产力发展的脚步从未停歇，科学技术的进步、人民民主革命的推动，促使生产力和生产关系的矛盾发生改变，封建社会经济结构开始解体，代之以资本主义社会的经济生产方式，这一阶段社会的多种文明的发展是一个历史的进步过程。这一时期，商品生产进入高度发达阶段，使用机器大生产成其特征，市场经济获得绝对地位，经济自由指数高度攀升，生产力高度发展，创造了人类文明史上前所未有的财富和成就；资本家凭借着对生产资料的占有，用雇佣劳动的方式剥削工人阶级，以获得利润，即攫取剩余价值。与资本主义经济基础相应，资本主义上层建筑也随之建立，产生了属于资产阶级的意识形态体系、国家政权和制度、法律制度与体系等，资本主义文明因而完整展现，并为现代社会构筑了经济基础和上层建筑，也为冲破封建社会的藩篱提供了强有力的武器准备，推动了社会形态的更易。然而，资本主义社会所取得的成就丝毫没有动摇其剥削关系本质，生产社会化同资本主义的私人占有之间的矛盾成为贯穿于资本主义发展始终的基本矛盾，在经济上具体表现为个别企业生产有组织和整个社会生产无政府状态的矛盾，在政治上则表现为资产阶级和无产阶级的矛盾。这个基本矛盾推动资本主义前进，也促使资本主义走向灭亡。

生产关系在不断适应生产力发展的过程中，达到了一个新的高度，冲决资本主义社会对人的剥削网罗，进入社会主义社会。只有在社会主义制度下，文明才摆脱了剥削阶级的支配和垄断，文明的成果归属于创造它的劳动人民，社会及其成员的全面发展才能成为可能，人类历史从此进入真正的高度文明的时代。[①] 当然，文明时代并非是人类社会发展的终结，也并非人类文明史的闭幕，这只是一个阶段，它的登台、演出和谢幕都有其规律及特点。

---

① 见《中国大百科全书（哲学2）》，中国大百科全书出版社1987年版，第924页。

(二) 人类文明史上一些带规律性的特点

1. 人类文明发展的阶段性和连续性

连续性是指一种文明内在的基本性质，或内在的一种、多种要素的传承，这是由其相对独立性决定的。阶段性是指一种文明在发展过程中，由于内外条件的变化，在某些时空中产生一些标志性特征，显示出阶段性来。在人类文明史上，有的民族受外部力量入侵灭亡了，有些民族在长期的交流、交融中融合了，有的后进民族战胜先进民族成为统治力量之后，被先进民族的文化所教化，融入先进民族的文明之中。由于新旧文化之间存在批判改造与继承发展的关系，由于不同民族的和不同阶级的文化之间也存在相互影响、相互渗透的关系，由于各民族文化传统的精粹与新的实践经验总结之间在交互作用中发生转化的关系，一定民族原有的文明虽然改变了形态、地位和作用，但其构成要素并未消失殆尽，而是以新的存在形式发生着作用，使其文明发展显示出连续性和阶段性的统一。在马克思主义看来，"文明"一词同时代是紧密相连的，在著名的《家庭、私有制和国家的起源》一文中，恩格斯对"文明"做了最系统的论述，指出了文明具有阶段性，本身就是时代发展的产物。在人类发展的历史长河中，由于每个历史阶段，人类从事的社会实践是不一样的，他们在社会实践中所形成的生产方式也是不同的，因而，每一个阶段都会出现具有鲜明特点的文明。对此，马克思指出："要研究精神生产和物质生产之间的联系，首先必须把这种物质生产本身不是当作一般范畴来考察，而是从一定的历史的形式来考察。例如，与资本主义生产方式相适应的精神生产，就和中世纪生产方式相适应的精神生产不同。如果物质生产本身不从它的特殊的历史的形式来看，那就不可能理解与它相适应的精神生产的特征以及这两种生产的相互作用。从而也就不能超出庸俗的见解。这一切都是由于'文明'的空话而说的。"[①] 这就是说，考察人类文明不能离开它赖以存在的社会发展阶段，要把它放在一定历史时期加以考察，这充分说明了人类文明发展的阶段性。

恩格斯说："文明是实践的事情，是一种社会品质。"[②] 这一判断界定

[①] 《马克思恩格斯全集》第 26 卷（1），人民出版社 1974 年版，第 296 页。
[②] 《马克思恩格斯全集》第 1 卷，人民出版社 1956 年版，第 666 页。

了文明的实践本性和社会属性。随着人类社会的不断发展,人类自身的实践方式和实践形态在改变,社会风气、风俗、礼仪、环境等随之发生改变。人不能随心所欲地创造历史,而只能在历史给定的社会条件下开展社会实践活动。马克思认为,"历史不外是各个世代的依次交替。每一代都利用以前各代遗留下来的材料、资金和生产力;由于这个缘故,每一代一方面在完全改变了的环境下继续从事所继承的活动,另一方面又通过完全改变了的活动来变更旧的环境。……其实,前期历史的'使命'、'目的'、'萌芽'、'观念'等词所表示的东西、终究不过是从后期历史中得出的抽象,不过是从前期历史对后期历史发生的积极影响中得出的抽象。"[①] 马克思又强调指出:"人的依赖关系(起初完全是自然发生的),是最初的社会形态,在这种形态下,人的生产能力只是在狭窄的范围内和孤立的地点上发展着。以物的依赖性为基础的人的独立性,是第二大形态,在这种形态下,才形成普遍的社会物质变换,全面的关系,多方面的需求以及全面的能力的体系。建立在个人全面发展和他们共同的社会生产能力成为他们的社会财富这一基础上的自由个性,是第三个阶段。第二个阶段为第三个阶段创造条件。因此,家长制的,古代的(以及封建的)状态随着商业、奢侈、货币、交换价值的发展而没落下去,现代社会则随着这些东西一道发展起来。"[②] 这些思想无疑是对人类文明发展连续性的科学揭示。

2. 人类文明发展的多样性和统一性

人类社会、人类文明创造活动在社会基本矛盾运动推动下由低级向高级发展的普遍性,总是通过不同民族和国家的独特环境实现的,总要打上民族的烙印,产生特殊性,形成多种多样的、有差异的文明。因而人类文明的发展,是多样性统一的过程。

如前所述,人类文明是社会实践的产物。人类文明的起源不同,发展程度不一致,各个民族的社会实践不一样,因而各个民族在各自的环境中创造了各种文明形态。同时,即使是同一种文明,在不同的历史发展阶段也会形成多样性的形态,这就会不可避免造成文明的多样性。

在对人类文明多样性的讨论中出现了两种情况,一种是从唯心主义立

---

① 《马克思恩格斯选集》第1卷,人民出版社2012年版,第168页。
② 《马克思恩格斯全集》第46卷上,人民出版社1979年版,第104页。

场出发；另一种是从唯物主义立场出发。唯心主义者也承认人类文明具有多样性，但它的解释是错误的，比如黑格尔。黑格尔认为，世界上存在着诸多民族，每一个民族都有自己独特的民族精神，都有自己独特的发展道路，因而，人类文明具有多样性。这种分析是合理的。但是，在如何看待不同民族的发展道路问题上，他运用的是唯心主义的方法。黑格尔认为，"因为世界历史是'精神'在各种最高形态里的、神圣的、绝对过程的表现——'精神'经过了这种发展阶段的行程，才取得它的真理和自觉。这些阶段的各种形态就是世界历史上各种的'民族精神'；就是它们的道德生活、它们的政府、它们的艺术、宗教和科学的特殊性"①。很明显，黑格尔把文明看成精神的产物，是由精神决定的，因而，在黑格尔看来，不同民族的发展道路无疑也是由不同民族的不同精神决定的。由此可以看到，"由于黑格尔将人类文明多样性的研究奠定在唯心主义的基础上，并且站在欧洲文明和日耳曼文明中心论的立场上，对人类文明的起源、发展和多样性的说法就蒙上了一种类似宗教神学的神秘色彩"②。

和唯心主义解释人类文明的多样性不同，马克思、恩格斯在考察人类文明的起源、人类文明的多样性时始终站在唯物主义的基础上。人类文明归根结底是由人类实践决定的，不同地区、不同民族在现实的社会实践中会创造出不同的文明形态。如在考察人类社会发展进程时，马克思发现各个民族的发展道路、发展形态等既有共同的特征，也有自身的民族特点，即使是同一种社会形态，在东西方社会里也有不一样的表现。在对俄国和德国的农村公社考察之后，马克思指出："并不是所有的原始公社都是按照同一形式建立起来的。相反，它们有好多种社会结构，这些结构的类型、存在时间的长短彼此都不相同，标志着依次进化的各个阶段。"③因而，"把所有的原始公社混为一谈是错误的；正像地质的形成一样，在这些历史的形成中，有一系列原生的、次生的、再次生的等等类型。"④

坚持人类文明的多样性是马克思主义关于人类文明的一个基本观点。马克思主义认为，人类文明发展既有一般规律，更有世界各个民族发展道路的独特性、多样性。1877年11月，为了批驳自由主义民粹派理论家

---

① [德]黑格尔：《历史哲学》，王造时译，生活·读书·新知三联书店1957年版，第93—94页。
② 方世南：《马克思关于人类文明多样性思想初探》，《马克思主义研究》2003年第4期。
③ 《马克思恩格斯全集》第19卷，人民出版社1963年版，第448页。
④ 同上书，第432页。

尼·康·米海洛夫斯基对《资本论》的错误分析，马克思写下了《给"祖国纪事"杂志编辑部的信》，信中指出："他一定要把我关于西欧资本主义起源的历史概述彻底变成一般发展道路的历史哲学理论，一切民族，不管他们所处的历史环境如何，都注定要走这条道路——以便最后都达到在保证社会劳动生产力极高度发展的同时又保证人类最全面的发展的这样一种经济形态。但是我要请他原谅。他这样做，会给我过多的荣誉，同时也会给我过多的侮辱。"① 可以看出，在马克思看来，一个民族和国家由于所面临的社会自然环境和文化传统的不同，在前进道路上会表现出差异性、多样性。

后来的中国共产党领导人发展了马克思、恩格斯的这一思想，强调"世界是丰富多彩的。各国文明的多样性，是人类社会的基本特征，也是人类文明进步的动力。应尊重各国的历史文化、社会制度和发展模式，承认世界多样性的现实。世界各种文明和社会制度，应长期共存，在竞争比较中取长补短，在求同存异中共同发展"②。人类历史发展证明，人类文明具有多样性，人类文明因为多样而精彩，因为相互交流和融合而前进。

在肯定人类文明多样性的同时，马克思主义也承认人类文明的统一性，认为人类文明是多样性和统一性的辩证统一。如针对有些学者认为原始的公社所有制只有斯拉夫族特有的形式，甚至只有俄罗斯的形式时，马克思指出："这种原始形式我们在罗马人、日耳曼人、赛尔特人那里都可以见到，直到现在我们还能在印度遇到这种形式的一整套图样，虽然其中一部分只留下残迹了。仔细研究一下亚细亚的、尤其是印度的公社所有制形式，就会得到证明，从原始的公社所有制的不同形式中，怎样产生出它的解体的各种形式。例如，罗马和日耳曼的私人所有制的各种原型，就可以从印度的公社所有制的各种形式中推出来。"③ 这就在肯定人类文明多样性的同时，强调了人类文明的统一性。在马克思主义看来，人类文明的统一性还表现在，虽然各个民族和国家在推动人类社会发展的进程中所采取的方式、所经历的历程各具特色，但是人类社会发展不是杂乱无章的，而是有其自身的一般性。

人类文明的发展是多样性和统一性的辩证统一。这种统一中的多样

---

① 《马克思恩格斯全集》第19卷，人民出版社1963年版，第130页。
② 《江泽民文选》第3卷，人民出版社2006年版，第298页。
③ 《马克思恩格斯全集》第13卷，人民出版社1962年版，第22页。

性，对整个人类文明来说，不仅不会破坏统一，而且是构成统一的必要条件。普遍性存在于特殊性中，并通过特殊性表现出来。任何个别都是一般，一般只能通过个别而存在。

3. 人类文明的纵向发展和横向发展

一般来说，在整个人类文明发展过程中，其纵向发展表现为包含不同阶段的过程，其横向关系表现为包含不同要素的结构。纵向发展中有横向发展，并且纵向发展的阶段及水平直接制约着横向发展的深度及广度；同时，横向发展在一定程度上对纵向发展起反作用，与纵向发展相适应的横向发展能推动社会的发展。反之，则阻碍社会的发展。人类文明的全局，无论是古代文明，还是近现代文明，无论是西方文明，还是东方文明，其存在、流变都呈现出纵向发展和横向发展的有机结合、交互作用。

任何一种人类文明都是一个系统，有内在的独特结构，内部结构的发展变化推动着一种文明的发展进步。文明是由人类创造的，但是它出现之后又会规范和影响着人类的活动，正是在这种相互影响的环境下，生活在每一种文明中的人们不断改造和影响着客观世界，同时也在创造着新的文明。马克思曾说，"生产者也改变着，炼出新的品质，通过生产而发展和改造着自身，造成新的力量和新的观念，造成新的交往方式，新的需要和新的语言"[1]，从而不断推动着人类文明的发展进步，使一种人类文明不断从低级形态到高级形态过渡。任何一种文明都是在自身的基础上发展起来的。马克思通过对德国农村公社演变的考察后指出，"德国的农村公社是从较早的古代类型的公社中产生出来的。在这里，它是自生的发展的产物，而决不是从亚洲现成地输入的东西。在那里，在东印度也有这种农村公社，并且往往是古代形态的最后阶段或最后时期"[2]。

同时，任何一种文明都不是一个封闭的系统，人类文明的发展史也是一部文明交流、演进的历史，与人类文明纵向发展进程相伴随的还有人类文明的横向发展。随着人类征服和改造自然能力的增强，人类社会的生存状态也在不断地发生着改变，人与人的交往、不同民族和国家之间的交流变得不可避免。这种交往和交流有的是以和平的方式进行的，有的是以暴力的方式进行的，这些交往或交流带动着不同民族和国家之间文明的横向

---

[1] 《马克思恩格斯全集》第46卷上，人民出版社1979年版，第494页。
[2] 《马克思恩格斯全集》第19卷，人民出版社1963年版，第433—434页。

发展。考察人类文明发展史可以明确看出，不论是西方文明还是东方文明，都不是故步自封的，不同民族和国家之间的文明交流伴随着各自文明发展的进程。特别是进入近代以后，随着资本主义生产方式在全球范围的建立和巩固，全世界范围内各文明之间交流和融合的频率、范围、程度等显著增加，甚至使一些民族和国家的文明成为一种世界文明。对此，马克思、恩格斯在《共产党宣言》这一著作中就有明确揭示。他们指出："资产阶级，由于开拓了世界市场，使一切国家的生产和消费都成为世界性的了。……过去那种地方的和民族的自给自足和闭关自守状态，被各民族的各方面的互相往来和各方面的互相依赖所代替了。物质的生产是如此，精神的生产也是如此。各民族的精神产品成了公共的财产。民族的片面性和局限性日益成为不可能，于是由许多种民族的和地方的文学形成了一种世界的文学。"① 人类文明的横向发展促进了各民族之间的融合，推动了生产力的发展，使某一狭隘地区的个人成为世界的个人，真正普遍的个人。

这里需要指出的是，马克思主义赞成人类文明的不断交流和融合，但是坚决反对一种文明对另一种文明的野蛮征服和剥削。在考察近代以来西方文明对东方文明造成的影响时，马克思强烈谴责了西方文明对东方文明的掠夺。如马克思对英国对印度的殖民统治和对印度文明造成的毁灭性后果进行了极力的谴责和批判。马克思指出，"不列颠人给印度斯坦带来的灾难，与印度斯坦过去所遭受的一切灾难比较起来，毫无疑问在本质上属于另一种，在程度上要深重得多"②，"他们破坏了本地的公社，摧毁了本地的工业，夷平了本地社会中伟大和崇高的一切，从而毁灭了印度的文明。"③ 这种以牺牲其他文明而导致一种文明的横向发展的方式我们是要加以否定的。

"历史趋同论"者无视文明发展的纵向和横向有机统一的道理，企图否定人类历史发展的大趋势，其政治立场是想通过改良，使资本主义制度永存，其思想方法是形而上学，不懂得人类文明纵向发展和横向发展的辩证法。

4. 人类文明发展的前进性和曲折性

随着人类社会的发展进步，人类文明也在不断发生着变化。"人们的

---

① 《马克思恩格斯选集》第1卷，人民出版社2012年版，第404页。
② 同上书，第849页。
③ 同上书，第857页。

观念、观点和概念,一句话,人们的意识,随着人们的生活条件、人们的社会关系、人们的社会存在的改变而改变"①,"人们的一切法律、政治、哲学、宗教等等观念归根结蒂都是从他们的经济生活条件、从他们的生产方式和产品交换方式中引导出来的"②。正是由人类社会物质生产所推动,整个人类文明由低级向高级发展,由先进的文明取代后进的文明这一大趋势不可阻挡。但是,在这一过程中,难以避免暂时的挫折、倒退,也难以避免暂时偏离主线的情况,然而这些暂时的挫折、倒退和偏离,并不能改变整个人类文明发展的大趋势。无论是社会的物质文明,还是整个社会文明的发展都是如此。正像有的学者指出的那样,"在历史的进程中,各个文明体之间或彼此隔绝,或相互交往,或友好往来,或彼此争斗,或相互融合,或先后相继。它们汇合在一起,共同构成了波浪起伏、曲折前进的人类文明史。由于种种内部的和外部的、自然的和人为的原因,一定的文明体在其生命历程中有前进也有后退,有向前或向后的跳跃,有辉煌灿烂的篇章,也有的逐渐衰亡或突然毁灭,湮没在历史长河之中。认识文明发展的进程,必须从实际出发作具体的历史的分析"③。

人类文明的发展虽然是由人类社会的物质生产方式决定的,但是影响人类文明发展的还有其他因素,例如社会环境、社会习俗等外在因素,对此,恩格斯有过明确论述,他指出,"经济的前提和条件归根到底是决定性的。但是政治等等的前提和条件,甚至那些萦回于人们头脑中的传统,也起着一定的作用,虽然不是决定性的作用"④。这就是说人类文明的发展绝不可能是直线上升的过程,中间既有可能出现跳跃式的发展,也有可能会出现曲折和反复,人类文明发展史已经证明了人类文明发展是前进性和曲折性相统一这一特征。

具体到某一民族和国家文明的发展,还有可能受到外来文明的影响,导致这一文明的发展出现变化。对此,马克思在说明西方文明对东方文明的影响时曾有过深刻阐述。马克思指出,"当我们把目光从资产阶级文明的故乡转向殖民地的时候,资产阶级文明的极端伪善和它的野蛮本性就赤裸裸地呈现在我们面前,它在故乡还装出一副体面的样子,而在殖民地它

---

① 《马克思恩格斯选集》第1卷,人民出版社2012年版,第419—420页。
② 《马克思恩格斯全集》第21卷,人民出版社1965年版,第548页。
③ 田心铭:《从〈家庭、私有制和国家的起源〉看马克思恩格斯文明思想》,《马克思主义研究》2013年第7期。
④ 《马克思恩格斯选集》第4卷,人民出版社2012年版,第604—605页。

就丝毫不加掩饰了"①,"每当资产阶级秩序的奴隶和被压迫者起来反对主人的时候,这种秩序的文明和正义就显示出自己的凶残面目。那时,这种文明和正义就是赤裸裸的野蛮和无法无天的报复"②。在这种情况下,这种文明的发展道路不会是一帆风顺,甚至有被毁灭的危险。

人类文明之所以会显现出前进性和曲折性的统一,是因为历史的发展是合力作用的结果。代表新的生产方式的新生力量体现着社会历史发展的大趋势,是一定要战胜落后的反动的势力的。每一次斗争的结局只能是各种社会力量相互较量、反复斗争的结果,而在一定时期内,新生力量总是弱于落后的甚至反动的力量。因此,失败、挫折是难以避免的。这就是毛泽东曾经指出的,"在社会斗争中,代表先进阶级的势力,有时候有些失败,并不是因为思想不正确,而是因为在斗争力量的对比上,先进势力这一方,暂时还不如反动势力那一方,所以暂时失败了,但是以后总有一天会要成功的"③。

二 东方国家文明进步的特殊性

文明发展的特殊规律是指在某些特殊的历史时期或历史条件下(如某些国家、民族)所表现出来的文明发展规律。它是相对于一般规律而言的,所以不具有普适性,只适应于文明发展的某些具体的时期或情形。对于东方国家文明进步的特殊性,马克思、恩格斯形成了以下理论。

(一) 马克思主义视野中的东方概念

马克思、恩格斯在考察人类文明发展的过程中,为全面把握人类文明发展规律和发展道路,不仅以西欧社会尤其是英国社会为原型,对西方资本主义文明的发展趋势进行了深刻剖析,同时,以中国、印度、俄国等东方社会为蓝本,详细探讨了东方社会的社会经济结构及其发展道路的特殊性。关于"东方"的概念,马克思、恩格斯在其理论的研究中并没有给出一个明确的界定,但从其对东方系列问题的相关论述和探讨中可以看出其所使用的"东方"概念的内涵及所指的大致范围。

---

① 《马克思恩格斯选集》第1卷,人民出版社2012年版,第861—862页。
② 《马克思恩格斯选集》第3卷,人民出版社2012年版,第118页。
③ 《毛泽东文集》第8卷,人民出版社1999年版,第321页。

马克思、恩格斯在其著作中多处涉及"东方"的概念,从其著述中可以看出,他们对"东方"概念的揭示是从政治经济和地域两个层面进行的。这也是目前学术界就此问题所达成的一个共识。马克思、恩格斯从政治经济的角度揭示"东方"概念,是在1848年2月发表的《共产党宣言》这篇代表马克思主义的重要文献中。他们在论及资产阶级产生、发展的历史趋势及其历史作用时,谈到了"东方"的概念,指出:"资产阶级使农村屈服于城市的统治。它创立了巨大的城市,使城市人口比农村人口大大增加起来,因而使很大一部分居民脱离了农村生活的愚昧状态。正像它使农村从属于城市一样,它使未开化和半开化的国家从属于文明的国家,使农民的民族从属于资产阶级的民族,使东方从属于西方。"① 在这里,马克思、恩格斯把东方界定为"未开化和半开化的国家",而把西方界定为"文明的国家",即资本主义文明的国家;把东方界定为"农民的民族",而把西方界定为"资产阶级的民族"。同时,指出了"东方从属于西方"的总体的发展现状与趋势。由上述可知,马克思、恩格斯笔下的"东方"所指含义非常明确,指的就是处在资本主义文明之前、长期以农业生产为主的处于未开化和半开化状态的国家和社会。马克思、恩格斯也正是在这个意义上把俄国社会划分到东方社会的。从地理位置上说,俄国是一个横跨欧亚大陆的国家,"沙俄帝国是欧洲反动势力的主要堡垒、后备阵地和后备军"②。然而,俄国相对于当时发达的西欧资本主义文明来讲,是一个经济文化落后的以小农生产为主的没落的封建帝国,同东方一些国家在政治经济方面具有极为相似和相同之处。这也是马克思、恩格斯视俄国为东方国家的一个理论上的依据。

除从政治经济角度揭示"东方"概念的内涵外,马克思、恩格斯还从地域方面揭示了"东方"所指涉的范围。马克思在1854年1月所写的《东方战争》一文中,把1853—1856年爆发的克里木战争,即俄国对英国、法国、土耳其和撒丁的联盟围绕争夺巴尔干半岛的控制权进行的战争称为"东方战争"。指出:"久待解决的东方问题看来终于尖锐到这样的程度,以致外交手段失去了左右它的力量,而且已经不能利用它进行变化无常的、永远没有结果的活动了。"③ 克里木战争结束后,1857年8月11

---

① 《马克思恩格斯选集》第1卷,人民出版社2012年,第405页。
② 《马克思恩格斯全集》第22卷,人民出版社1965年版,第15页。
③ 《马克思恩格斯全集》第10卷,人民出版社1962年版,第20页。

日，马克思再以《东方问题》为题发表一组文章，阐明了围绕东方问题的战后形势及东方问题解决的状况等。文中写道："曾有人要我们相信，东方问题大约在十四个月前已经由于签订巴黎和约而获得解决，但是现在，由于君士坦丁堡外交活动停顿，它又成为悬案了。法国、俄国、普鲁士和撒丁的大使馆在这里降下了它们的国旗，同土耳其政府断绝了关系。"① 那么马克思所讲的东方问题究竟是指什么问题呢？恩格斯在1890年所写的《俄国沙皇政府的对外政策》中给出了很好的说明和回答。他明确指出："全部所谓的东方问题，即关于土耳其在斯拉夫人、希腊人和阿尔巴尼亚人居住区的统治的继续存在，以及关于黑海门户的占有权的争执（那时已经没有人能够独占这个门户，并用它来反对欧洲）也将失去意义。马扎尔人、罗马尼亚人、塞尔维亚人、保加利亚人、阿尔瑙特人、希腊人和土耳其人将终于有可能不受外来力量的干涉而自己解决相互间的纠纷，划定自己的国界，按照自己的意见处理自己的内部事务。那时很快就会发现，在喀尔巴阡山脉和爱琴海之间的地区，各民族以及各民族碎块实行自治和实行自由联合的主要障碍，原来就是那个用所谓的解放这些民族的幌子来掩盖自己的独霸世界计划的沙皇政府。"② 从马克思、恩格斯对东方问题的叙述来看，土耳其人、斯拉夫人、希腊人和阿尔巴尼亚人等国家均属于东方区域的国家，而他们围绕东方问题而谈到的克里木（今克里米亚）、黑海、巴尔干半岛、喀尔巴阡山脉和爱琴海等也都属于东方区域。当然他们所讲的东方社会还包括传统的亚洲国家，如中国、印度、朝鲜、日本、伊朗等。对于马克思、恩格斯对"东方"概念地域的理解，有学者指出，是与西方人对传统"东方"的理解一致的。"西欧人将西欧以外的欧洲东部和亚洲，称呼为东方，并且将俄罗斯高加索以西北的地区称为近东；将高加索以东，伏尔加河以西、以南的地区，以及现在伊朗、伊拉克、巴勒斯坦等国所处的地区称为中东；将伏尔加河以东地区称为远东，包括中国、朝鲜、西伯利亚、日本等等。"③

可见，马克思主义视域中的"东方"概念有两层含义：从地域上来看，是指同西欧国家相对应的处在地球东半球的亚洲国家及定居在欧洲东南隅位于亚得里亚海和黑海之间的巴尔干半岛上的传统的斯拉夫国家。从

---

① 《马克思恩格斯全集》第12卷，人民出版社1962年版，第277页。
② 《马克思恩格斯文集》第4卷，人民出版社2009年版，第391页。
③ 俞良早：《马克思恩格斯著作中的"东方"概念》，《江汉论坛》2006年第9期。

政治经济状况来看，是同西欧资本主义社会相对应的经济文化落后，处于前资本主义发展时期的民族或国家。从马克思、恩格斯著作中所涉及的东方问题来看，他们对东方社会问题的理论研究是以中国、印度、俄国等为蓝本的，在他们的著述中包括多篇对中国、印度、俄国问题的论述。比如，马克思、恩格斯撰写的《中国革命和欧洲革命》（1853）、《俄国的对华贸易》（1857）、《英人在华的残暴行动》（1857）、《波斯和中国》（1857）、《鸦片贸易史》（1858）、《英中条约》（1858）、《中国和英国的条约》（1858）、《新的对华战争》（1859）、《对华贸易》（1859）、《中国记事》（1862）等多篇对中国这个东方"活的化石"[①]进行了关注，阐述了中国晚清社会的发展状况、趋势及西方列强对中国的侵略问题。同时，他们还在《不列颠在印度的统治》（1853）、《不列颠在印度统治的未来结果》（1853）等文章中对保存着东方社会亚细亚所有制"一整套图样"的印度的命运和农村公社的情况进行了详细论述。而在《给"祖国纪事"杂志编辑部的信》（1877）、《给维·伊·查苏利奇的复信》（1881）等文中，则以俄国为例详细阐明了东方社会发展道路的特殊性。

（二）东方文明的共同特点

从马克思、恩格斯对东方概念的界定及对东方相关问题的论述来看，东方文明是指位于东方地域的民族与国家在长期发展的过程中所形成的以亚细亚生产方式为主、以农业灌溉为基础的具有东方专制传统的文明。东方文明所具有的共同特点主要有以下几点：

1. 东方文明是一种以灌溉为基础的农业文明

东方文明的产生与其所处的自然地理环境息息相关。东方文明起源于大河流域，如东方的四大文明古国古埃及、古巴比伦、古印度和中国，分别产生于尼罗河、底格里斯河与幼发拉底河、印度河与恒河、黄河与长江流域。大河流域土壤肥沃，灌溉条件便利，先天的耕种条件较为优越，适于从事农业生产，这就使东方社会的经济主要以农业生产为主，属于典型的农业社会。正如马克思在《不列颠在印度的统治》一文中所说："气候和土地条件，特别是从撒哈拉经过阿拉伯、波斯、印度和鞑靼区直至最高的亚洲高原的一片广大的沙漠地带，使利用水渠和水利工程的人工灌溉设

[①]《马克思恩格斯全集》第15卷，人民出版社1963年版，第545页。

施成了东方农业的基础。无论在埃及和印度，或是在美索不达米亚、波斯以及其他地区，都利用河水的泛滥来肥田，利用河流的涨水来充注灌溉水渠。"①

2. 东方社会在所有制形式上普遍采取的是亚细亚的所有制形式，即村社制度和土地公有制度

马克思在《政治经济学批判（1857—1858年草稿）》中"资本章"的第二篇"资本的流通过程"中对资本主义生产以前的亚细亚的所有制形式、古代的所有制形式、日耳曼的所有制形式进行了比较研究。在谈到东方亚细亚的所有制形式时，马克思明确指出，东方亚细亚所有制形式的第一个基础就是由家庭或家庭组成的部落或部落联盟而形成的自然的共同体，即农村公社。这些"共同体是实体，而个人则只不过是实体的偶然因素，或者是实体的纯粹自然形成的组成部分"②，国家则是凌驾于这些单个共同体之上的最高的统一体。

首先，农村公社采取的是一种自给自足的自然经济，公社生产的目的仅是满足公社自身生存和发展的需要。马克思指出，"要使公社本身照老样子继续存在下去，公社成员的再生产就必须在被作为前提的客观条件下进行。"③ 他认为，亚细亚的生产方式和所有制形式之所以能够顽固地保留下来，就是由于亚细亚形式的一个基本前提：即"单个人对公社来说不是独立的，生产的范围限于自给自足，农业和手工业结合在一起"④。马克思在考察印度公社制度时特别指出，以家庭工业为基础建立起来的家庭式公社，主要依靠农业和家庭纺织业的结合，实现经济上的自给自足。正是公社内部以农业和手工业为基础的自给自足的自然经济，使每个公社"这种公社完全能够自给自足，而且在自身中包含着再生产和扩大生产的一切条件。"⑤

其次，农村公社采取的是一种建立在血缘关系基础之上的宗法制度。对此，马克思在《资本论》第1卷第1篇"商品和货币"中进行了深刻论述。他指出，古亚细亚"这些古老的社会生产机体比资产阶级的社会

---

① 《马克思恩格斯选集》第1卷，人民出版社2012年版，第850页。
② 《马克思恩格斯选集》第2卷，人民出版社2012年版，第728页。
③ 同上书，第738页。
④ 同上。
⑤ 同上书，第727页。

生产机体简单明了得多,但它们或者以个人尚未成熟,尚未脱掉同其他人的自然血缘联系的脐带为基础,或者以直接的统治和服从的关系为基础。"① 这就是说,自然的血缘关系是维系公社成员的一个重要纽带,作为公社的一分子,每个成员都不可能独立于基于血缘的这个共同体,而是从属于和服从于这个共同体。此外,马克思还揭示了亚细亚生产方式存在的一个根本原因就在于"劳动生产力处于低级发展阶段,与此相应,人们在物质生活生产过程内部的关系,即他们彼此之间以及他们同自然之间的关系是很狭隘的。这种实际的狭隘性,观念地反映在古代的自然宗教和民间宗教中。"②

最后,在村社基础上实行土地公有制是东方亚细亚生产方式的又一鲜明特点。1853年6月2日,马克思在致恩格斯的信中明确提出:"东方(他指的是土耳其、波斯、印度斯坦)一切现象的基础是不存在土地私有制。这甚至是了解东方天国的一把真正的钥匙。"③ 在《政治经济学批判(1857—1858年草稿)》中,马克思深刻阐明了农村公社的土地公有制度。他指出,土地是公社共同体赖以生存和发展的基础,既为其提供了劳动资料,也为其提供了居住的地方。"人类素朴天真地把土地当做共同体的财产,而且是在活劳动中生产并再生产自身的共同体的财产。"④ 这就是说,在亚细亚的所有制形式和社会形态中,共同体是土地实际的所有者,是公共财产的真正前提,而"每一个单个的人,只有作为这个共同体的一个肢体,作为这个共同体的成员,才能把自己看成所有者或占有者。"⑤ "而在这些单个的共同体中,各个个别的人事实上失去了财产,或者说,财产——即单个的人把劳动和再生产的自然条件看做属于他的条件,看做他的主体的以无机自然形式存在的客观躯体这样一种关系——对这个别的人来说是间接的财产,因为这种财产,是由作为这许多共同体之父的专制君主所体现的总的统一体,以这些特殊的公社为中介而赐予他的。"⑥ 正是基于以上原因,马克思明确指出:"在亚细亚的(至少是占优势的)形式中,不存在个人所有,只有个人占有;公社是真正的实际所

---

① 《马克思恩格斯全集》第23卷,人民出版社1972年版,第96页。
② 同上书,第96页。
③ 《马克思恩格斯全集》第28卷,人民出版社1973年版,第256页。
④ 《马克思恩格斯选集》第2卷,人民出版社2012年版,第726页。
⑤ 同上。
⑥ 同上。

有者；所以，财产只是作为公共的土地财产而存在。"①

3. 东方社会在政治制度上实行的是东方专制制度和中央集权的政府管理体制

关于东方社会专制制度和中央集权政府管理体制形成的原因，马克思、恩格斯都曾从不同的角度做过详细论述。1853年6月，马克思在其所写的《不列颠在印度的统治》一文中，从修建水利工程和灌溉设施建设的角度阐明了东方专制制度和中央集权的政府管理体制形成的一个重要原因。他指出，利用水渠和水利工程的人工灌溉设施是东方农业的基础，在西方，修建水利工程和利用水利工程进行灌溉的任务主要是由"私人企业家结成自愿的联合"来完成。"但是在东方，由于文明程度太低，幅员太大，不能产生自愿的联合，因而需要中央集权的政府进行干预。所以亚洲的一切政府都不能不执行一种经济职能，即举办公共工程的职能。这种用人工方法提高土壤肥沃程度的设施归中央政府管理，中央政府如果忽略灌溉或排水，这种设施立刻就会废置"②。也正是基于此，马克思把东方社会的农村公社看作是东方专制制度的一个重要基础。恩格斯则在1875年所写的《论俄国的社会问题》中以俄国为例从公社之间彼此孤立、隔绝之间的状态论述了东方社会专制制度和中央集权政府管理体制形成的另外一个深刻的根源。指出："各个公社相互间这种完全隔绝的状态，在全国造成虽然相同但绝非共同的利益，这就是东方专制制度的自然形成的基础。从印度到俄国，凡是这种社会形式占优势的地方，它总是产生这种专制制度，总是在这种专制制度中找到自己的补充。"③

（三）东方国家文明进步的特殊性

1. 东方国家文明发展的缓慢性和停滞性

东方国家文明发展的缓慢性与停滞性从根本原因上讲是由其亚细亚的生产方式，即独特的村社制度、自给自足的自然经济和中央集权的专制制度所决定的。首先，马克思、恩格斯认为，村社的封闭性和村社社会状况的稳定性是造成东方社会发展缓慢和停滞的重要原因之一。譬如，马克思

---

① 《马克思恩格斯选集》第2卷，人民出版社2012年版，第734—735页。
② 《马克思恩格斯选集》第1卷，人民出版社2012年版，第850—851页。
③ 《马克思恩格斯选集》第3卷，人民出版社2012年版，第331页。

在1853年撰写的《不列颠在印度的统治》一文中考察印度村社制度时，指出"从遥远的古代直到19世纪最初十年，无论印度过去在政治上变化多么大，它的社会状况却始终没有改变"。① 在印度，每一个村社都是相对独立的组织，过着一种闭关自守的生活，村社之间处于一种相互孤立和隔绝的状态。"村社的边界很少变动。虽然村社本身有时候受到战争、饥荒或疫病的严重损害，甚至变得一片荒凉，可是同一个村名、同一条村界、同一种利益、甚至同一个家族却一个世纪又一个世纪地保持下来。居民对各个王国的崩溃和分裂毫不关心；只要他们的村社完整无损，他们并不在乎村社转归哪一个政权管辖，或者改由哪一个君主统治，反正他们内部的经济生活始终没有改变。帕特尔仍然是居民的首脑，仍然充当着全村社的小法官或地方法官，全村社的收税官或收租官。"② 正是由于村社的这种自我封闭的状态，使村社之间彼此孤立，几乎无任何联系，这就使社会的发展失去了其内在的推动力。其次，自给自足的自然经济也是造成东方社会发展缓慢和停滞的重要原因。在《资本论》中，马克思指出："公社都是一个自给自足的生产整体，它们的生产面积从一百英亩至几千英亩不等。产品的主要部分是为了满足公社本身的直接需要，而不是当作商品来生产的，因此，生产本身与整个印度社会以商品交换为媒介的分工毫无关系。"③"调节公社分工的规律在这里以自然规律的不可抗拒的权威起着作用，而每一个手工业者，例如铁匠等等，在他的工场内按照传统方式完成他职业范围内的一切操作，但是他是独立的，不承认任何权威。这些自给自足的公社不断地按照同一形式把自己再生产出来，当它们偶然遭到破坏时，会在同一地点以同一名称再建立起来，这种公社的简单的生产机体，为揭示下面这个秘密提供了一把钥匙：亚洲各国不断瓦解、不断重建和经常改朝换代，与此截然相反，亚洲的社会却没有变化。这种社会的基本经济要素的结构，不为政治领域中的风暴所触动"。④ 最后，以公社为基础的中央集权的专制制度"使人的头脑局限在极小的范围内，成为迷信的驯服工具，成为传统规则的奴隶，表现不出任何伟大的作为和历史首创精神"。⑤ 在这种制度下，人们过着一种失掉尊严的、停滞的、苟安的

---

① 《马克思恩格斯选集》第1卷，人民出版社2012年版，第851页。
② 同上书，第853页。
③ 《马克思恩格斯全集》第23卷，人民出版社1972年版，第395页。
④ 同上书，第396—397页。
⑤ 《马克思恩格斯选集》第1卷，人民出版社2012年版，第853—854页。

生活，从而造成整个社会的停滞状态。

2. 东方国家文明发展道路的特殊性

马克思、恩格斯认为，人类文明的发展从来都不是单线条的，而是多线条的。东方国家文明发展道路的特殊性从根本上是由东方国家文明自身所具有的特点决定的。从总体上说，马克思、恩格斯对东方国家文明发展道路的探索经历了从最初的东方从属于西方到提出东方非资本主义发展道路两个时期。

青年时期的马克思、恩格斯通过对西欧社会资产阶级的革命性以及西欧资本主义生产与资本所呈现出的全球化趋势，从而得出"东方从属于西方"的论断。在1848年撰写的《共产党宣言》中，马克思、恩格斯指出："生产的不断变革，一切社会状况不停的动荡，永远的不安定和变动，这就是资产阶级时代不同于过去一切时代的地方。"[①] 资产阶级生产方式的革命性使得旧的一切都发生根本性的变化，"一切固定的僵化的关系以及与之相适应的素被尊崇的观念和见解都被消除了"，"一切等级的和固定的东西都烟消云散了"[②]。同时，资产阶级为扩大产品销路，获取资本的高额利润，不断开拓世界市场，奔走于世界各地，这样就使西方与东方的联系日益紧密，从而使资本主义的生产方式冲出西方而对古老的东方社会形成巨大的冲击。正如马克思、恩格斯所说："资产阶级，由于一切生产工具的迅速改进，由于交通的极其便利，把一切民族甚至最野蛮的民族都卷到文明中来了。它的商品的低廉价格，是它用来摧毁一切万里长城、征服野蛮人最顽强的仇外心理的重炮。它迫使一切民族——如果它们不想灭亡的话——采用资产阶级的生产方式；它迫使它们在自己那里推行所谓的文明，即变成资产者。一句话，它按照自己的面貌为自己创造出一个世界。"[③] 正是基于这一点，马克思、恩格斯认为，西方资本主义的侵入，会使东方社会固有的社会经济结构处于激烈的解体之中，从而使资本主义的生产方式在东方社会占据统治地位。这样，东方社会必然会走上西方资本主义的道路。

马克思在《不列颠在印度的统治》和《不列颠在印度统治的未来结果》两篇文章中，以印度为例详细说明了在西方的铁蹄下和西方资本的

---

① 《马克思恩格斯选集》第1卷，人民出版社2012年版，第403页。
② 同上。
③ 同上书，第404页。

侵入下，印度这个古老的东方社会正在面临急剧解体和重构的命运。马克思指出："英国在印度要完成双重的使命：一个是破坏的使命，即消灭旧的亚洲式的社会；另一个是重建的使命，即在亚洲为西方式的社会奠定物质基础。"① 这就是说，英国的目的就是要按照西方资本主义的模式改造印度社会。一方面，在政治制度上，英国企图在印度"亚洲式的专制"基础上建立起"欧洲式的专制"；另一方面，殖民者破坏性地消灭了印度的农村公社，摧毁了传统手工业的发展，切断了印度同它的传统和历史的联系，从而达到毁灭印度文明的目的。印度"这些细小刻板的社会机体大部分已被破坏，并且正在归于消失"②。为达到破坏印度固有社会结构的目的，英国采取了一系列措施：一是使印度纺工的位置在郎卡郡，使织工的位置在孟加拉，或是一起消灭印度纺工和织工的做法，破坏了印度农村公社存在的经济基础；二是引进自由报刊，将其视为改造印度社会的一种新的强有力的因素；三是废除土地公有制，实行柴明达尔制度和莱特瓦尔制度两种不同形式的私人土地占有制；四是在印度当地人中间培养"具有管理国家的必要知识并且熟悉欧洲科学的新的阶级"③，即印度资产阶级；五是引进了蒸汽机，使印度同欧洲能够经常地、迅速地交往，摆脱孤立的状态。"铁路加上轮船，将使英国和印度之间的距离以时间计算缩短为八天，而这个一度是神话中的国度就将同西方世界实际地联结在一起"。④ 六是铁路的修建打破了印度农村自给自足的惰性，并造成印度人互相交往和来往的新的需要。印度铁路系统正在成为现代工业的先驱，而"由铁路系统产生的现代工业，必然会瓦解印度种姓制度所凭借的传统的分工"⑤。

晚年的马克思、恩格斯则结合俄国社会的现实状况提出了"跨越资本主义制度卡夫丁峡谷"的著名论断，探索了一条与西方社会发展道路完全不同的东方社会发展道路和模式，认为东方落后国家可以依托自身固有的农村公社不经过西方资本主义制度而直接过渡到共产主义社会。马克思是在1881年2月给俄国民粹派革命家查苏里奇的复信中提出"跨越资本主义制度卡夫丁峡谷"论断的，马克思之所以得出这个结论，是基于

---

① 《马克思恩格斯选集》第1卷，人民出版社2012年版，第857—858页。
② 同上书，第853页。
③ 同上书，第858页。
④ 同上。
⑤ 同上书，第860页。

对俄国农村公社进行详细考察和研究的必然结果。综合起来,马克思、恩格斯的论点主要有四个:

其一,认为俄国农村公社中的公有制因素能够战胜私有制因素。马克思指出,虽然西欧过去也存在不同程度的古代类型的公有制,但它不可避免地伴随着社会文明的进步而消失得无影无踪,然而,俄国的农村公社却一直保存至今,并且成为俄国社会新的生长因素。俄国的农村公社与较古类型的公社是不同的,两者相比,俄国的农村公社具有固有的二重性,"一方面,公有制以及公有制所造成的各种社会联系,使公社基础稳固,同时,房屋的私有、耕地的小块耕种和产品的私人占有又使那种与较原始的公社条件不相容的个性获得发展"。① 正是这种二重性,使得俄国的发展前途呈现出两种选择,"或者是它所包含的私有制因素战胜集体因素,或者是后者战胜前者"②。而出现哪种结局完全由它所处的历史环境所决定。那么,俄国社会的发展到底会出现哪种结局呢?对此,马克思在给查苏里奇的复信当中做了深刻细致的分析。他认为,公社内部的集体因素能够战胜私有制因素,而使公社成为俄国社会新生的支点。其原因在于"土地公有制使它有可能直接地、逐步地把小地块个体耕作转化为集体耕作,并且俄国农民已经在没有进行分配的草地上实行着集体耕作。俄国土地的天然地势适合于大规模地使用机器。农民习惯于劳动组合关系,这有助于他们从小地块劳动向合作劳动过渡;最后,长久以来靠农民维持生存的俄国社会,也有义务给予农民必要的垫款,来实现这一过渡"。③ 这就是说,俄国农村公社能够在发展自身土地公有制的基础上消灭它内部包含的私有制因素而保全自己,同时,公社"能够成为现代社会所趋向的那种经济制度的直接出发点,不必自杀就可以获得新的生命"④。

其二,由于俄国农村公社与控制着世界市场的西方资本主义生产同时共存,所以,俄国农村公社"可以不通过资本主义制度的卡夫丁峡谷,而把资本主义制度所创造的一切积极的成果用到公社中来"⑤。同时,马克思认为,俄国的农村公社不仅同西方资本主义生产同时存在,而且在经过资本主义的冲击后仍然保留了下来,而西方的资本主义制度却正在经历

---

① 《马克思恩格斯选集》第3卷,人民出版社2012年版,第824页。
② 同上。
③ 同上书,第824—825页。
④ 同上书,第826页。
⑤ 同上书,第825页。

着深刻的危机,"这种危机将随着资本主义的消灭,随着现代社会回复到'古代'类型的集体所有制和集体生产的高级形式而告终"。① 这就意味着由俄国的农村公社直接向共产主义过渡相比西方资本主义制度而言更加符合时代的要求和历史的发展方向。

其三,俄国农村公社正面临前所未有的危机,要消除危机,挽救农村公社,就必须有俄国革命作为保障。马克思指出,由于俄国国家借助手中的各种社会力量不断地压迫农村公社,从而使农村公社处于不正常的经济条件下,激发了各种利益的冲突,各种瓦解公社的因素迅速增加。"国家靠牺牲农民培植起来的是西方资本主义制度的这样一些部门,它们丝毫不发展农业生产能力,却特别有助于不从事生产的中间人更容易、更迅速地窃取它的果实"。② 俄国国家的这种做法使农村公社面临死亡的威胁,在这种情况下,除非被强大的反作用打破这种局面,否则,农村公社不会获得重生,并成为新社会建立的支点,因此,必须通过俄国革命来挽救俄国公社。"如果革命在适当的时刻发生,如果它能把自己的一切力量集中起来以保证农村公社的自由发展,那么,农村公社就会很快地变为俄国社会新生的因素,变为优于其他还处在资本主义制度奴役下的国家的因素"。③

其四,俄国的农村公社要成为共产主义发展的起点,必须得到西欧工业无产阶级及其革命的支援。1882年1月,马克思和恩格斯在合写的《共产党宣言》俄文第二版序言中指出:"假如俄国革命将成为西方无产阶级革命的信号而双方互相补充的话,那么现今的俄国土地公有制便能成为共产主义发展的起点。"④ 这句话的具体含义,恩格斯在1894年所写的《〈论俄国的社会问题〉跋》一文中作了很好的解释和说明。他强调,要使俄国农村公社成为共产主义发展的起点,就必须对农村公社进行改造,且对其改造的首创因素不在于公社自身,而是来自西方的工业无产阶级,"西欧无产阶级对资产阶级的胜利以及与之俱来的以社会管理的生产代替资本主义生产,这就是俄国公社上升到同样的阶段所必需的先决条件。"⑤ 他指出,保全俄国公社的第一步是在俄国爆发革命,推翻沙皇专制制度,把农民"从构成他们的世界、他们的宇宙的农村的隔绝状态中解脱出

---

① 《马克思恩格斯选集》第3卷,人民出版社2012年版,第826页。
② 同上书,第827页。
③ 同上书,第832页。
④ 《马克思恩格斯选集》第1卷,人民出版社2012年版,第379页。
⑤ 《马克思恩格斯选集》第4卷,人民出版社2012年版,第311页。

来",然后再用俄国革命促进西欧无产阶级革命的胜利,"没有这种胜利,目前的俄国无论是在公社的基础上还是在资本主义的基础上,都不可能达到社会主义的改造"。①

三 马克思、恩格斯东方社会理论的价值意蕴

东方社会理论是马克思、恩格斯立足于现实的社会生活,通过比较东、西方社会的存在样态、运行机制的不同,在分析资本主义经济运动规律和社会矛盾的基础上得出的结论。历史的发展虽然没有说明实现东方社会跨越资本主义"卡夫丁峡谷"的可能性,但俄国十月革命和中国革命的胜利,尤其是中国特色社会主义取得的巨大成就,充分验证了马克思、恩格斯东方社会理论的真理性,它所展示的马克思主义的立场、观点、方法对于我们今天探索社会主义建设道路仍具有重要作用和意义。

(一)对认识人类历史的发展进程和规律具有方法论意义

方法论是人们认识和改造世界所遵循的根本方法,是人们用一定的方式、方法来对待和处理问题,不仅是认识客观世界的武器,也是改造现实的武器。处在不以人的主观意志为转移的发展中的人类社会,具有特有属性和内在规律,引导着人类社会从野蛮到文明,从原始到共产主义。如何透过纷繁复杂的现象抓住事物的本质,揭示社会发展的规律,成为马克思主义者面临的一项艰巨任务。

马克思、恩格斯东方社会理论既分析了人类社会发展规律的普遍性,也阐述了东方社会发展道路的特殊性,为我们提供了认识社会演变的方法,即生产力与生产关系矛盾运动的民族性和世界性相互作用的辩证法。民族性的含义主要体现在:在不同的民族或国家里,生产力与生产关系的矛盾运动具有不同的形式、性质、运行机制;世界性的含义主要体现在:随着世界市场的不断拓展,各民族或国家的生产力与生产关系矛盾运动便冲破民族和地域的局限,在世界"一体化"中相互影响、相互渗透、相互制约。在世界历史条件下,这种矛盾运动不仅仅具有"民族性",更体现出"世界性"。因此,各国家和民族的发展既取决于自身生产力与生产

---

① 《马克思恩格斯选集》第 4 卷,人民出版社 2012 年版,第 321 页。

关系的矛盾，也受到国际社会基本矛盾直接或间接的制约与影响。马克思、恩格斯正是以此为方法论，紧密联系当时俄国的具体实际和"现在世界的特殊联结方式"，提出了俄国社会发展可以跨越资本主义"卡夫丁峡谷"走上社会主义道路的构想。列宁灵活运用了社会基本矛盾运动规律，对东方社会发展道路的特殊性进行了总结，指出"世界历史发展的一般规律，不仅丝毫不排斥个别发展阶段在发展的形式或顺序上表现出特殊性，反而是以此为前提的"。[①]

（二）为东方落后国家走向社会主义道路提供了理论源泉

东方社会理论作为马克思主义社会理论的重要组成部分，是马克思、恩格斯最辉煌的研究成果之一，在人类思想史上具有开创性的意义。马克思、恩格斯东方社会理论的重要性不在于这个理论本身，而在于它为东方落后国家走向社会主义道路提供了理论指南。马克思、恩格斯对东方社会提出的诸多设想如何变为现实，没有给出具体的答案，但这种不同寻常的构想，启迪着后继者继续思考，促使他们更加奋然前行，不断进行社会主义道路的艰辛探索。

历史的发展表明，正是由于马克思、恩格斯东方社会理论的指导，一些东方国家才能在20世纪相继走上社会主义道路。列宁在这一理论的启发下，1905年就对如何把资产阶级民主革命变为无产阶级社会主义革命的问题作过论述。1915年，在《论欧洲联邦口号》一文中，提出了一国首先胜利的思想，认为"经济和政治发展的不平衡是资本主义的绝对规律。由此就应得出结论：社会主义可能首先在少数甚至在单独一个资本主义国家内获得胜利。"[②] 1916年所写的《无产阶级革命的军事纲领》一文再次对这一问题作了阐述，丰富和发展了马克思主义关于东方社会的理论。1917年，列宁根据俄国当时经济危机的爆发、阶级矛盾的激化、斗争不断发生的具体实际，认为新的革命已经酝酿成熟，领导人民发动了十月革命，建立了第一个无产阶级领导的社会主义国家，否定了那种关于"人类通过资本主义的痛苦过程是不可避免的"错误观点，实现了社会主义由理论到现实的飞跃，开辟了人类探索社会主义道路的新时代。以毛泽东为代表的中国共产党人，立足于中国近代社会的基本国情，把马克思列

[①]《列宁选集》第4卷，人民出版社2012年版，第776页。
[②]《列宁选集》第2卷，人民出版社2012年版，第554页。

宁主义的基本原理和中国实际相结合,为新民主主义革命找到了一条避免资本主义道路而走上社会主义的成功之路。正如党的十三大决议所指出:"在近代中国的具体历史条件下,不承认中国人民可以不经过资本主义充分发展阶段而走上社会主义道路,是革命发展问题上的机械论,是右倾错误的重要认识根源。"[①]

(三) 对推进社会主义建设具有启示意义

社会主义革命虽然率先在东方落后国家由理想变成现实,由一国实践发展到多国实践,但这并不等于社会主义在这些国家取得了完全的胜利。由于这些国家受生产力发展状况的制约,决定了革命取得胜利后马克思主义执政党建设社会主义的艰巨性和长期性。怎样加快经济社会的发展步伐以尽快摆脱贫穷落后的面貌,是这些国家迫切需要解决的课题。马克思主义东方社会理论对推进社会主义建设具有启示意义。

一是各个国家要找到一条适合自身的发展之路。东方各国如何建设社会主义,在历史上前人没有做过,没有现成的道路、模式可以搬用,因此,这些国家在探索社会主义建设道路的实践中,只能根据本国的历史条件和现实特点找到一条适合自身发展的独特道路。苏联首先在世界上建立了第一个社会主义国家,并形成了被当时社会主义国家普遍奉为社会主义建设典型经验的"苏联模式"。"苏联模式"在苏联历史上发挥过巨大的作用,其他社会主义国家效仿"苏联模式"也各自取得了不少成效。但是,随着社会生产条件和各国社会环境的变化,这一理论的弊端也开始显现,并且越来越突出。毛泽东率先对苏联经验提出疑问,并提出了"以苏为鉴"的警示,努力探索适合中国特点的社会主义建设道路,提出了一系列适合中国特点的社会主义工业、农业等发展的理论。虽然毛泽东探索没有取得最后成功,并在后期使中国的社会主义建设走了很多弯路甚至错路,但是,他的这一探索的成功与失误恰好说明了这一问题。毛泽东探索适合中国特点的社会主义建设之路,成功的原因就是按照中国的国情和社会主义建设的实际,部分地摒弃了"苏联模式";失败的原因恰恰在于错误地判断了当时中国社会主义所处的阶段,脱离了中国的实际情况。因而,邓小平在开创中国特色社会主义之初就旗帜鲜明地指出:"我们的现

---

① 《十三大以来重要文献选编》上,人民出版社1991年版,第9页。

代化建设，必须从中国的实际出发。无论是革命还是建设，都要注意学习和借鉴国外经验。但是，照抄照搬别国经验、别国模式，从来不能得到成功。这方面我们有过不少教训。把马克思主义的普遍真理同我国的具体实际结合起来，走自己的道路，建设中国特色的社会主义，这就是我们总结长期历史经验得出的基本结论。"① 中国特色社会主义正是在这一重要思想的指导下形成和发展起来的。

二是要把工作重心转移到大力发展生产力上来。在特定的历史条件下，社会制度的发展可以跨越资本主义"卡夫丁峡谷"而直接建构社会主义的政治、经济、文化制度等，但作为一种既定的物质力量的生产力发展阶段则是不能跨越的。人们不能把生产力当作可以被随意取消的东西，而只能在继承前一代生产力的基础上利用和改造它，只有通过发展经济，不断促进生产力的发展，才能避免遭受"牛轭"之辱，才能充分彰显社会主义的巨大优越性，从而赢得人民的拥护。列宁在领导苏联进行社会主义建设中指出，无产阶级夺取政权后，应把提高社会生产力作为最根本的任务，并围绕这个核心，在实践中探索了发展生产力的各种有效办法，如允许私人创办和租赁工厂、发展大机器工业和电气化、恢复小工业等。邓小平深得马克思、恩格斯"跨越论"的精髓，认识到生产力的发展是一步步累积起来的，这一规律不能违背，否则，社会主义制度的根基就会动摇，历史上正反两方面的经验教训值得认真吸取。邓小平指出发展生产力是社会主义的根本任务，是最终战胜资本主义的最根本保障，我们不仅要发展生产力，而且要通过改革解放生产力，这是贯穿中国特色社会主义始终的问题。只有解放和发展生产力，才能充分展现中国特色社会主义的吸引力，并在提高经济社会生活水平的基础上，让中国人民认同中国特色社会主义，树立中国特色社会主义的道路自信、制度自信和理论自信，并在与资本主义的共处和竞争中赢得积极、赢得主动，彰显中国特色社会主义的优越性。

三是要重视与其他人类文明进行交流。马克思主义东方文明理论揭示了东方文明的特殊性，但是这并不意味着东方文明是独立于人类文明之外的文明。恰恰相反，东方文明是人类文明的重要组成部分，东方文明要想发展和进步，必须与其他人类文明进行交流。对此，马克思和恩格斯多次

---

① 《邓小平文选》第3卷，人民出版社1993年版，第2—3页。

强调,甚至认为俄国革命能否取得成功,关键是看能否得到西方社会的呼应。这其实从一个方面说明了东方和西方是一体的,东方文明和西方文明不能相互隔绝。"社会主义要批判和清除的只是在过去那些体现剥削阶级意志和利益的反人民、反历史进步的旧思想和旧文化,绝不是对传统文化采取一概否定的态度。社会主义既是资本主义的否定者、替代者,又是资本主义的扬弃者、继承者。"① 要将资本主义好的成果"为我所用"。改革开放是决定当代中国的关键抉择,也是中国特色社会主义开创的起点,将贯穿中国特色社会主义始终。改革开放的过程就是中国不断走向世界的过程,只有如此,中国特色社会主义才能不游离人类文明之外,变成一成不变的形态,也才能在其他文明的滋养下更加茁壮地成长。

---

① 孙金华、岳邦杰:《马克思恩格斯东方社会理论及其当代价值》,《经济研究导刊》2010年第19期。

第二章 人类文明发展视野中的中国特色社会主义

人类文明的发展同社会生产力的发展一样，不是随意的，更不是凭空而生的，它是在继承先前人类创造的文明成果的基础上，不断地传承和向前推进。无论什么样的社会制度，要向前发展，就不能无视前人创造的成果，就不能不以此为进一步发展的前提和基础。中国特色社会主义的形成和发展从未离开世界文明发展大道。

一 中国特色社会主义不是脱离世界文明发展的另辟蹊径

当今时代，任何民族、国家的发展都需要世界文明的支撑。一座座"人类文明发展的里程碑"既是世界历史背景下文明交流的产物，也是推动历史发展的基础。中国特色社会主义通过自己的方式参与了世界文明的历史进程。

（一）世界文明进程处在各种文明交流交融的历史阶段

随着文明的演变和进步，人类历史也表现出不可逆转的发展趋势。不同文明的碰撞、交流、交融，共同推动了人类文明的进程，推动着历史的进步。尤其是15世纪末地理大发现之后，人类历史的发展出现了重大转折。随着资本主义机器大工业的出现，国际贸易发展迅速，由于需要不断扩展产品的销路，资产阶级在世界各地开拓市场，把各个国家的生产和消费变成了世界性的生产和消费，民族分隔和对立日益消失，民族的片面性和局限性已成为不可能。正是在这样的历史条件下，马克思在批判黑格尔从观念、意识的角度诠释世界历史概念的基础上，提出了他的世界历史理论。他在《德意志意识形态》、《共产党宣言》、《资本论》等著作中对世界历史的形成都做了全面系统的论述,在他晚年所写的《人类学笔记》和《历史学笔记》中又作了进一步的探索。马克思认为,"世界史不是过去一直存在的;作为世界史的历史是结果。"① 指出"各个相互影响的活动范围在这个发展进程中越是扩大,各民族的原始封闭状态由于日益完善的生产方式、交往以及因交往而自然形成的不同民族之间的分工消灭得越是彻底,历史也就越是成为世界历史。例如,如果在英国发明了一种机器,它夺走了印度和中国的无数劳动者的饭碗,并引起这些国家的整个生存形式的改变,那么,这个发明便成为一个世界历史性的事实"②。这实际上阐释了世界历史的产生根源及重大影响,即"生产力的普遍发展和与此相联系的世界交往"是民族历史走向世界历史的动力。可见,在马克思看来,"世界历史"并不是从来就有的,它是生产力发展到一定阶段的产物。正是由于资本主义工业文明的形成,促进了各个民族之间的普遍交往,使世界日益成为一个整体,才走向了以普遍交往为特征的世界历史。如果说在前世界历史时代,各民族和地区都处于自给自足的农业社会和自然经济中。在落后的生产力基础上,人们征服和改造自然的能力还不足以提供有效手段来打破自然隔阂和屏障对民族普遍交往的限制,因此,联系和交往极其有限,基本上处于相互隔绝和孤立发展之中。但是,在世界历史时代,这种局面就被彻底打破了,"使每个文明国家以及这些国家中的每一个人的需要的满足都依赖于整个世界"③,各个民族或国家成为了世界历史的一部分。各个民族和国家文明的发展都不可避免地受到世界历史运动方向和规律的影响及制约,反过来也会对世界历史的发展产生深刻的影响。在世界历史进程中,历史环境为文明的相互交流、彼此借鉴提供了良好的条件,使落后的民族或国家可以直接利用、吸收和占有资本主义制度创造的一切积极成果,通过提升自身文明推动人类文明发展和社会进步。

20世纪50年代以来,由于第三次科技浪潮的猛烈冲击,世界贸易迅速扩大,商品国际化、资本国际化和生产关系国际化程度不断提高,各国之间的联系愈来愈密切,"人类历史上第一次出现了任何东西都可以在世界上任何地方生产并销售到世界各地的现象"④。在这个巨大的"地球村

---

① 《马克思恩格斯选集》第2卷,人民出版社2012年版,第710页。
② 《马克思恩格斯选集》第1卷,人民出版社2012年版,第168页。
③ 同上书,第194页。
④ [美]莱斯特·瑟罗:《资本主义的未来》,周晓钟译,中国社会科学出版社1998年版,第112页。

落"中,各民族、国家和地区相互依存、休戚相关,世界历史正处在各种文明交流交融的新阶段,任何国家和民族都应倍加珍惜自身文明发展的这一良机,积极融入世界文明的整体发展进程中。历史已经并正在证明,没有一个国家能够在孤立的状态下实现现代化。任何国家要发达起来,闭关自守是不可能的。在历史上,一个民族无论曾经取得多么傲人的成就,如若在现代化进程中不思进取,不肯融入世界现代化的潮流,就难以摆脱封闭、僵化的格局,难以借鉴世界历史发展的成果,就会面临被世界历史淘汰的危险,成为世界历史发展的牺牲品。

(二) 社会主义是世界文明整体的有机组成部分

马克思主义认为,物质世界是普遍联系的整体,世界上没有孤立存在的事物。符合人类文明发展规律和趋势的社会主义文明不可能孤立于世界历史之外,如同人的肢体不能孤立于血液循环系统之外一样,它必然要与其他文明形式相联系,成为世界历史的一个有机组成部分。马克思非常强调"世界历史"、"普遍交往"等对一个文明国家发展的重要性,认为社会主义是作为世界历史性事业而存在的,单靠一个民族或国家是不能实现的,它恰恰是整个世界历史发展的结果。如果没有资本主义大工业创造的物质生产力,没有资本主义生产扩张性带来的普遍性的交往,没有"人的政治解放"的条件,社会主义是不可能的。早在一百多年前,马克思就批判了"地域性"的共产主义,认为共产主义是人类社会统一的社会形态,不是一个民族国家内部的社会形态,因此,共产主义不是某一阶级或民族的解放,而是全人类的解放。共产主义革命的发生将在一切文明国家里,是世界性的革命,所以将有世界性的活动场所。马克思、恩格斯在《德意志意识形态》中指出,共产主义的建立需要以生产力的高度发展和世界性的普遍交往作为前提条件,没有这两个条件,"共产主义就只能作为某种地域性的东西而存在"[1],失去它世界历史意义上的本质特性。在马克思看来,社会主义只有同整个世界建立起普遍的联系,置身于世界历史发展的潮流之中才是现实的。马克思晚年提出的跨越资本主义"卡夫丁峡谷"的设想,就是将东方国家置于世界文明的整体中,从世界历史和普遍交往两方面探索落后国家的社会发展道路的结果。强调只有吸收利

---

[1] 《马克思恩格斯选集》第 1 卷,人民出版社 2012 年版,第 166 页。

用资本主义一切有利于生产力发展的肯定成果,东方落后国家才有可能避开资本主义制度带来的种种苦难直接走上社会主义道路,获得世界性存在。"如果俄国是脱离世界而孤立存在的,如果它要靠自己的力量取得西欧通过长期的一系列进化(从原始公社到它的目前状态)才取得的那些经济成就,那么,公社注定会随着俄国社会的发展而灭亡这一点,至少在我看来,是毫无疑问的"[1]。列宁也曾高度重视社会主义与世界发生联系的重要性,认为苏维埃政权同资本主义最新的进步的东西结合得如何关系着社会主义的生死存亡。就资本主义而言,其社会制度虽然相对落后,却在很大程度上占有着人类文明的发展成果,拥有先进的生产力;现实的社会主义从本质上来说是先进的社会制度,但其生产力却较为落后,这就决定了社会主义必须向世界开放,学会与资本主义打交道,提高竞争能力,坚持吸取和借鉴人类社会创造的一切文明成果,用来建设社会主义社会。因此,社会主义不是离开世界文明发展另辟的蹊径,而是以世界文明为支撑,并在与世界文明的接触交流中发展壮大。

(三)参与世界文明进程是中国特色社会主义的必然选择

一国能否建成社会主义离不开世界环境的支持,这不仅体现在政治革命上,而且也体现在经济建设上。中国特色社会主义不是封闭的、静止的,而是开放的、发展的,与当今世界不同社会制度及发展模式交流互鉴。

进入20世纪80年代以来,由于信息革命、冷战结束以及原计划经济国家市场化等多种因素的影响,世界历史的整合进入了新的阶段,使全球化成为不可逆转的历史趋势,主要表现为人类经济生活的高度社会化,具体表现为生产全球化、金融全球化、生产技术全球化、经济信息全球化、人力资源全球化、贸易全球化等诸多方面。经济生活的这种世界性大变动,也在国际政治上呈现出来,诸如和平、发展、资源、环境、反恐以及领土纠纷等全球性挑战问题,涉及世界人民共同利害,离不开发达国家与发展中国家的共同参与解决;反映在国际文化上,随着网络信息技术在全球范围的应用,世界各国不同文化相互交流、融合和渗透加强,突破了传统的国界和地域限制,成为人们精神生活不可缺少的一部分。结果是促使世界各国家之间往来的深度和广度迅速发展,产

---

[1] 《马克思恩格斯全集》第25卷,人民出版社2001年版,第472页。

生了规模宏大的世界市场及国际联合体，出现了全球循环的物质流、资金流、劳力流、技术流和信息流。正如邓小平所说"现在的世界是开放的世界"。虽然经济全球化的本质是资本的全球化，在经济全球化进程中，发达资本主义国家凭借雄厚的资金、发达的科技、先进的管理技术等获利最大，对发展中国家经济社会安全带来一定风险，但不可否认的是，在经济全球化进程中，生产要素的跨国界跨地区流动，对促进各个国家和地区在生产资源上的共享和相互之间的优势互补，促进生产资源在世界范围内实现优化配置和组合还是有很大的好处。发展中国家可以而且应该充分利用自身的优势积极参与到经济全球化当中，因为在经济全球化带动下，现在的世界已经成为一体，一切国家都不能把自己置身于经济全球化大潮之外，发展中国家应充分利用国外的资金、技术、先进的管理经验等促进本国的发展。

中国特色社会主义是当今世界一种重要的制度选择，它与全球化存在不可分割的内在联系。由于我国没有经历发达的资本主义阶段，而是跨越了资本主义"卡夫丁峡谷"，从半殖民地半封建社会直接进入社会主义社会，生产力较为落后。因此，处在社会主义初级阶段的中国要发展生产力，就必须利用资本主义社会创造出来的先进生产力，享用资本主义制度的一切肯定成果。只有在经济全球化的背景下实行对外开放，才能以别人的有益成果作为自身发展的起点，实现跨越发展。反之，闭关自守只能导致停滞落后。正如邓小平指出的，任何一个国家要发展、发达起来，闭关自守是不可能的。这就要求我们在立足于本国政治、经济、文化状况，保持中国特色社会主义文明特质的同时，充分利用全球化带给我们的有利条件，在与资本主义的竞争与合作中增强自身的生命力，赢得与资本主义的比较优势。因此，中国共产党人在设计中国社会发展的目标和道路时，自觉地运用了马克思的世界历史理论的观点和方法，在深刻认识和把握当代世界历史时代性特点的基础上，提出"和平与发展是当今世界两大主题"，强调中国要实现社会主义现代化就必须将自身发展与世界发展联系起来，实行对外开放，走进世界性交往的行列。中国特色社会主义在不断学习和借鉴其他国家和民族长处、吸收人类社会创造的文明成果的基础上，在世界文明发展进程中获得了自身发展的动力，实现了民族发展与世界历史发展的统一。

二 中国特色社会主义对人类文明的继承和发展

中国特色社会主义是人类在前社会主义社会创造出来的全部文明成果合乎规律的发展。列宁在批判俄国"无产阶级文化协会"代表人物波格丹诺夫等倡导通过"实验室的道路"来创造"纯粹无产阶级"文化的观点时指出:"无产阶级文化并不是从天上掉下来的,也不是那些自命为无产阶级文化专家的人杜撰出来的。如果硬说是这样,那完全是一派胡言。无产阶级文化应当是人类在资本主义社会、地主社会和官僚社会压迫下创造出来的全部知识合乎规律的发展。"[①] 列宁这一深刻论断,适合整个社会主义文明建设。一般来说,一个新的社会形态只能在旧社会的物质技术基础上建立起来,新的社会形态自己固有的物质技术基础的造就、发展也离不开原有的物质技术基础。取代资本主义的社会主义社会形态也是如此,其物质文明、精神文明只能在旧社会的基础上建立起来,其创新、发展只能在继承人类社会既有的文明成果基础上进行。这对于经济文化比较落后的中国更有必要。

(一) 顺应了人类社会的发展规律

对于人类社会发展有无规律,在马克思主义诞生之前,古今中外的哲学家已经对它做了充分探讨,但是由于时代条件和阶级立场的限制,都没有科学地解决这一问题。马克思主义在批判地继承前人的基础上,把研究的目光投向了现实生活。马克思发现了社会矛盾运动背后蕴藏的经济根源。恩格斯指出,"正像达尔文发现有机界的发展规律一样,马克思发现了人类历史的发展规律,即历来为繁芜丛杂的意识形态所掩盖着的一个简单事实:人们首先必须吃、喝、住、穿,然后才能从事政治、科学、艺术、宗教等等;所以,直接的物质的生活资料的生产,从而一个民族或一个时代的一定的经济发展阶段,便构成基础,人们的国家设施、法的观点、艺术以至宗教观念,就是从这个基础上发展起来的,因而,也必须由这个基础来解释,而不是像过去那样做得相反。"[②] 在此基础上,马克思、恩格斯创立了唯物史观,深刻揭示了生产力与生产关系、经济基础与上层

---

① 《列宁选集》第 4 卷,人民出版社 2012 年版,第 285 页。
② 《马克思恩格斯选集》第 3 卷,人民出版社 2012 年版,第 1002 页。

建筑的矛盾在人类社会由低级向高级发展中的作用。"社会的物质生产力发展到一定阶段,便同它们一直在其中运动的现存生产关系或财产关系(这只是生产关系的法律用语)发生矛盾。于是这些关系便由生产力的发展形式变成生产力的桎梏。那时社会革命的时代就到来了。随着经济基础的变更,全部庞大的上层建筑也或慢或快地发生变革"。①

正是在人类社会发展规律的支配下,人类社会先后经历了五个不同的历史阶段,即原始社会、奴隶社会、封建社会、资本主义社会和社会主义社会。资本主义制度代替封建制度是人类文明的一大进步,促进了人类社会生产力的巨大发展,马克思、恩格斯曾称赞"资产阶级在它的不到一百年的阶级统治中所创造的生产力,比过去一切世代创造的全部生产力还要多,还要大。"②。但是资本主义也有它本身无法克服的问题,即资本的生产社会化和私人占有形式之间的不可调和的矛盾。这就造成了一个现象,即资本主义在一定时期能够迅速促进生产力的发展,积累巨额的社会财富,但是由于对剩余价值的无限追求,又使资本主义社会不可避免的出现了严重的社会问题:社会利益分化、社会交往关系物化、道德败坏蜕化、人的本性异化、社会矛盾尖锐化等。资本主义发展史可以看成一部充满侵略、奴役、盗窃、杀戮、流血等残酷的进化史。

马克思和恩格斯通过对资本主义的分析、批判,创建了科学社会主义理论,列宁则实现了科学社会主义从理论到实践的转变,使理想发展为社会主义现实,并对经济文化相对落后的国家怎样建设社会主义进行了积极的探索,但是由于列宁的过早逝世,这一探索即被终止。斯大林上台后,建立起了高度集中的苏联模式。虽然苏联模式在历史上也起到过重大的历史作用,但是由于政治、经济、文化上的高度集权、集中、垄断等,使苏联模式也存在一定的弊端。新中国建立后,毛泽东试图摆脱苏联模式的束缚,提出"以苏为鉴",实现马克思主义与中国实际的"第二次结合",并进行了积极有益的探索,取得了一定的理论成果,启动了中国现代化的进程。但是,在毛泽东晚年的探索中,由于对国内主要矛盾和社会主义根本任务认识的偏差,过分强调阶级斗争,甚至导致了"文化大革命"这一长期的错误,使中国的发展偏离了正确的轨道。

党的十一届三中全会后,邓小平做出了和平与发展是时代主题的重大

---

① 《马克思恩格斯选集》第 2 卷,人民出版社 2012 年版,第 2—3 页。
② 《马克思恩格斯选集》第 1 卷,人民出版社 2012 年版,第 405 页。

判断，认为发生世界大战的可能性越来越小，世界上所有的国家，不管是发展中国家，还是发达国家，不管是社会主义国家，还是资本主义国家，都在谋求自身更加快速的发展。社会主义要想显现比资本主义的优势，必须加快发展。这为实现中国发展战略的转移提供了依据。此后，中国共产党一直在为经济文化落后国家如何进行社会主义建设这一根本问题进行思考和探索，并紧紧抓住"什么是社会主义、怎样建设社会主义"，"建设一个什么样的党、怎样建设党"，"实现什么样的发展、如何发展"、"进行什么样的改革、怎样改革"等重大问题，探索出了社会主义市场经济理论、社会主义初级阶段理论、改革开放理论、社会主义本质理论等关系社会主义前途命运的重大理论成果，形成了中国特色社会主义道路、中国特色社会主义理论和中国特色社会主义制度。中国特色社会主义顺应了人类社会发展规律，取得了巨大成就，实现了中国发展的奇迹，初步解决了人类社会发展中亟须解决的人与自然的关系、人与社会的关系、人与人的关系等重大问题。

（二）吸收借鉴了资本主义文明成果

1. 马克思主义创始人关于批判地继承资本主义文明的思想

马克思主义是吸收、借鉴、批判、继承人类文明的一切优秀的合理的思想而形成和发展起来的，"同'宗派主义'毫无相似之处，它绝不是离开世界文明发展大道而产生的一种固步自封、僵化不变的学说。恰恰相反，马克思的全部天才正是回答了人类先进思想已经提出的种种问题"[①]。社会主义建设离不开人类以往的文明成果，马克思曾指出："人们自己创造自己的历史，但是他们并不是随心所欲地创造，并不是在他们自己选定的条件下创造，而是在直接碰到的、既定的、从过去承继下来的条件下创造。"[②] 在马克思主义创立的过程中，马克思和恩格斯非常重视对资本主义文明的批判，但同时又肯定了资本主义生产方式对社会生产力发展的推动作用。在经济文化落后的国家能否跨越资本主义的高度发展进入社会主义这一问题时，马克思做了肯定的回答，但同时又认为，这种跨越要以充分利用资本主义文明为前提，"吸取资本主义制度所取得的一切肯定性成

[①] 《列宁选集》第 2 卷，人民出版社 2012 年版，第 309 页。
[②] 《马克思恩格斯选集》第 1 卷，人民出版社 2012 年版，第 669 页.

果"①,必须"和资本主义生产是同时存在的东西"。② 在马克思逝世之后,恩格斯继续致力于该问题的研究,他指出:马克思的这一论断,"不仅适用于俄国,而且适用于处在资本主义以前的阶段的一切国家。"③

2. 列宁、毛泽东对批判继承资本主义文明思想的创造性发展

列宁从历史与逻辑的统一中开创出迂回过渡到社会主义的道路。他曾明确指出,仅仅依靠摧毁资本主义是无法填饱肚子的,"必须取得资本主义遗留下来的全部文化,并且用它来建设社会主义。必须取得资本主义遗留下来的全部科学、技术、知识和艺术。否则,我们就不能建设共产主义社会的生活。"④ 十月革命后,在社会主义具体的社会实践中,列宁的这一思想表现得更加明显。十月革命的胜利,使社会主义和资本主义这两种根本对立的制度客观存在已经成为事实。对于如何处理社会主义和资本主义的关系,列宁明确指出,"我们的目的只有一个,就是要在资本主义包围中利用资本家对利润的贪婪和托拉斯与托拉斯之间的敌对关系,为社会主义共和国的生存创造条件。社会主义共和国不同世界发生联系是不能生存下去的,在目前情况下应当把自己的生存同资本主义的关系联系起来。"⑤ 必须利用资本主义所创造的一切积极成果,"着手把资本主义所积累的一切最丰富的、从历史的角度讲上对我们是必然需要的全部文化、知识和技术由资本主义的工具变成社会主义的工具"⑥。列宁认为,在经济文化比较落后的国家进行社会主义建设,不能对资本主义文明加以排斥,因为"同社会主义比较,资本主义是祸害。但同中世纪制度、同小生产、同小生产者涣散性引起的官僚主义比较,资本主义则是幸福。既然我们还不能实现从小生产到社会主义的直接过渡,所以作为小生产和交换的自发产物的资本主义,在一定程度上是不可避免的,所以我们应该利用资本主义(特别是要把它纳入国家资本主义的轨道)作为小生产和社会主义之间的中间环节,作为提高生产力的手段、途径、方法和方式。"⑦。

毛泽东同样有丰富的利用资本主义文明发展社会主义的思想。1944

---

① 《马克思恩格斯全集》第19卷,人民出版社1963年版,第451页.
② 《马克思恩格斯选集》第3卷,人民出版社2012年版,第822页.
③ 《马克思恩格斯选集》第4卷,人民出版社2012年版,第313页.
④ 《列宁全集》第36卷,人民出版社1985年版,第48页。
⑤ 《列宁全集》第41卷,人民出版社1986年版,第167页。
⑥ 《列宁选集》第3卷,人民出版社2012年版,第547页。
⑦ 《列宁选集》第4卷,人民出版社2012年版,第510页。

年,他在同外国记者的谈话时就指出,对西方文化,"其中有我们必须接受的、进步的好东西,而另一方面,也有我们必须摒弃的腐败的东西"①。在1956年发表的著名的《论十大关系》讲话中,毛泽东再次对这一思想作了经典阐述,指出,"外国资产阶级的一切腐败制度和思想作风,我们要坚决抵制和批判。但是,这并不妨碍我们去学习资本主义国家的先进的科学技术和企业管理方法中合乎科学的方面。工业发达国家的企业,用人少,效率高,会做生意,这些都应当有原则地好好学过来,以利于改进我们的工作"②。1960年,他在会见外国客人时又说,"既要破除迷信,又要向西方学习。破除迷信与向他们学习并不矛盾,如我们可以派留学生,进口他们的设备等","我不是反对西方的一切,而只是反对那些帝国主义压迫人、欺侮人的东西。它们的文化科学我们要学习"③。

应当说,在资本主义和社会主义还处在严重对立的情况下,列宁、毛泽东等人注重向资本主义文明学习的思想是十分宝贵的。

3. 中国特色社会主义高度重视吸收借鉴资本主义文明成果

中国特色社会主义继承了马克思主义的精髓,以开放包容的胸襟面对人类文明成果。邓小平继承了马克思主义经典作家的科学思想和方法,认为任何事物的存在和发展都离不开特定的历史条件,应该把资本主义文明成果放到整个人类社会发展的历史过程中来考察。他明确指出资本主义虽然不能摆脱剥削、掠夺和经济危机,不能形成共同的理想和道德,但资本主义却创造了比以往社会文明的总和还要多的文明,因此要继承资本主义的文明成果以建设社会主义。党的十一届三中全会召开之际,邓小平访问日本期间指出,中国当前的发展是比较落后的,这一点必须老老实实承认,因此,要善于向日本学习,向一切发达国家学习,向发展中国家学习,中国发展应以现在世界上先进的科学技术成果、先进的管理经验作为起点,才有发展的希望。之后,邓小平一再强调,现在的世界是开放的世界,中国的发展离不开世界,闭关锁国只能导致中国的落后。"任何一个民族、一个国家,都需要学习别的民族、别的国家的长处,学习人家的先进科学技术。我们不仅因为今天科学技术落后,需要努力向外国学习,即

---

① 《毛泽东文集》第3卷,人民出版社1996年版,第192页。
② 《毛泽东文集》第7卷,人民出版社1999年版,第43页。
③ 《毛泽东文集》第8卷,人民出版社1999年版,第159页。

使我们的科学技术赶上了世界先进水平，也还要学习人家的长处"[①]。在这里虽然邓小平是针对科学技术而言的，但是，它也表明了邓小平的一个思想，就是如何看待人类文明，如何处理社会主义文明与资本主义文明的关系问题。邓小平认为，中国在近代以来变得落后了，原因之一就在于实行了闭关锁国的政策。新中国成立后，一方面西方国家对我们进行全面贸易封锁，从各方面孤立我们；另一方面我们也没有正确地看待人类文明特别是资本主义文明，对资本主义文明采取较为排斥的态度，没有把中国的发展融入世界的发展进程中，所以在某种程度上说，我们依然是闭关自守，才导致了中国的落后。经验证明，固守陈规、关起门来搞建设不可能成功。因此，邓小平主张，发展中国特色社会主义必须正确对待人类文明包括资本主义文明成果。在1992年的南方讲话中，邓小平又一次强调，"社会主义要赢得与资本主义相比较的优势，就必须大胆吸收和借鉴人类社会创造的一切文明成果，吸收和借鉴当今世界各国包括资本主义发达国家的一切反映现代社会化生产规律的先进经营方式、管理方法"。[②] 进入20世纪90年代之后，江泽民、胡锦涛、习近平等人又进一步继承和发展了邓小平的这一思想，主张要积极利用资本主义社会的积极成果为中国特色社会主义建设服务。江泽民在党的十六大上所作的报告中，提出了借鉴当代一切优秀文明成果、进一步推进对外开放的重大战略举措。他强调："世界在变化，我国改革开放和现代化建设在前进，人民群众的伟大实践在发展，迫切要求我们党以马克思主义的理论勇气，总结实践的新经验，借鉴当代人类文明的有益成果，在理论上不断扩展新视野，作出新概括"[③]。胡锦涛多次指出世界文明的多样性，各种文明之间应该相互学习，取长补短，相互促进。习近平也一再强调，在国际竞争日益激烈的今天，社会主义要加快发展，取得与资本主义的比较优势，就必须汲取资本主义社会创造的一切积极的文明成果。

正是在吸收借鉴、批判继承人类一切文明成果的基础上，中国特色社会主义才得以发展起来。比如在社会主义发展阶段问题上，马克思、恩格斯、列宁、毛泽东等人都有过可贵的探索，并取得了一些成果。但是由于历史、时代和实践、认识的限制，他们都没有形成系统的理论体系。邓小

[①] 《邓小平文选》第2卷，人民出版社1994年版，第91页。
[②] 《邓小平文选》第3卷，人民出版社1993年版，第373页。
[③] 《江泽民文选》第3卷，人民出版社2006年版，第537页。

平等人在吸收借鉴这些人的探索成果的基础上,在与发达国家发展阶段的比较中,解放思想、实事求是,对中国社会主义发展阶段有了新的认识和见解,认为社会主义初级阶段是我国社会主义发展过程中的初始阶段,形成了社会主义初级阶段理论。再如社会主义市场经济理论,资本主义社会虽然是以市场经济为主,但是它并不一味排斥计划经济,并且在一些资本主义国家,计划经济还占有相当大的比重。这不能不引起邓小平等人的思考,并在此基础上得出了计划和市场都是手段,不是判断资本主义和社会主义本质区别的重大判断,为我国建立社会主义市场经济扫清了障碍。再如科学发展观,它是马克思主义发展的世界观和方法论的集中体现,它既继承和发展了前人关于发展的思想,又是对20世纪人类社会各种发展理念的整合与超越,等等。

(三) 坚持和发展了科学社会主义

中国特色社会主义不是离开世界文明发展大道、离开马克思主义而产生的。恰恰相反,它的伟大之处正是在于回答了科学社会主义已经提出的种种问题。它的产生,正是对科学社会主义的坚持和发展。

2013年1月5日,习近平总书记在新进中央委员会的委员、候补委员学习贯彻党的十八大精神研讨班上的讲话强调指出,"中国特色社会主义是社会主义而不是其他什么主义,科学社会主义基本原则不能丢,丢了就不是社会主义"。① 中国特色社会主义自始至终坚持了科学社会主义的基本原则。在改革开放之初,邓小平就提出了坚持四项基本原则的主张,强调中国要实现工业、农业、国防和科技现代化,需要一个根本性的前提条件,就是必须坚持四项基本原则。在20世纪80年代中期,邓小平又明确强调,"在改革中坚持社会主义方向,这是一个很重要的问题。我们要实现工业、农业、国防和科技现代化,但在四个现代化的前面有'社会主义'四个字,叫'社会主义四个现代化'。我们现在讲的对内搞活经济、对外开放是在坚持社会主义原则下开展的。"② 在晚年,邓小平也在一直强调这个问题。他在和弟弟邓垦的谈话中,多次涉及坚持社会主义的问题。他说:"我们在改革开放初期就提出'四个坚持'。没有这'四个坚持',特别是党的领导,什么事情也搞不好,会出问题。出问题就不是

---

① 《习近平谈治国理政》,外文出版社2014年版,第22页。
② 《邓小平文选》第3卷,人民出版社1993年版,第138页。

小问题。社会主义市场经济优越性在哪里？就在四个坚持。"① 1989年9月，邓小平在会见美国哥伦比亚大学教授李政道时指出："别国的事情我们管不了，中国的事情我们就得管。中国不搞社会主义不行，不坚持社会主义不行。如果没有共产党的领导，不搞社会主义，不搞改革开放，就呜呼哀哉了，哪里能有现在的中国？"②

具体来说，中国特色社会主义在以下几个方面坚持了科学社会主义的基本原则。一是坚持了以唯物史观为指导。恩格斯曾经指出，以辩证唯物主义和历史唯物主义这种新的科学的世界观作为理论基础是无产阶级政党的一大优点。毛泽东把这种科学世界观运用于中国实际，以富于中国特色的语言概括为"实事求是"四个大字，并将其作为党的思想路线。邓小平把它作为马克思列宁主义、毛泽东思想的精髓。二是坚持解放和发展社会生产力，并把它作为中国特色社会主义的根本任务。党的十一届三中全会以来，中国的历代领导人都非常重视发展的重要性，从邓小平推出的"发展才是硬道理"，江泽民强调的"发展是党执政兴国的第一要务"，再到胡锦涛的"聚精会神搞建设，一心一意谋发展"，都无不强调了发展对中国特色社会主义的重大意义。三是坚持代表最广大人民的根本利益。这是中国共产党建设中国特色社会主义的根本目的。邓小平始终强调，我们的工作要以人民群众高兴不高兴、赞成不赞成、答应不答应为判断标准。代表最广大人民群众的根本利益更是成为"三个代表"重要思想的重要组成部分。胡锦涛强调，中国共产党要始终做到"权为民所用、情为民所系、利为民所谋"。习近平也强调党在"任何时候都要把人民利益放在第一位"。四是坚持了以无产阶级政党为领导核心。中国共产党始终是中国社会主义现代化建设事业的领导核心，邓小平强调，"我们人民的团结，社会的安定，民主的发展，国家的统一，都要靠党的领导"③。五是坚持了以公有制为主体、多种所有制经济共同发展的基本经济制度。在改革开放建设中国特色社会主义的整个历程中，邓小平始终把坚持社会主义公有制和共同富裕看成发展社会主义的根本原则。六是坚持了人民当家作主的政治制度。在发展中国特色社会主义政治的进程中，中国共产党一直强调，人民当家作主是社会主义民主政治的本质和核心要求，是中国特色

---

① 《邓小平年谱（1975—1997）》（下），中央文献出版社2004年版，第1363页。
② 《邓小平文选》第3卷，人民出版社1993年版，第326页。
③ 《邓小平文选》第2卷，人民出版社1994年版，第342页。

社会主义政治文明建设的根本出发点和归宿。七是坚持最低纲领和最高纲领的统一。中国共产党的最终目标是实现共产主义，但是在社会主义初级阶段既要满怀理想，又要脚踏实地。

同时，中国特色社会主义又发展了科学社会主义。主要表现为：依据科学社会主义关于未来社会要经过数个阶段的思想，发展形成我国社会主义初级阶段理论，为解决发展生产力这一主要任务指明了方向，为制定中国特色社会主义的路线、方针、政策提供了指南；依据科学社会主义关于未来社会是无剥削的共同富裕的社会的思想，发展形成了社会主义本质理论；依据科学社会主义既强调经济社会发展，又强调人与自然协调发展的思想，形成了"以人为本"的科学发展理念；依据马克思提出的关于"一般商品经济与资本主义经济反映着根本不同的两种所有制关系"的思想，发展形成社会主义市场经济理论。党的十八大报告明确指出了中国特色社会主义坚持了科学社会主义的基本原则，并根据时代条件的发展变化，使其具有了鲜明的中国特色，深化了对"三大规律"的认识，即对共产党的执政规律、社会主义的建设规律和人类社会发展规律的认识，从理论与实践的结合上，系统回答了在中国这样一个人口多、底子薄的发展中大国应该建设什么样的社会主义、如何建设社会主义这个根本问题，使我们国家迅速发展起来，并顺应人民共同愿望，快速提高人民生活水平。由此可见，中国特色社会主义是科学社会主义在中国的继承和发展。

（四）汲取了中国优秀传统文化的智慧

中国特色社会主义生长于中国这片沃土，悠久的历史文化传统给它提供了源源不断的资源。中国特色社会主义形成、发展过程中必然吸纳、继承中国优秀传统文化，从而被赋予鲜明的中国魅力、中国风格和中国气派。离开了中国优秀传统文化的丰厚滋养，中国特色社会主义就不可能保持强大的生命力。我们党历来高度重视从中国优秀传统文化中汲取智慧。毛泽东作为中国共产党第一代中央领导集体的核心，深深懂得中国共产党人须担当中华文明的传人。他善于运用中国优秀传统文化成果，根据中国的民族特点，以言简意赅、通俗易懂的语言阐释道理、揭示规律。他在1938年10月所写的《中国共产党在民族战争中的地位》中就讲过：用马克思主义的方法对我们的历史遗产给以批判的总结，是我们学习的一个重要任务。毛泽东一再强调，现实和历史紧密联系在一起，是割不断的，既要懂得中国的今天，又要懂得中国的昨天和前天。中华民族有几千年的历史，有它的特点和许多珍贵品。今天的中国是历史的中国的延续，作为马克思主义的历史主义者，我们应当承继从孔夫子到孙中山这一份珍贵的遗产。还指出："马克思主义必须和我国的具体特点相结合并通过一定的民族形式才能实现"①，这个"民族形式"包括中国优秀传统文化。邓小平善于借助蕴藏于醇郁的中国传统文化中的群众性语言，生动活泼、深入浅出地阐述问题，使普通百姓容易理解和接受，展现了中华民族优秀传统文化的智慧与朴实。胡锦涛在党的十七大报告中指出："中华文化是中华民族生生不息、团结奋进的不竭动力。要全面认识祖国传统文化，取其精华，去其糟粕，使之与当代社会相适应、与现代文明相协调，保持民族性，体现时代性。"② 以习近平同志为核心的新一届中央领导集体同样高度重视中华优秀传统文化，并认为它是治国理政的重要思想文化资源。习近平强调指出，博大精深的优秀传统文化是中华民族永远不能离别的精神家园，是中华民族的"根"和"魂"，如果丢掉了，就割断了精神命脉，必须传承和弘扬。

中国特色社会主义运用马克思主义的立场、观点和方法，科学阐发中国传统文化中有进步意义的成分，使当代中国化的马克思主义理论成果与中国优秀传统文化相得益彰、相映生辉。比如，出自《汉书·河间献王刘德传》的"实事求是"一词，是党的思想路线和中国特色社会主义理论体系的精髓，也是马克思主义基本原理与中国传统文化的完美结合。这个命题是西汉古文经学派提出的一个考据学的实证命题，"是"并不具有"理"或"规律"的含义，而是指从儒学经义的字义入手，辨明典籍文献的真假、对错、是非，以恢复经义的本来面目。随着宋明理学兴起，朱熹提出"即物穷理"、"格物致知"，王夫之提出"即事穷理"，清代曾国藩把"实事求是"与"即物穷理"联系起来，才赋予"实事求是"之"是"以"理"即规律的含义，使考据学意义上的"实事求是"被提升到哲学认识论的高度。毛泽东在同教条主义的长期斗争中，既继承了"事即物"，"是即理"的"实事求是"的传统观点，又在新的历史条件下用辩证唯物主义认识论对"实事求是"命题加以改造，使其成为一个包含唯物论、辩证法和认识论思想的科学的哲学命题，成为科学的世界观

---

① 《毛泽东选集》第 2 卷，人民出版社 1991 年版，第 534 页。
② 《十七大以来重要文献选编》上，中央文献出版社 2009 年版，第 27 页。

和方法论。在我国改革开放和社会主义现代化建设的新时期,邓小平继承、丰富、发展了实事求是的思想,赋予它以"解放思想"的新内涵,把党的思想路线由"实事求是"四个字发展成了体现唯物论、辩证法、实践观和真理观辩证统一的有机整体;再比如,《管子·霸业》中,就有"以人为本,本治则国固、本乱则国危"的记述,这是最早的民本思想。毛泽东在批判继承的基础上,把这一民族优秀文化传统与集体主义结合起来,提出并阐述了符合历史发展客观规律的"全心全意为人民服务"的思想。邓小平继承了古代的"民为贵"、"民为上"等思想,将之上升到理论高度并给予分析、概括,从而提出唯物主义的"人民主体"思想,一切以人民利益为重,把"人民拥护不拥护"、"人民赞成不赞成"、"人民高兴不高兴"作为判断党的各项工作得失成败的标准和尺度。这不是历史上民为邦本思想的简单延续,而是鲜明地表现为对民本思想的超越;又比如,"和谐社会"的理念来自中国传统文化的"天人合一"思想。追求"和谐"是儒家思想的最高目标,强调人与自然和谐、人与人和谐、个人内心和谐以及民族与国家关系的和谐。构建社会主义和谐社会,既植根于传统的"和"文化,又被赋予了新的时代内涵,彰显了社会主义建设事业"中国特色"的原则与取向。社会主义和谐社会不是建立在儒家思想严格等级制度下的"和谐",而是建立在平等基础之上并致力于共同富裕的新"和谐"。因此,中国优秀传统文化为中国特色社会主义的形成和发展奠定了基础,是中国特色社会主义的重要思想和文化渊源。

三 中国共产党人对中国特色社会主义的探索

人类社会的发展既遵循一般规律,又是具备多种形态的,历史发展的结果是多种因素综合作用的结果。对此,恩格斯曾经指出,"最终的结果总是从许多单个的意志的相互冲突中产生出来的,而其中每一个意志,又是由于许多特殊的生活条件,才成为它所成为的那样。这样就有无数互相交错的力量,有无数个力的平行四边形,由此就产生出一个合力,即历史结果,而这个结果又可以看做一个作为整体的、不自觉地和不自主地起着作用的力量的产物。"[①] 因而,各个民族在发展进程中必然会既遵循人类

[①]《马克思恩格斯选集》第4卷,人民出版社2012年版,第605页。

社会的客观规律，又有各自的民族性，这无疑造成了人类文明发展的多样性。中国特色社会主义没有偏离人类文明发展的康庄大道，但它又是人类文明发展的一朵具有中国特点的鲜花，对人类文明的多样性做出了积极的探索。

（一）中国特色社会主义根植于中国历史和现实实际

习近平曾经指出，中国特色社会主义道路来之不易，"它是在改革开放30多年的伟大实践中走出来的，是在中华人民共和国成立60多年的持续探索中走出来的，是在对近代以来170多年中华民族发展历程的深刻总结中走出来的，是在对中华民族5000多年悠久文明的传承中走出来的。"[①] 可以看出，中国特色社会主义不是空穴来风，而是根植于中国历史和当代中国所处的现实环境。

1. 中国走上社会主义道路的历史必然性

（1）马克思主义经典作家关于经济文化落后国家可以走上社会主义的思想

对于经济文化比较落后的国家能否先于发达的资本主义国家进行社会主义革命、走上社会主义道路等问题，在国际共产主义的历史上有过争论。按照马克思、恩格斯早年的设想，社会主义要首先诞生于发达的资本主义国家。但是，在马克思晚年，他也开始关注俄国等经济文化落后国家能否走上社会主义道路问题。当时的俄国存在各种社会主义思潮，他们围绕俄国社会的前途命运展开激烈争论，马克思对此高度重视，倾注了大量心血。为了能够准确判断当时俄国的经济社会发展状况，他学习了俄文，又在之后的若干年内研究了官方发表的和其他方面发表的与这个问题相关的资料。针对俄国的农村公社能否成为社会主义建设基础，马克思进行了谨慎的设想，他认为，"在俄国，由于各种独特情况的结合，至今还在全国范围内存在着的农村公社能够逐渐摆脱其原始特征，并直接作为集体生产的因素在全国范围内发展起来。正因为它和资本主义生产是同时存在的东西，所以它能够不经受资本主义生产的可怕的波折而占有它的一切积极的成果"[②]。可以看出，马克思当时认为，俄国有可能在占有资本主义积

[①] 习近平：《在第十二届全国人民代表大会第一次会议上的讲话》，人民出版社2013年版，第2页。

[②] 《马克思恩格斯选集》第3卷，人民出版社2012年版，第821页。

极成果的基础上进行社会主义革命，而不经过资本主义的充分发展。同时，马克思对俄国农村公社能够长期存在和发展的政治因素、经济因素、地理环境因素等进行了深入分析，认为俄国具有明显的特殊性，它在全国广大范围内始终保存着"农业公社"，这在欧洲是绝无仅有的。它与作为外国殖民地的印度农村公社不同，俄国"农业公社"不是孤立闭塞的，而是与资本主义生产同时存在的。具备一定的条件，经济文化落后的国家是可以进行社会主义革命和走上社会主义道路的。

完成经济文化落后国家可以进行社会主义革命和建设理论论证和实践的是列宁。针对第一次世界大战爆发后俄国国内出现的日益激烈的社会矛盾，列宁在1915年所写的《论欧洲联邦口号》中明确提出，"社会主义可能首先在少数或者甚至在单独一个资本主义国家内获得胜利"[①]。1916年，在《无产阶级革命的军事纲领》一文中，列宁进一步阐发了这一思想，指出："资本主义的发展在各个国家是极不平衡的，而且在商品生产下也只能是这样。由此得出一个必然的结论：社会主义不能在所有国家内同时获得胜利。它将首先在一个或几个国家内获得胜利，而其余的国家在一段时间内将仍然是资产阶级的或资产阶级以前的国家"[②]。列宁的这一思想遭到考茨基、普列汉诺夫等人的责难，这些人坚持认为俄国生产力还落后，还不具备实现社会主义的客观经济基础。列宁把这些人呵斥为"庸俗生产力论"。他指出，"既然建立社会主义需要有一定的文化水平（虽然谁也说不出这个一定的文化水平究竟是什么样的，因为这在各个西欧国家都是不同的），我们为什么不能首先用革命手段取得达到这一一定水平的前提，然后在工农政权和苏维埃制度的基础上赶上别国人民呢？"[③]可以看出，列宁坚持了马克思主义革命思想的辩证法，丰富了马克思主义的革命道路思想，为其他经济文化落后的国家走上社会主义道路做了理论上的先导。

（2）近代中国选择社会主义是历史发展的必然

一个国家走上什么样的革命道路，建立什么样的社会制度，归根到底是由这个国家的基本国情和历史传统决定的。十月革命取得胜利，建立了世界上第一个社会主义国家，开辟了人类历史的新纪元，同时也给苦苦探

---

① 《列宁选集》第2卷，人民出版社2012年版，第554页。
② 同上书，第722页。
③ 《列宁选集》第4卷，人民出版社2012年版，第777页。

寻出路的先进的中国人指明了前进的方向。经济文化更加落后的中国能否也走上社会主义道路呢？这一问题摆在了中国人民面前。以毛泽东为代表的中国共产党人在深入分析了近代中国基本国情和时代特征之后，认为中国革命的完成只能依靠中国无产阶级及其政党团结一切可以团结的力量才能完成，中国革命的前途只能是社会主义的，而不能是资本主义的。

第一，近代中国是一个半殖民地半封建国家，这是近代中国最基本的国情。曾经创造无比辉煌历史的中华民族在近代落伍了，随之而来的是帝国主义对中国的侵略和掠夺，中国的主权受到侵犯，领土被分割，经济政治上受到了帝国主义的种种干预，一句话，中国已经不再是一个主权国家了，而变成了一个半殖民地半封建国家。近代中国社会的这种性质决定了近代中国社会主要矛盾是帝国主义与中华民族的矛盾、封建主义与人民大众的矛盾。而在各种矛盾中，占支配地位的主要的矛盾是帝国主义与中华民族的矛盾。在近代中国，帝国主义和封建主义是相互勾结的，帝国主义是造成近代中国贫穷落后的总根源，同时封建主义是帝国主义统治中国和封建军阀实行专制统治的社会基础。因而，近代中国革命"主要地就是打击这两个敌人，就是对外推翻帝国主义压迫的民族革命和对内推翻封建地主压迫的民主革命，而最主要的任务是推翻帝国主义的民族革命。"[①]

第二，毛泽东深入地分析了中国社会各阶级的阶级地位、革命态度等，认为完成近代中国革命任务、解决近代中国主要矛盾的只能是无产阶级而不能是其他阶级。"帝国主义和中国封建主义相结合，把中国变为半殖民地和殖民地的过程，也就是中国人民反抗帝国主义及其走狗的过程。"[②] 破解近代中国革命任务不始于中国无产阶级，中国农民阶级、资产阶级改良派、资产阶级革命派都做过努力和尝试，但因为农民阶级本身不是先进生产力的代表者，它们不可能完成这一任务以推动近代中国社会的进步；而中国的资产阶级也没有能力完成这一任务。对此，毛泽东曾经做过深入的分析。他认为，中国资产阶级与中国地主阶级有千丝万缕的联系，它们进行的以建立资本主义为前途的革命在反对帝国主义和反对封建主义方面不可能彻底。首先，从主观上来讲，因为在中国薄弱的资本主义经济基础上产生的资产阶级是半殖民地的资产阶级，他们在经济上具有依附性，依赖于帝国主义和封建主义，这样就产生了他们对革命敌人的软弱

[①] 《毛泽东选集》第2卷，人民出版社1991年版，第637页。
[②] 同上书，第632页。

性和妥协性,"即使在革命时,也不愿意同帝国主义完全分裂,并且他们同农村中的地租剥削有密切联系,因此,他们就不愿和不能彻底推翻帝国主义,更加不愿和更加不能彻底推翻封建势力。这样,中国资产阶级民主革命的两个基本问题,两大基本任务,中国民族资产阶级都不能解决。"① 其次,从客观上来讲,中国是以农立国的国家,农民是革命的主力军,不彻底废除封建土地所有制就得不到农民的支持,这样的革命不会取得成功。因为"如果不帮助农民推翻封建地主阶级,就不能组成中国革命的强大的队伍而推翻帝国主义的统治。"② 因而破解近代中国革命任务历史地落在了中国无产阶级身上,虽然中国的无产阶级的力量也不是很强大,但却是近代中国先进生产力的代表者。由于他们受帝国主义、封建主义和本国资本主义的压迫,所受到的苦难最深,故而革命性最强。同时,他们大多是破产的农民及其他小工业者转化而来,他们之间保持着天然的联系,能够团结起来共同推翻帝国主义和封建主义,从而实现民族的独立,国家的富强和人民的幸福。因而,毛泽东指出,中国革命"离开了工人阶级的领导,要完成反帝反封建的民主革命是不可能的。"③ "中国的民主革命,没有共产主义去指导是决不能成功的"④。

第三,毛泽东基于中国基本国情和当时的时代特点,认为中国革命的前途只能是社会主义的而不能是资本主义的。首先,毛泽东认为,帝国主义不会让中国成为一个独立的资本主义国家,他指出,帝国主义"侵入中国的目的,决不是要把封建的中国变成资本主义的中国。帝国主义列强的目的和这相反,它们是要把中国变成它们的半殖民地和殖民地"⑤。其次,资产阶级共和国方案已经不适合中国。孙中山领导的辛亥革命就是希望在中国建立资本主义共和国,但是却没有成功。"它的失败,又给中国人民中的先进分子以深刻的启迪,使人逐渐觉悟到在中国的历史条件下建立资产阶级共和国是不可能的,必须另外探索新的道路求得国家的独立富强和人民的自由幸福。"⑥ 最后,毛泽东认为,中国革命已经不是旧式的民主主义革命,而是新的特殊的民主主义革命,新就新在中国革命处于世

---

① 《毛泽东选集》第 2 卷,人民出版社 1991 年版,第 673—674 页。
② 同上书,第 637 页。
③ 同上书,第 559 页。
④ 同上书,第 686 页。
⑤ 同上书,第 628 页。
⑥ 胡绳:《中国共产党的七十年》,中共党史出版社 1991 年版,第 5 页。

界无产阶级社会主义革命的时代,是世界无产阶级社会主义革命的重要组成部分,它的领导阶级和指导思想与旧式的民主主义革命有根本的不同,因而它的前途只能是在中国建立社会主义国家。当然,在如何实现社会主义问题上,毛泽东还是清晰地看到了当时新民主主义革命和社会主义革命的区别,把新民主主义革命和社会主义革命比喻成文章的上篇和下篇,"民主主义革命是社会主义革命的必要准备,社会主义革命是民主主义革命的必然趋势"①。

第四,近代中国资本主义经济虽不发达,但是它还是替新民主主义革命准备了物质基础,使中国有向社会主义过渡的可能性。近代中国资本主义经济不发达,但是不是说一点没有,帝国主义在华企业的刺激性,中国的资本主义经济还是获得了一定程度的发展。对此,毛泽东指出:"外国资本主义对中国的社会经济起了很大的分解作用,一方面,破坏了中国自给自足的自然经济的基础,破坏了城市的手工业和农民的家庭手工业;另一方面,则促进了中国城乡商品经济的发展。"② 毛泽东认为,蒋介石当权的二十年,"已经集中了价值达一百万万至二百万万美元的巨大财产,垄断了全国的经济命脉。这个垄断资本,和国家政权结合在一起,成为国家垄断资本主义。这个垄断资本主义,同外国帝国主义、本国地主阶级和旧式富农密切地结合着,成为买办的封建的国家垄断资本主义。这就是蒋介石反动政权的经济基础。这个国家垄断资本主义,在抗日战争期间和日本投降以后,达到了最高峰,它替新民主主义革命准备了充分的物质条件。"③

第五,毛泽东认为,建立人民民主专政共和国是中国共产党奋斗二十八年的主要经验。在中国革命即将取得胜利前夕,毛泽东为纪念中国共产党诞生二十八周年写了《论人民民主专政》一文,在这篇文章中,毛泽东详细描述了中国共产党二十几年的风风雨雨,认为"西方资产阶级的文明,资产阶级的民主主义,资产阶级共和国的方案,在中国人民的心目中破了产。资产阶级的民主主义让位给工人阶级领导的人民民主主义,资产阶级共和国让位给人民共和国"④ 成为历史的结论。毛泽东满怀信心地

---

① 《毛泽东选集》第2卷,人民出版社1991年版,第651页。
② 同上书,第626页。
③ 《毛泽东选集》第4卷,人民出版社1991年版,第1253—1254页。
④ 同上书,第1471页。

指出,"总结我们的经验,集中到一点,就是工人阶级(经过共产党)领导的以工农联盟为基础的人民民主专政。这个专政必须和国际力量团结一致。这就是我们的公式,这就是我们的主要经验,这就是我们的主要纲领。"①

从以上论述可以看出,近代中国走上社会主义,具有历史必然性,它既符合人类文明发展的一般规律,又是近代中国基本国情和世界时代特征的产物。

2. 中国特色社会主义根植于中国现实实际

(1) 中国特色社会主义根植于中华民族复兴的伟大梦想

中国特色社会主义说到底解决的是中华民族的复兴问题,是近代以来先进的中国人民追求民族独立与人民解放,实现国家繁荣富强与人民共同富裕的延伸、升华和拓展。2012年11月29日,习近平在国家博物馆参观《复兴之路》基本陈列时指出,中华民族近代最伟大的梦想就是实现中华民族的伟大复兴,它凝聚了几代中国人的夙愿,体现了中华民族的整体利益,承载着中华儿女的共同期盼。

近代以降,创造无比辉煌的中国落伍了,陷入被动挨打的地步。西方殖民列强生硬地把中国拉入了近代社会之中。先进的中国人民并没有自暴自弃,而是沿着采西学、谋独立、图富强之路,经过千辛万苦,向西方国家寻找真理。但是不论是洪秀全、康有为、严复等人,还是希望在中国建立资产阶级共和国的孙中山,都没有取得成功,不能说这些人不努力,学习的不彻底,但是由于中国的特殊国情,这些探索无一例外地都失败了。"帝国主义的侵略打破了中国人学西方的迷梦。很奇怪,为什么先生老是侵略学生?中国人向西方学得不少,但是行不通,理想总是不能实现。多次奋斗,包括辛亥革命那样全国规模的运动,都失败了。国家的情况一天比一天坏,环境迫使人们活不下去。怀疑产生了,增长了"②。正是在这种情况下,中国人民选择了社会主义道路,开始了新民主主义、社会主义革命和建设的征程。中国人确定走社会主义道路,是因为它能够解决近代以来我们向西方学习的思想不能解决中国的出路问题,是它能够解决中国的独立和富强,人民的幸福和安康,能够解决中华民族伟大复兴的梦想。

---

① 《毛泽东选集》第4卷,人民出版社1991年版,第1480页。
② 同上书,第1470页。

可以看出，通过社会主义救中国、发展中国，是中国近代以来历史发展的必然结论。

（2）中国特色社会主义根植于社会主义初级阶段的基本国情

党的十九大报告强调指出，社会主义初级阶段是建设中国特色社会主义的总依据。改革开放以来，虽然中国经济社会及人民的生活水平都得到极大的提高，但是我国正处于并将长期处于社会主义初级阶段的基本国情没有变，我国是世界最大发展中国家的国际地位没有变。在任何情况下都要牢牢把握社会主义初级阶段这个最大国情，推进任何方面的改革发展都要牢牢立足社会主义初级阶段这个最大实际。

在认识社会主义的发展阶段问题上中国是走过弯路的，并付出了惨重的代价。以毛泽东为代表的新中国第一代领导人虽然也对此作出过探索，认为社会主义可以分为不发达的社会主义和比较发达的社会主义，后一阶段比前一阶段可能需要更长的时间，但是在社会主义的实践中并没有坚持这一宝贵思想，而是制定了大量超越阶段的政策，给党、国家和人民带来了巨大的灾难。邓小平后来在总结这一教训时指出，离开中国的具体实际，超越目前的发展阶段，采取一些"左"的办法是不能建成社会主义的。在解放思想、实事求是思想路线的指引下，邓小平一再强调，中国社会主义正处在初级阶段，这是不发达的阶段，一切规划的制定都要从这个实际出发。在党的第十三次全国代表大会上，中国共产党完整地表述了社会主义初级阶段理论，主要包括两层含义："第一，我国社会已经是社会主义社会。我们必须坚持而不能离开社会主义。第二，我国的社会主义社会还处在初级阶段。我们必须从这个实际出发，而不能超越这个阶段。"[①] 后来的中国共产党人对党的社会主义初级阶段理论的认识更加深化，一直强调我们所有的路线、方针、政策都要实事求是，一切从实际出发，一切从社会主义初级阶段这个中国最大的国情出发。可以看到，社会主义初级阶段是中国特色社会主义的理论基础，中国特色社会主义道路、中国特色社会主义理论、中国特色社会主义制度都是基于中国正处于并将长期处于社会主义初级阶段这个重大判断上的。

[①] 《十三大以来重要文献选编》上，人民出版社1991年版，第9页。

（二）中国特色社会主义的探索历程

建设社会主义没有一个现成的模式可以参考，马克思、恩格斯在他们的经典著作中所设想的社会主义是在资本主义高度发达的经济基础上建立起来的社会主义。在我国这样一个经济文化十分落后、区域发展不平衡的东方大国如何建设社会主义，这是一个全新的历史课题，需要我们跳出既成的理论圈子，在实践基础上，探索出一条符合我们自己国情的社会主义建设之路。马克思和恩格斯历来反对对他们所创立的理论加以绝对化，不分时间、地点加以生搬硬套。因为在马克思看来，"极为相似的事变发生在不同的历史环境中就引起了完全不同的结果。……但是，使用一般历史哲学理论这一把万能钥匙，那是永远达不到这种目的的"[1]。列宁也表达过同样的思想，指出："对于俄国社会党人来说，尤其需要独立地探讨马克思的理论，因为它所提供的只是总的指导原理，而这些原理的应用具体地说，在英国不同于法国，在法国不同于德国，在德国又不同于俄国。"[2] "一切民族都将走向社会主义，这是不可避免的，但是一切民族的走法却不会完全一样"[3]。从以上论述可以很清晰地看到，马克思主义经典作家都认为马克思主义理论的运用应当和当地的具体情况相结合，社会主义实践是可以而且应当多样化的。

1. 中国特色社会主义的艰辛探索

新民主主义革命的胜利，改变了中国的面貌，中国历史由此进入一个新的发展阶段，即从新民主主义到社会主义的过渡时期，面临改造生产资料资本主义私有制和小生产私有制的巨大历史课题。1952年，党中央根据马克思主义普遍原理与我国具体实际，提出了过渡时期总路线：要在一个相当长的时期内，逐步实现国家的社会主义工业化，并逐步实现国家对农业、手工业和对资本主义工商业的社会主义改造。[4] 对于资本主义工商业，通过委托加工、计划订货、统购包销、委托经销代销、公私合营、全行业公私合营等国家资本主义的形式，使资产阶级和平过渡到社会主义，把马克思和列宁的构想变成了现实；对个体农业和手工业，采取了说服、

---

[1] 《马克思恩格斯选集》第3卷，人民出版社2012年版，第730页。
[2] 《列宁选集》第1卷，人民出版社2012年版，第274—275页。
[3] 《列宁选集》第2卷，人民出版社2012年版，第777页。
[4] 《毛泽东文集》第6卷，人民出版社1999年版，第316页。

示范、国家援助的方法,通过合作化进行社会主义改造。到1956年,完成了世界社会主义史上的这一伟大创举,促进了整个国民经济的发展。

新中国成立初期,由于缺乏经验,在经济建设方面,不可避免地照抄了苏联。这一方面是由于,"我们党过去长期处于战争和激烈的阶级斗争的环境中,对于迅速到来的新生的社会主义社会和全国规模的社会主义建设事业,缺乏充分的思想准备和科学研究"[1];二是受苏联模式的影响。革命战争年代,苏联给予中国共产党很大的支持和帮助,中国共产党将苏联视作楷模,加之苏联社会主义建设取得的辉煌成就,使得中国共产党人在主观上愿意把苏联模式作为不二选择;另外,斯大林认为苏联的社会主义是唯一正宗的、标准的、先进的社会主义,任何的偏离都被视为异端,视为离经叛道。他把苏联的社会主义建设经验看作具有普适价值的东西,看成指导各社会主义国家革命和建设的一般规律。在其临终前,仍然坚持认为其他国家共产党的马克思主义理论水平不高,对马克思主义理论的运用能力不强,需要不断向苏联共产党学习,要求把苏联经验运用在各自国家的建设实践中。对于东欧一些社会主义国家试图冲破苏联模式的束缚,探索适合本国国情的社会主义建设道路的做法,苏联采取种种严厉措施,在舆论上、政治上排挤、打压以迫其就范,这些都对我们产生了一定的影响。因此,过渡时期总路线提出后,毛泽东强调要向苏联学习,中国正"沿着苏联所胜利地走过的社会主义工业化和国民经济的社会主义改造的光荣道路前进"[2]。但毛泽东始终认为全面学习苏联不是长久之计。因此,50年代中期,经过慎重思考,毛泽东提出要"以苏为鉴",独立自主地探索社会主义道路。

1956年4月,毛泽东发表了《论十大关系》的讲话,这是探索社会主义道路的开篇。毛泽东以唯物辩证法为指导,把"国内外一切积极因素调动起来,为社会主义事业服务"作为社会主义建设基本方针,详细阐述了社会主义建设和发展中的一系列重大关系,提出的重要理论观点就是同苏联模式相较所体现出的独具特色之处。1956年9月,中国共产党第八次全国代表大会召开。会议对国内的主要矛盾进行了正确分析,提出了党和国家的主要任务是发展生产力,这些富于创造精神的新的方针与设

---

[1] 《中国共产党中央委员会关于建国以来党的若干历史问题的决议》,人民出版社1981年版,第31页。

[2] 《毛主席致马林科夫主席电》,《新华月报》1953年第12期。

想，为社会主义事业的发展指明了方向。在《关于正确处理人民内部矛盾的问题》中，毛泽东着重论述了社会主义社会的基本矛盾和社会主义社会两类不同性质的矛盾，强调针对不同性质的矛盾采用不同的处理方法，既要抓好主要矛盾，又要解决好非主要矛盾，为后来的改革提供了重要的方法论依据。20世纪50年代末60年代初，在总结社会主义建设经验教训的基础上，毛泽东提出了社会主义发展的长期性和阶段性，他认为，建设强大的社会主义中国要经历一个相当长的历史阶段，没有五十年、一百年甚至更长的时间是不行的，进而提出社会主义两个阶段的思想，第一个阶段是不发达的社会主义，第二个阶段是比较发达的社会主义，这一理论判断是对马克思主义的贡献，是党提出社会主义初级阶段理论的重要思想来源。此外，毛泽东还提出了涉及政治、经济、文化、党的建设等等关于社会主义建设的重要观点。经济方面，毛泽东率先提出利用商品经济为社会主义建设服务的思想，认为不能盲目否定商品经济，"要看它是同什么经济制度相联系，同资本主义制度相联系就是资本主义的商品生产，同社会主义制度相联系就是社会主义的商品生产。"① 中国在社会主义建设中应有计划地发展商品生产和商品交换。他承认价值规律的存在，主张利用价值规律进行经济核算。这些论断为改革开放后提出社会主义市场经济的思想做了重要的理论储备。政治方面，强调坚持民主集中制，发扬社会主义民主，健全社会主义法制，反对官僚主义。文化方面，强调马克思列宁主义是指导我们思想的理论基础，指出"百花齐放，百家争鸣"是促进艺术发展和科学进步的长期性的方针，在对待中外文化遗产时，应坚持"古为今用、洋为中用"的基本原则，要按照"又红又专"的标准培养社会主义接班人。这些方针政策和战略思考是中国特色社会主义文化建设的思想指南。即使在"文化大革命"期间，毛泽东仍然提出了一些比较正确的思想观点。如党际关系的处理不影响国家关系发展的思想、两个中间地带和三个世界划分的战略构想、中国永远不称霸的思想等。

第一代中央领导集体许多同志都对中国特色社会主义的探索作出了艰辛的思考和努力。周恩来提出了分两步走实现"四个现代化"的战略；刘少奇提出了按经济的办法管理经济、按等价交换的经济法则办事、经济

---

① 《毛泽东文集》第7卷，人民出版社1999年版，第439页。

成分不是一种而应当是多种的思想；邓子恢提出了农业和工业协调发展、责任制是合作社经营管理新体制的思想；陈云提出了"三个主体，三个补充"的思想以及研究和利用资本主义的思想；朱德提出的"三种军工生产模式"的思想为改革开放后正确分析和科学判断国际形势、合理制定应对措施提供了启迪。

我们对社会主义建设道路的探索取得了一系列重大成就，奠定了后来我国社会主义现代化建设的政治、经济、文化、社会等发展的基本架构。但是由于对社会主义建设的内在规律认识得不够清楚，加之当时党的领导集体对于我国的国情作出错误的判断，导致社会主义建设逐渐走向"左"的方向。1957年提出的"赶超设想"，1958年的"大跃进"和人民公社化运动以及"文化大革命"期间"以阶级斗争为纲"的政治路线，都是我们党对于社会主义建设规律的认识出现偏差的结果，致使我们在探索中国特色社会主义建设道路上产生了严重曲折，国民经济濒于崩溃，民主和法制被肆意践踏，党风和社会风气遭到破坏，文化事业遭到摧残，给我们留下了极其深刻的教训。但要看到，这些错误不是由社会主义制度本身所造成的，而是背离了社会主义基本原则的结果。实践探索中出现的失误和错误同样也是我们前进的宝贵财富。正如邓小平所指出的，"'文化大革命''看起来是坏事，但归根到底也是好事，促使人们思考，促使人们认识我们的弊端在哪里。毛主席经常讲坏事转化为好事。善于总结'文化大革命'的经验，提出一些改革措施，从政治上、经济上改变我们的面貌，这样坏事就变成了好事。"[①]

总之，以毛泽东同志为代表的中国共产党人对于我国社会主义建设道路的探索，奠定了中国特色社会主义道路的基石。新中国成立六十多年后，当回顾新中国成立初期的社会主义建设实践时，我们党充分肯定了党的第一代中央领导集体对于社会主义建设道路探索所取得的成就："以毛泽东同志为核心的党的第一代中央领导集体带领全党全国各族人民完成了新民主主义革命，进行了社会主义改造，确立了社会主义基本制度，成功实现了中国历史上最深刻最伟大的社会变革，为当代中国一切发展进步奠定了根本政治前提和制度基础。在探索过程中，虽然经历了严重曲折，但党在社会主义建设中取得的独创性理论成果和巨大成就，为新的历史时期

---

① 《邓小平文选》第3卷，人民出版社1993年版，第172页。

开创中国特色社会主义提供了宝贵经验、理论准备、物质基础。"[①] 要反对指责中国选择社会主义道路是"历史悲剧"、否定中国社会主义建设成就的历史虚无主义,警惕他们以"文化大革命"等孤立的事件,制造片面结论。要用历史唯物主义的立场、观点和方法看待历史,清除历史虚无主义否定化、妖魔化社会主义事业的阴霾,决不能让敌对势力"欲灭其国,先乱其史"的阴谋得逞。

2. 中国特色社会主义的开创

社会主义的发展是一个连续和不断延伸的探索过程,这就意味着党的第二代中央领导集体的继续探索不是另起炉灶,而是在第一代领导集体探索的基础上开创的。

以邓小平同志为核心的党的第二代中央领导集体在总结新中国成立以来社会主义建设正反两方面经验的基础上,以巨大的理论勇气突破了当时党内对于建设社会主义已经形成的"左"倾僵化的认识模式,再次论证了"实践是检验真理的唯一标准",重新确立了实践标准观,将我国的社会主义建设重新带回到以实践为标准的科学社会主义的正确道路上。一方面,邓小平认为,苏联的社会主义是存在弊端的,有需要改善的地方,照搬苏联社会主义模式,中国的建设不会取得成功。在党的十一届三中全会召开之前,邓小平就提出,从总体上看,苏联的机构体制是比较落后的,而我们国家的体制基本上是从苏联来的,因此,必须重新考虑体制问题。在 1985 年 8 月接见姆加贝时又说:"社会主义究竟是个什么样子,苏联搞了很多年,也并没有完全搞清楚。可能列宁的思路比较好,搞了个新经济政策,但是后来苏联的模式僵化了。"[②] 1986 年 9 月,邓小平在接见波兰领导人雅鲁泽尔斯基时又指出,中国与波兰两国过去以苏联模式为参照建立起了政治体制,但实践证明苏联模式是存在问题的,并不是很成功。并且发出了即便苏联模式是成功的,但它是否符合中国与波兰的国情的疑问。另一方面,邓小平开始考虑中国究竟应该如何实现社会主义的问题。他认为在社会主义建设过程中,可以参考、借鉴其他国家的经验,但绝不能照搬某一个模式,照抄照搬别国模式,社会主义建设是无法取得成功的。他强调指出,在革命成功后,由于各国的阶级关系状况不同、人民觉

---

① 胡锦涛:《坚定不移沿着中国特色社会主义道路前进 为全面建成小康社会而奋斗——在中国共产党第十八次全国代表大会上的报告》,人民出版社 2012 年版,第 12 页。

② 《邓小平文选》第 3 卷,人民出版社 1993 年版,第 139 页。

悟的水平等方面不一样，出现的情况自然千差万别，因此，各国不能用固定的模式硬套，而必须根据自己的条件建设社会主义。基于此，邓小平得出了一个总的看法，"把马克思主义的普遍真理同我国的具体实际结合起来，走自己的道路，建设有中国特色的社会主义，这就是我们总结长期历史经验得出的基本结论。"① 邓小平的这些论述一方面是强调了中国建设社会主义一定要注意本国的基本国情，空谈马克思主义是没有意义的，更为重要的是实现两者的结合；另一方面也指出了社会主义实现形式的多样化问题。因为各国的国情注定是不一样的，在不同的国家里实现社会主义必定是多种多样的，不能做统一的规定。正是在这种思想的指引下，中国特色社会主义才得以形成和深入发展。

1979年3月，邓小平在理论工作务虚会上的讲话中，首次提出我国进行社会主义建设的两个基本原则：一是必须坚持四项基本原则，即坚持社会主义道路，坚持无产阶级专政，坚持共产党的领导，坚持马列主义毛泽东思想；二是实现中国式的社会主义现代化。邓小平的讲话明确确立了我国社会主义道路的方向，深入阐述了我国社会主义现代化建设中两大原则之间的辩证关系，为今后中国特色社会主义道路的探索确立了规范。在中国共产党第十二次全国代表大会的开幕词中，邓小平第一次提出"建设有中国特色的社会主义"的命题。随后，在党的十三大上科学地定位了我国的基本国情，明确提出我国的社会主义建设必须从初级阶段国情这个最大的实际出发。在以邓小平同志为核心的党的第二代中央领导集体的带领下，我国取得了改革开放的伟大胜利，全面开启了中国特色社会主义建设的历史进程。邓小平在探索社会主义建设规律的过程中，初步回答了"什么是社会主义、怎样建设社会主义"的基本问题，揭示了社会主义的本质。结合我国初级阶段的国情特征制定了我国社会主义建设的基本路线，要义是"一个中心、两个基本点"，并指出计划和市场都是调节经济的手段，突破了过去对于社会主义形成的固化的思维模式：即认为计划和市场都是属于社会制度的范畴，计划经济是社会主义的经济体制，而市场经济是资本主义的经济体制。创造性地提出了社会主义市场经济的理论，大大解放了人们的思想，使我国的生产力得到了飞速提高。在初步解决了"什么是社会主义、怎样建设社会主义"的重大问题的基础上，形成了邓

---

① 《邓小平文选》第3卷，人民出版社1993年版，第3页。

小平理论,奠定了中国特色社会主义理论的基础,开创了建设中国特色社会主义的道路。

3. 中国特色社会主义的拓展

在以江泽民同志为核心的党的第三代中央领导集体的带领下,进一步探索了中国特色社会主义的建设规律,取得了一系列的实践成果和理论成果。在进一步回答了"什么是社会主义、怎样建设社会主义"的基础上,创造性地解决了"建设什么样的党、怎样建设党"的重大问题,形成了"三个代表"重要思想,强调中国共产党必须始终代表中国先进生产力的发展要求,代表中国先进文化的前进方向,代表中国最广大人民的根本利益,这是中国特色社会主义进一步拓展的强大理论武器。在"三个代表"重要思想的指导下,我们党结合新的时代特征和建设中国特色社会主义的实践要求,在准确把握中国特色社会主义的建设规律的基础上,更进一步地推进了中国特色社会主义的历史进程。江泽民同志强调作为调节经济手段的计划与市场不是区别社会主义和资本主义的标志,把经济体制改革推向深层次,打破"瓶颈"制约,提出社会主义市场经济理论,确立我国市场经济体制改革的目标,这为经济社会的发展打开了广阔前景,丰富了科学社会主义理论;提出"新三步走"的发展战略;提出依法治国与以德治国相结合的重要治国方略。

党的十六大以来,我国的社会主义建设在新的时代背景下进入一个全新的发展阶段。一方面,改革开放以来,我们在经济建设和社会发展方面取得了辉煌的成就,人民生活水平有了很大幅度的提高,经济实力显著增强,综合国力不断增长。另一方面,我国的发展又呈现出一系列新的特征,具体体现在国家和社会生活的各个方面,为中国特色社会主义提出了新的历史课题。以胡锦涛同志为核心的党中央领导集体立足于社会主义初级阶段的基本国情,总结我国社会主义建设的实践,借鉴国外先进科学的发展经验,适应新时期新阶段的发展要求,提出了坚持以人为本,全面、协调、可持续的发展战略,并提出了构建社会主义和谐社会的构想,明确了其在社会主义事业总体布局中的地位,系统地回答了"实现什么样的发展、怎样发展"的问题,在新的历史条件下对社会主义建设规律进行了全新的探索,为中国特色社会主义注入了新的理论内涵,提供了宝贵的实践经验。

党的十八大以来,以习近平同志为核心的党中央,科学分析国际国内形势的发展变化，部署了新的历史时期全面推进中国特色社会主义的艰巨任务。强调发展中国特色社会主义，必须进一步深化改革，确立了社会主义改革的方向，把"完善和发展中国特色社会主义制度、推进国家治理体系和治理能力现代化"作为全面深化改革的总目标。我党坚持现实问题导向，立足发展实际，推进构筑全面建成小康社会、全面深化改革、全面依法治国、全面从严治党"四个全面"战略布局，树立创新、协调、绿色、开放、共享的发展理念；牢牢掌握意识形态工作的领导权和话语权，用社会主义核心价值体系引领多元社会思潮，积极培育和践行社会主义核心价值观；推动构建以合作共赢为核心的新型国际关系，打造人类命运共同体。狠抓人民最关心、最直接、最现实的利益问题，构建全民共建共享的社会治理格局，开启了中国特色社会主义的崭新格局。

总括上述，中国特色社会主义的开创和发展，是几代中国共产党人不懈探索的结果，凝聚着亿万人民的智慧与力量。我们要实现中华民族的伟大复兴，必须坚定道路自信、理论自信、制度自信，始终高举中国特色社会主义伟大旗帜，全面推进中国特色社会主义事业的新发展。

第三章　中国特色社会主义是中华文明发展的新阶段

中华文明是世界古代文明中始终没有中断、连续5000多年发展至今的文明。古希腊文明、古埃及文明和古印度文明都因故长期迟滞或中断，唯有中华文明在生生不息、发展壮大，历经挫折而不屈，屡遭坎坷而不馁。这在人类文明史上是仅见的。中华民族在漫长历史发展中形成的独具特色的中华文明的深厚根基，深深影响着古代中国的发展，也深深影响着当代中国。胡锦涛曾高度概括过社会演进和中华文明历史流变的各个阶段："在五千多年的历史长河中，中华民族为人类文明进步作出了巨大贡献，同时也走过了曲折艰辛的道路。特别是从一八四零年鸦片战争以来的一百六十多年间，中国人民为摆脱积贫积弱的境遇，实现民族复兴，前仆后继，顽强斗争，使中华民族的命运发生了深刻变化。九十五年前，中国人民通过辛亥革命推翻了统治中国几千年的君主专制制度，为中国的进步打开了闸门。五十七年前，中国人民经过长期浴血奋斗实现了民族独立和人民解放，建立了人民当家作主的新中国。二十八年前，中国人民开始了改革开放和现代化建设的伟大历史进程，经过艰苦创业取得了举世瞩目的巨大成就"[1]。胡锦涛这一段精辟概括，表明近代以来中国发生了沧桑巨变，中华文明已发展到新的阶段。

一　中华文明是人类文明史上唯一没有中断的文明

人类文明的发芽必然需要大自然的滋育。两河流域是人类文明的摇篮之一，孕育了苏美尔文明、古巴比伦文明以及亚述文明。这里产生了世界

---

[1] 《十六大以来重要文献选编》（下），中央文献出版社2008年版，第427页。

上最早的文字、城市、法典、天文历法、学校、图书馆等。而战乱、外族入侵、王朝频繁更迭致使其后续文明日渐稀薄，辉煌的文明如昙花一现，淹没在人类文明的长河中。尼罗河定时的涨落，给予了古代埃及文明丰厚的馈赠。恢宏的金字塔建筑技术，灿烂的文字、绘画、纸草纸，先进的天文学、数学、医学，共同汇聚了尼罗河流域的文明曙光。独特的地理环境为古埃及提供了天然保护屏障的同时，也为古埃及的对外征讨以及异族的侵略开辟了通道，最终古埃及文明在肆虐的侵袭中遗失了。相形之下，印度河流域的文明类型是保守的，哈拉巴文明是古印度文明的开端，带有浓厚宗教色彩的农业文明是其主要标志。博大精深的文学艺术，以及民族、宗教、文化、语言的繁杂和异呈使古印度文明成为人类文明史上独具特色的风景线。遗憾的是，印度河文明最终没能逃过野蛮入侵者的荼毒，也有一些学者提出印度河文明的毁灭是自然灾害导致的。然则无论何故，印度河文明终究止步人类文明发展史进程了。素有"西洋文化之母"之称的古希腊，似乎生来就是文明与智慧的象征。从克里特文化到迈锡尼文化，再到荷马时代；从哲学到文学，再到史学、艺术学和自然科学，古希腊铸就了璀璨的文化遗产，增加了人类文明的厚重感。而地理环境的不便、城邦制度的弊端、外族的入侵，促使古希腊文明无可奈何地走向了衰落和中断。回顾中华文明发展史，宛如生生不息的人类文明长廊，不曾望至穷尽，还愈益生辉。尽管也曾经历外族的袭扰和统治，也曾遭到外来文化的碰撞和冲击，但中华文明自发生定型到发展全盛，显示出最卓殊的特点就是聚合和连续。中华文明并未在漫长、蜿蜒的发展道路上遗失自我。

许多古老文明在人类文明发展史中由于自然灾害、外族侵略及外来文化的渗透等原因，或间断式发展，或退出人类文明的历史舞台。它们曾经创造的繁盛文明是后续文明发展的坚实基础。纵览之，人类文明因多样而丰富；回眸之，人类文明因交替而进步。无数耀眼的文明都在历史的考核中交出了自己的答卷，它们形成、发展、延续、消逝，唯有中华文明永久矗立、熠熠生辉，为人类文明发展史绘出了浓墨重彩的一笔。

（一）中华文明的历史流变

胡锦涛强调科学发展的理念是在总结中国现代化建设经验、顺应时代潮流的基础上提出来的，也是在继承中华民族优秀文化传统的基础上提出来的。探讨人类文明史视野中的中国特色社会主义，有必要追溯中华文明的历史流变。

1. 中华文明的创生

中华文明,亦称华夏文明。迄今为止出土的远古遗迹,见证了中华文明悠久的历史足迹。仰韶文化、龙山文化、大地湾文化、河姆渡文化、裴李岗文化的多种文化融合,孕育了中华文明的共同母体,就此衍生出整个多彩磅礴的中华文明。

文明初曙发端于三皇五帝。华夏先民走过了渔猎时代、游牧时代、耕稼时代,阪泉之战促成了华夏族的产生,"炎黄子孙"成为中国人的身份根源。炎黄时代,中华文明在天文历法、建筑、医学、丝织品等方面表现出了过人的智慧。农耕时代以来,人民的生活化程度日渐提高,华夏人民对文明的渴望加速了华夏文明形成的步伐。从夏至周,中华文明进入了奴隶社会时期,进入了辉煌灿烂的青铜时代。这时期,奴隶制国家机器产生并不断完善,包括分封制和井田制等制度,王权与族权在宗法制的创立下实现了统一。我国的青铜器铸造和甲骨文使用,以及一套完整礼乐制度的践行,使得华夏文明远远走在了世界文明的潮头。随着人口逐渐增加,经济、政治不断发展,社会矛盾的化解需要制度化的道德主义,于是周礼应运而生。这种礼乐文化辐射到中国大地,对中华文明的大融合起到了一定的作用。后随周王室衰微,奴隶社会开始瓦解,周礼遭到极大的破坏,诸侯纷争的封建政治时代到来,即春秋战国时代。

春秋战国时代,群雄割据,混战不休,中华文明却迎来了第一个绚烂辉煌的时期,中华文明的思想核心以及中华民族的智慧源泉皆源于此。诸子百家争鸣,展现出了当时学术文化领域的空前活跃及多元包容。诸子中儒、墨、道、法等家影响深远,其中儒家思想更成为中华文化的文化底色,影响着一代又一代华夏儿女,还影响了世界上许多国家。儒家学派创始人孔子倡"仁",以其为社会伦理与政治原则,且主张"仁""礼"统一;孟子则进一步提出"仁政",倡导"民贵君轻""政在得民",以人民为政治之目的和主体,并提出"达则兼善、穷则修身","去利怀义"的道德价值观。墨家学派创始人墨翟为劳动者阶级发声,提出"兼爱""非攻""尚贤",同时提出"贵义"、"尚利"。道家学派始祖老子主张"无为而治""复归于朴",著有《道德经》,其中包含大量的中国古代哲学思想;老子的思想至战国被庄子继承,并创立了逍遥、旷达的人生哲学。法家代表人物自管子始,后至李悝、慎到、申不害、商鞅、韩非子等人，强调以法治国的政治思想和以法代德的非道德主义思想，建构了完备的法制理论。与此同时，《考工记》、《墨子》、《山海经》、《周易》、《诗经》等著作，充分展现了春秋战国时期我国在工程技术、几何光学、地理学、文学、艺术等方面的先进成就。至此，中华文明业已成形。

2. 中华文明的发展繁盛

公元前221年，秦朝统一六国，结束了分崩离析的混战局面，创立了中国历史上第一个统一的专制主义中央集权帝国。商鞅变法革新，使秦国迅速成长为一个"诸侯毕贺"的军事强国。统一六国以后，秦王朝这个幅员辽阔的封建大国，大力加强了中央在经济、政治、军事、文化中的集权和专制程度，产生了统一的文字、统一的货币、统一的度量衡，修筑了以首都为中心、延伸四方的驿道网和秦长城。而由于严刑峻法及"焚书坑儒"事件的发生，致使民怨四起，加之后继之君缺乏才干，秦王朝覆灭。代之而起的汉朝，堪比同时期的罗马帝国，就人口、财富、文化而言远超罗马，极盛时疆域东并朝鲜、南包越南、西逾葱岭、北达阴山。西汉时期，董仲舒等人提出"罢黜百家，独尊儒术"，并辅之以法家思想，崇尚德礼教化。佛教的传入、道教的兴盛、多种文化的交融，且张骞出使西域开辟了意义深远的丝绸之路，促进了中西方文化的频繁交流，使汉朝都城长安成为了国内政治、文化交流中心，也成为了国际国内贸易的中心。这时期，《史记》、《汉书》、《灵宪》、《九章算术》、《淮南子》、《伤寒杂病论》、《神农本草经》等著作充分彰显了汉朝在史学、天文学、数学、物理学、医学、药物植物学等方面的显著成就。东汉蔡伦对造纸术的改进并传播到世界各地，使中华文明向人类文明贡献了一份厚礼，极大地推动了人类文明的发展。三国两晋南北朝时期，中华文明再次出现了封建割据的局面，只在西晋时出现过短暂的统一。然而，频繁的民族战乱和迁徙，却在相当程度上促进了各民族的融合、文化的交汇、科技的发展，推动着中华文明向前发展。

公元6世纪，隋朝再次统一了中国，中华文明步入隋唐全盛时期。隋朝建立文官制度、开凿大运河、营建东都洛阳、修缮长城，使得生产力得到进一步发展；思想上统治者尝试引佛道入儒，调和三教以相辅治国。这些均为唐朝的繁盛打下了基础。唐朝被公认为中国封建社会的鼎盛时期，创造了无与伦比的唐朝文化，是中华文明中一个不可替代的内容。唐太宗在位时"贞观之治"的出现，奠定了"开元盛世"的基础。唐朝版图辽阔，极盛时国土面积达1237万平方公里。由于少数民族众多，还分别设立了六大都护府，管理突厥、契丹、室韦、靺鞨等民族。唐朝的经济空前繁荣，进而推动了农业、手工业、工商业、交通运输业的发展。在文化方面，唐朝推进兼容并蓄的多元文化主义，充分吸收外来文化和宗教的精髓，从诸多异质文化中吸取养分，发展自身文化。唐朝虽尊儒学，却兼收并蓄、博采广参。佛教在唐朝异常盛行，其在与儒家文明的交往中，开始了自身中国化的历程。同时，唐朝在史学、文学、书法、科技等方面也成果显著，丰富了人类文明的内容。隋唐时期，中华文明成为了人类文明发展史上华丽的乐章，也让世界看到了中华文化的自信、开放与包容。

3. 中华文明的继续发展

在经历了50余年的五代十国时期的藩镇割据后，中华文明进入了另一个商品经济、文化教育、科学创新高度繁荣的时代——宋朝。宋盛虽不及隋唐，但却被史学家陈寅恪誉为华夏民族文化的造极之世。两宋时期，一大批博学善文的学者把中国的文学艺术、科学技术推到了中华文明的顶峰。中国古代四大发明有三项在宋朝完成或完善。宋明理学的产生，再次巩固了儒学在中国古代主流意识形态中的地位，它在吸收佛教、道教的宇宙观和诸子思辨方法的基础上，建立了新儒学体系，更标志着中国哲学、伦理学和史学的发展进入了一个新的阶段。这时期的经济活动活跃，比起国内贸易的与日俱增，对外贸易更是突飞猛进，还出现了世界上最早的纸币——"交子"。同时农业、手工业、科学技术、文化艺术也闪烁着宋朝理性的光辉。别具一格的宋词与唐诗并称中华文明文学宝库的"双璧"。宋朝文化的守常与游牧民族的侵扰，导致了宋朝衰弱和灭亡，引出了横跨亚欧文化的元朝。

继唐末两宋以来众多民族政权林立之后，元朝完成了空前的大统一。元固短暂，却为多民族国家的形成注入新的契机，中华文明迎来了历史上的第二次民族大融合高潮。蒙古人基本仿效了前中国统治者的驭国之术，并大肆扩张，拥有了亘古未有的国土面积。这使得中华文明更为全面地传向世界，也扩大了中外经济文化交流的水平。元朝在科学技术和文化艺术方面成就斐然，天文历法、地理数学、农业水利、工程军事均位列世界先进水平；元曲是中华文化中一朵绚烂的艺术之花，延续唐诗宋词的清丽婉转，又绽放出针砭时弊、直言泼辣的光芒。元朝未曾使中华文明中断，反使中华文明之绚丽普照到世界的每个角落，元朝疆域的扩张也丰盈了人类文明的视域。

明清以降，中华文明呈现出总结性的发展形态，中华文明中也荡漾起难有的反思之音。明清两朝一段时间内，中国社会出现了少有的持久稳定局面，这在很大程度上促进了社会经济的发展，全国30多个大城市中部分成为了手工业和商业中心。明朝郑和七下西洋，其广阔的航海范围证明了中国在世界航海业中居于领先地位。明末思想家黄宗羲、顾炎武和王夫之、李贽等人的哲学反思将明代哲学推向了新的高度，表现出对现实问题和政治乱象的关心和拷问。明朝无论是经济上还是思想上都萌生了资本主义萌芽，开始反思封建制度的危害。明清两朝对于图书典籍的编撰取得了很大的成就，《永乐大典》、《康熙字典》、《四库全书》等均彰显了中华文明对自身的总结。明清时代中华文明在医学、农学、地理学、工艺学、乐律学等方面积累了很多成果，尤其在文学上。明清小说至今仍流传甚广，更诞生出不朽佳作——四大名著，其中《红楼梦》更是中华文化宝库的瑰宝。诚然，明朝和清朝末期由于专制、保守、腐败以及各种矛盾激化，致使中华文明放缓了发展的步伐。

4. 中华文明的兴衰交替

与飞速发展的西方工业文明相比，专制主义、重农抑商、闭关锁国等制度和政策使中华文明的发展陷入停滞，中华文明面临兴衰更替。鸦片战争和帝国列强的枪炮不仅击碎了中国人夜郎自大的幻梦，也敲醒了中国人民沉溺的爱国救国之心，这或许也是中华文明基因的强烈震荡。林则徐、魏源和洋务先驱积极探索习洋救国，尽管秉持"中学为体，西学为用"，毕竟西方文明之洪流开始注入。戊戌变法前后，心系家国的仁人志士们开始思考政治制度的问题，谭嗣同、冯桂芬、张之洞、严复等就采西洋形上之道或形下之器，抑或兼采之的问题开始争辩，促进了中华文化对外来文化的多方面汲取。孙中山等人发起辛亥革命推翻了封建君主专制制度，尝试建立共和制国家以续中华文明辉煌。中华文明在这一过程中遭遇了西方文明的剧烈冲击，也面临近现代文化的置换。

五四新文化运动、多重思想的交锋，掀起了反传统文化的浪潮，中西文化至此开始了针锋相对的对垒。是摒弃中国传统文化，吸收和遵循西方文化的游戏规则，还是坚守传统文化，抵制西方文化的侵入，中西文化的碰撞渐渐成为之后多次中西文化论战的焦点。西方文明的强入、旧制复辟危机，警醒中华文明再次张开包容的胸怀和融合的智慧，在秉持中华文明精髓和精神的同时，将自己推向前进。值此之际，在国内外双方力量的引荐和推动下，社会主义文明流入中华文明的大河，马克思主义传入中国，并深深扎根在这片广袤深厚的土地上。在马克思主义指导下，中国共产党逢时而生，提出建设新民主主义文化，日渐端正对待传统文化的态度，承继文化遗产，尊重历史。中国共产党自成立以来，高度重视如何运用马克思主义的科学方法来处理古今中外文化的交融、交汇、交锋。军阀混战、抗日战争、解放战争的硝烟弥漫着中国大地，中华文明在山河破碎之际隐匿在中华儿女的思维方式、心理习惯和行为风俗之中。中国共产党运用这份强大的文化力量，带领中国人民坚韧地抵御着帝国主义列强的侵略，整合国内多党的政见纷争，驱使中华文明向着更加独立、更加光明的航向驶去。这段时间里，中华文明在与西方文明、近现代文明的碰撞中迟缓地发展着。

  1949年10月1日，中国共产党领导中国人民历经艰苦奋斗创立了新中国，守护了饱受摧残、饱经冲击的中华文明，中华文明正翘首以待新的发展际遇，实现由衰向兴的转变。在中国共产党历届领导人的带领下，在全体中国人民的辛勤努力下，完成了社会主义的改造、社会主义制度的基本建立。新中国建立起了比较完整的国民经济体系、工业体系、教育科学文化体系，铺就了中华文明的新里程。至此，中华文明翻开新的篇章，从古代农业文明向现代工业文明迈进。文明的迈进往往不是一帆风顺的，十年"文化大革命"使传统文化遭遇千载难逢的破坏和否定，中华文明的发展再次遇阻。改革开放的到来，迎来了中华文明新的春天，中华民族再次昂首走向世界。"三位一体"、"四位一体"、"五位一体"现代化布局的日臻拓展，不断充实着中华文明的时代内涵。十八大以来，物质文明、精神文明、政治文明、社会文明、生态文明协调发展，实现民族复兴中国梦的提出、社会主义核心价值观的培育和践行，无不彰显着辉煌灿烂的中华文明正绽放古老的智慧和蓬勃的生机，用一次次的"中国奇迹"印证中华文明在人类文明发展史中不可或缺的价值。改革开放40年来，我国在经济政治、科学技术、文化艺术以及各项社会治理事业中取得了令世界惊叹的成绩，在坚持马克思主义指导下，结合中国国情，开辟了中国特色社会主义道路，提出了中国特色社会主义理论体系，创建了社会主义中华文明，为中华文明赋予了时代意义。

  回首中华文明的发展，可谓源远流长、异彩纷呈。在面临外族的侵入、外来文化的袭扰、内部发展的懈滞时，中华文明没有因此而没落甚至消逝，而是用兼蓄、同化、创新、超越的态度涵纳一切人类文明成果。中华文明是人类文明史上唯一没有中断的文明，在多样文明林立的今天，它

(二) 中华文明延续的原因

中华文明凭借源源不绝的文化因子和独一无二的存续方式成为人类文明史上唯一没有中断的文明，有必要对中华文明绵延久远之原因进行探讨。

1. 得天独厚的地理环境和庞大的人口

环境和人口是中华文明诞生和延续的先决条件和丰厚资源。中国的历史在大部分时间里发生在相对独立的空间当中，中华文明的产生也处于一个相对隔绝的环境中。在黄河、长江的滋育下，在四面天然屏障的怀抱中，中华文明诞生了。中国北有广袤的蒙古高原和西伯利亚平原，西有一望无际的沙漠与连绵的山脉，东有令人兴叹的太平洋，它们都起到了很好的保护作用，使中华文明长期免遭外敌入侵。相反，地中海把埃及、希腊和罗马连接在一起，印度也与中东、非洲和东南亚在印度洋的怀抱中相互影响。古巴比伦文明屡遭外族侵略而匿迹；古埃及文明先后遭到马其顿亚历山大及阿拉伯势力的征服，其文化在"希腊化""阿拉伯化"的过程中渐渐式微；古印度文明也没能逃脱雅利安游牧部落欺凌而中断的命运。再者，中国版图辽阔，环境迥异，文化多样。近几十年的考古发现证明，长江流域、辽河流域、汉江流域及至西南的崇山峻岭间，同样是中华文化的发源地，这些区域的总面积达五百万平方公里左右。[①] 文明起源与发展呈星状分布。然则南北、东西文化差异较大，农耕、饮食、生活方式等差异明显，为文明多样性与发展可能性提供了丰富的基础。相比之下，其他文明的地域狭小，文明发展的可能性也相应减少。古希腊文明起源地域偏狭，印度文明气候属性单一，且自然灾害频发，它们文明发展的宽度和维度都不及中国。这是中华文明得以延续的原因之一。

拜大自然的恩赐，中国的气候和土壤可以供养庞大数量的人口。无论是古代还是现代，人口永远是生产、发展、战争以及文明创生和延续的永生力量。中国汉朝人口数达 5950 万，远超罗马帝国人口数量；16 世纪初，中国拥有 1 亿多人口，超过整个欧洲人口总数；19 世纪中叶，中国

---

① 冯天瑜等：《中华文化史》（上），上海人民出版社 2005 年版，第 29—30 页。

人口增至 4 亿以上；时至今日，中国已成为占世界人口四分之一的人口大国。如此大规模的人口资源，确保了中华文明的延续和创新。中华儿女运用非凡的智慧，化解不同时代境遇中的人类文明困境，使得中华文明层出不穷、日益厚重。也正是凭借这样的人口优势，使得中华文明可以在任何困境中始终保持自己的文明基因，进行自我革新。在蒙古族人和满人的统治时期，中华文明并未因外族文化的侵入黯然失色，而是仰仗人数优势吸收外来文化优势，驱逐或同化入侵者，不断使之适合和充实中华传统文化，保证了中华文明的延续进程。其他人口相对稀薄的文明，在抵御外来侵略、创造文明遗产的过程中，难免乏力。巨大的人口造就了中华文明的延续。

2. 政治上的高度统一

秦汉以前，诸侯割据，百家争鸣，繁荣了中华文明，却不利于统一文明的发展，中华文明内聚性缺失。自秦汉统一以来，中国形成了高度统一的政治体制，也形成了传续至今的政治哲学。这种自上而下高度统一的政治体制，大大提高了中央政府的办事效率，便于一个国家团结民众、凝聚力量。强有力的中央政府，在抵御大型自然灾害和外来侵略时，发挥了巨大的组织、征召作用，且便于集合人力财力，构筑起宏大的军事防御和灾害预防体系。在发展建设中，农业、工业、水利、建筑等方面的大型工程建设也依赖于此。时代的变革，朝代的演变，政权的更迭，自然会引起制度的革新。每一个朝代都有自己的选贤、治理制度，都有对前朝制度的继承和创新，但丝毫没有动摇封建专制的中央集权主义的位置，反而使这种高度统一的政治体制的聚合作用发挥到了极致。辛亥革命以来，封建专制制度被推翻，高度统一的政治体制被瓦解，中国人民开始了政治体制的多种尝试，最终历史和人民选择了中国共产党领导建立的政治制度。在抗击"非典"、抗震救灾之时，在申报和举办奥运会、世博会、APEC 会议、博鳌论坛之时，在建设"一带一路"、构筑中国梦之际，中国共产党充分凝聚了中国力量，提高了办事的效率，提升了中国的世界形象。

高度统一的政治体制导致了经济文化的统一性、历史记载的完整性。统一的货币、统一的度量衡促进了经济的快速发展，对经济和商人的把控是中西方文明重要的区别之一。重农抑商一直是中国历代封建王朝最基本的经济指导思想，这种政策的实施也确实达到了维护社会稳定的效果，当然其消极作用也不言而喻，导致了国家的严重落后。而统一的文字、统一的文化使历史得以以较为稳定的方式保留，这是中华文明延续的另一个维度。进而形成了统一的政治理念和"大一统"的国家观，因此每次王朝更替，新的王朝会较容易再次重建"大一统"的局面。对两河流域文明的线性文字、古埃及文明的象形文字的识别困难，造成了对其历史文化的解读困难，其文明的传续亦举步维艰。这种高度统一的政治理念在中国有悠远的文化沉淀，是中华文明的独特标识，也是中华文明延续的重要保障因素。

3. 中华文明自身特性

中华文明的延续有其独特的外在因素维持和推动，可最终能起到决定性作用的是中华文明自身带有的特性，使中华文明可以跨越时空的限制，绵延至今。

内聚性。中华文明地域广阔、文化丰富。以长江、黄河为界，可划分为多个文化区域，就南北两方，文化差异便较显著。北方的秦陇文化、中原文化等，南方的荆楚文化、湖湘文化、越文化、巴蜀文化、岭南文化等，还包括许多少数民族文化，均汇聚在中华大地上，凝聚成中华文明这个共同体。中华文明由它们组成，也因它们而存在。这个共同体当中有一个核心区，所有文化的内聚运动都围绕这个核心区展开，在中华文明的历史演进中，这个核心区就是汉文化，在一定程度上也可以说是华夏文化。所有的地域文化都有各自的特色和风俗，都在中华文化的大家庭中独树一帜，但却渐渐向华夏文化这个核心区靠拢，甚至周边国家地区的文化养成亦颇受影响。由于地域的限制，这个共同体的边界明显，边缘区日渐趋向核心区但不等同于核心区，两种区域之间的互动会拓延至文化以外的各个领域，内聚运动的痕迹也会日益显著。在这个文明体系中，所有文明元素都紧密结合且趋向核心载体——汉族，从而整合为一个大的文明共同体，进而形成了由古至今的社会核心价值观。这一文明共同体以频繁互动为生存方式，以内聚运动为基本趋势，以丰富多元为基本内容，以核心价值观为基本目标，推动中华文明在发展演变的过程中始终保持着它的核心文化和精神。

兼蓄性。在中华文明的长河中，儒家文化是其润泽万物的主流，同时还汇集了如道家文化、法家文化、佛教文化等诸多支流，这条浩浩荡荡的大河方能奔流不息。中华文明自诞生之日起，就涵有兼收并蓄的特性。儒家文化自汉代成为主流意识形态以来，也并未隔绝与其他文化的交流互动。"夫物之不齐，物之情也"，中国古人早在2000多年前就已经认识到事物的多样性、文化的多元性，认为应该尊重差别，吸收精华。"尚和合"是中华民族传统核心价值观表现之一，不同的事物相互吸收、相互融汇可达致协调，不同的文化相互交流、相互借鉴可达致和谐。中华文明自古以来便秉持着对外开放、兼容并包的特质。唐朝尊道、礼佛、崇儒，三教并立；在艺术方面，充分吸收异族或异国文化，其音乐与舞蹈中包含印度、缅甸、柬埔寨等国家的文化元素。宋元全盛时期的泉州，是中国对外贸易的四大港口之一，这里长期生活着大量的犹太人、阿拉伯人以及波斯的穆斯林等多国文化因素。"万物并育而不相害，道并行而不相悖"。可见，文明的对话并没有引发大规模的冲突，反而更多的是碰撞与融合。中华文明天生带有很强的兼蓄性，能够求同存异、海纳百川。

创生性。所有的考古学成果均已证实，世界文明的发源地不是唯一的。这就意味着有的学者将原生性作为中华文明延续之因而区别于其他文明的说法有待商榷。本课题组提出，中华文明之所以积厚流光、绵延悠远，非因其为文明发祥地，而因中华文明强大的创生性特性。这种创生性源自中华民族自强不息的民族精神和改革创新的时代精神。中华文明伴随着朝代的更迭、时代的变换，不断创生出新的内容。在解答新的现实问题过程中，不断生发新的智慧和文化。勤劳聪颖的中华民族表现出极强的适应能力和解决问题的能力，针对不同时代际遇下的不同情况，提出了"修身、齐家、治国、平天下"的不同途径，致使中华文明得以不断充实和累积。"因时而动"展现出中华文明与时俱进、开拓创新的先进品质。中华文明的创生性是在继承已有文明成果的基础上产生的，非是抛弃过去，也不是无中生有，而是赋予中华文明以顽强的生命体征和时代内涵，是维系中华文明生命力的核心所在。

回望历史，中华文明没有被时空枷锁束缚，也没有被世界文明大潮淹没。中华文明以其得天独厚的地理环境和庞大的人口、政治上的高度统一及独有的性质延续至今，成为人类文明史上唯一没有中断的文明。纵观中华文明发展史，我们不难发现：中华文明拥有完整的文明结构体系，包罗万象却层次明晰；中华文明深藏厚重的历史文化底蕴，根深蒂结又普惠四方；中华文明步出连续的文明演变轨迹，世推悠久且川流不息；中华文明彰显超越的文明发展特质，与众不同而历久弥新。

二 社会主义中华文明是中华文明发展的新阶段

万物浮游天地间，能变者久存。中华文明融和百家精妙，历经时代变换，仍然蕴藏着强大的生命力向前发展。人类文明的发展屡次开创文明发展的新阶段，中华文明也需要对时代和社会的诉求作出回应。作为中华文明发展的新阶段，社会主义中华文明既摆脱了资本发展的链条，获得了民族独立和人民解放，又超越了以高度计划集中为主要特征的社会主义苏联模式，是人类文明发展史上具有独特性的社会主义文明，有其标志性的内涵和特征。

（一）社会主义中华文明的新概念

中华文明绵延不断，它在中国进入社会主义社会以后，发展为社会主义中华文明。"社会主义中华文明"是本课题组提出的崭新概念。[①] 它是中国人民在社会主义制度下，特别是在新开辟的中国特色社会主义道路上集中华文明之大成和八方精义创立的，以社会主义核心价值体系为灵魂，以社会主义为制度（根本的经济、政治、文化制度）依托，和中华民族的物质基础、生态环境、优良民族传统等民族特点相结合，"经过一定的民族形式"[②] 表现出来的人类文明史上的新型文明形态，是中华文明发展的崭新阶段，即中国特色社会主义文明。在"社会主义中华文明"这个概念中，"中华文明"强调它同西方文明及其他文明的区别，"社会主义"则表明了它同封建主义文明、资本主义文明的区别。

中华文明与中国特色社会主义在同一片土地上孕生、发展、壮大，前者为后者构筑基础，后者是前者的时代表现，两者具有高度的一致性。首先，两者根源一致。胡锦涛同志说："人类历史发展的过程，就是各种文明不断交流、融合、创新的过程。"[③] 中华文明历史悠远，由漫长的中国历史文化熔铸而成，中国特色社会主义是中华文明在新的历史条件下的产物。然究其根源，两者均源于中国人民创造历史的鲜活实践中。这种同生性本质使得中华民族凭借自己的智慧和独特条件，结合不同的时代背景，

[①] 本概念由课题组成员武汉大学梅荣政教授提出。
[②] 《毛泽东选集》第2卷，人民出版社1991年版，第707页。
[③] 《十六大以来重要文献选编》下，中央文献出版社2008年版，第431页。

经过不懈的实践尝试,创造了华彩的中华文明和独树一帜的中国特色社会主义文明,在人类文明史上镌刻了不可磨灭的印迹。其次,内在驱动一致。细考二者的生发轨迹,中华文明和中国特色社会主义的发展有着共同的内在驱动力。与以经济整合力为驱动的西方文明相较,中华文明则依赖空前强大的政治整合力为驱动。正如上文中提到的,中华文明的延续得益于政治上的高度统一,这种存续至今的政治整合力同样成为了中国特色社会主义在现代化建设中的重要保障。在中国共产党的领导下,中国特色社会主义攻破了重重壁垒,解决了中国人民生活中的种种困境,大力提升了中国人民的生活水平,也夯实了中华民族伟大复兴的步伐。最后,追求一致。中华文明始终追求着更张,意味着中国人民对美好生活的向往。中国特色社会主义是中国人民在马克思主义指导下,充分参酌中国实际开创出来的,同样追求着国家的强盛和人民的富裕,是中国人民追求美好生活的当代表达。两者根源、内在驱动以及追求的一致性,反映出中国特色社会主义与中华文明的一致性。由此可见,社会主义中华文明概念的提出,既符合中华文明的历史逻辑,也适应当代我国社会主义现代化建设的实践逻辑。

社会主义中华文明,即中国特色社会主义文明,其内涵需从三个维度来探测。党的十八大报告将中国特色社会主义概括为道路、理论体系和制度"三位一体",并阐述了三者之间的相互关系:"中国特色社会主义道路是实现途径,中国特色社会主义理论体系是行动指南,中国特色社会主义制度是根本保障,三者统一于中国特色社会主义伟大实践,这是党领导人民在建设社会主义长期实践中形成的最鲜明特色。"[1]习近平总书记强调中国特色社会主义的"特"就体现在这三者及其相互关系之中,构成一个有机的整体,完整地展现了中国特色社会主义文明的全景。

1. 中国特色社会主义文明的实践形态

党的十八大报告指出:"中国特色社会主义道路,就是在中国共产党领导下,立足基本国情,以经济建设为中心,坚持四项基本原则,坚持改革开放,解放和发展社会生产力,建设社会主义市场经济、社会主义民主政治、社会主义先进文化、社会主义和谐社会、社会主义生态文

---

[1] 胡锦涛:《坚定不移沿着中国特色社会主义道路前进 为全面建成小康社会而奋斗——在中国共产党第十八次全国代表大会上的报告》,人民出版社2012年版,第13页。

明,促进人的全面发展,逐步实现全体人民共同富裕,建设富强民主文明和谐的社会主义现代化国家。"[1] 这一明确表述从重要前提、基本路线、总体布局和发展目标等方面揭示和概括了中国特色社会主义道路的科学内涵。

第一,两个重要前提。即坚持中国共产党的领导,立足社会主义初级阶段这一基本国情。中国共产党领导地位的确立不是自封的,而是经过比较鉴别后,中国人民在长期的革命斗争中做出的正确抉择。中国共产党是工人阶级的先锋队,是中国先进生产力的代表,是中国特色社会主义事业的坚强领导核心。没有这样一个核心,社会主义事业就无法取得胜利,中国就会陷于混乱甚至分裂,社会主义现代化不可能实现。党的九十多年世所罕见的、艰苦卓绝的奋斗历程无可辩驳地证明了我们党不愧为伟大、光荣、正确的马克思主义政党,是中国特色社会主义道路的开拓者,也是社会主义事业顺利进行的根本保证。只有中国共产党秉持为人民服务宗旨,以实现共产主义作为最终奋斗目标。社会现实表明,在中国没有别的任何政治力量能够代替中国共产党的领导作用,承担起历史的重托,实现最广大人民的根本利益。在抗洪、抗击非典、抗震救灾等斗争中,中国共产党坚强有力、富有成效的领导,充分显示了我党卓越的领导水平和执政能力。某些西方政客和媒体长期以来对中国共产党进行诋毁、诬蔑的行为,在中国特色社会主义道路面前遭到重大打击,输的一败涂地。中国共产党不仅没有被骂倒,反而不断成长壮大。中国社会发展的历史将继续证明,只有坚持党的领导,才能最大限度地调动起人民群众的积极性,顺利推进中国特色社会主义伟大事业。

当然,党的领导是有现实依据的,那就是坚持立足中国的基本国情。实事求是是我们党始终遵循的基本思想方法、工作方法和领导方法。坚持实事求是,就必须坚持一切从实际出发、理论联系实际。当前,我国正处于社会主义初级阶段,这是中国最大的客观实际,是推进全部事业的客观基点,离开这一国情看待问题就会出现失误。改革开放以来,我国社会主义现代化建设取得了举世公认的成就,但必须清醒地认识到,我国仍处于并将长期处于社会主义初级阶段的基本国情没有变,我们在社会主义建设中,必须从这个最基本的客观实际出发,既不

---

[1] 胡锦涛:《坚定不移沿着中国特色社会主义道路前进 为全面建成小康社会而奋斗——在中国共产党第十八次全国代表大会上的报告》,人民出版社2012年版,第12页。

好高骛远，急于求成，做超越阶段的事情；也不妄自菲薄，自甘落后，无所作为。唯此，才能深刻认识和把握社会主义建设规律，不断在中国特色社会主义道路上奋勇前进。

第二，一条基本路线。十一届三中全会以来，我们党在深刻认识基本国情、准确把握社会主义建设根本任务的基础上，确立了以经济建设为中心，坚持四项基本原则，坚持改革开放的基本路线，是中国真正开始"走自己的路"的标志。集中体现了我国各族人民的根本利益和共同意志，反映了我国社会主义现代化建设的本质规律，是国家的生命线、人民的幸福线。以经济建设为中心是兴国之要，是党和国家兴旺发达、长治久安的根本要求，各项工作都要服从和服务于这个中心。只有搞好经济建设，才能不断满足人民日益增长的美好生活需要，推动社会事业全面进步，为中华民族伟大复兴提供强大的物质基础。四项基本原则是立国之本，是我们党和国家稳定、发展、进步的政治基石和根本保障。如果离开了四项基本原则，社会主义现代化建设的性质就会改变。如果四项基本原则坚持得不好，就会在政治方向上出问题。东欧剧变的教训也告诉我们，放弃马克思主义的指导，取消共产党的领导，否定社会主义道路，社会主义事业就会被葬送。因此，在坚持四项基本原则这个根本立场问题上，必须旗帜鲜明，决不能含糊动摇。改革开放是强国之路，是当代中国发展进步的活力源泉和紧跟时代前进步伐的重要法宝。通过这场历史上从未有过的大改革、大开放，极大地解放和发展了社会生产力，建立了社会主义市场经济体制，在经济、政治、文化、社会发展方面打开了崭新的局面，使社会主义中国巍然屹立在世界东方。经济建设、改革开放和四项基本原则三者彼此依赖，不可分割，统一于建设和发展中国特色社会主义的实践，任何时候都必须坚持。

第三，一个总体布局。社会主义从来都是在开拓中前进的，不可能一成不变，必然随着现实社会生活的变化、实践的发展及思维方式的发展而不断发展。几代中国共产党人在对中国特色社会主义的接力探索中，对中国特色社会主义伟大事业总体布局的认识经历了一个不断探索、创新和日趋完善的过程，从改革开放之初强调物质文明建设、精神文明建设"两个文明"一起抓，到经济、政治、文化建设的"三位一体"，再由此深化拓展为包括社会建设在内的"四位一体"。党的十八大报告首次将生态文明建设列入国家发展战略，将之置于与经济、政治、文化、社会建设同等的地位，共同构成了"五位一体"的总体布局，标志着我们党对中国特色社会主义建设规律的认识达到了新的高度，为"两个一百年"奋斗目标的实现、为中华民族伟大复兴中国梦的实现明确了努力的领域和方向。把握"五位一体"的总体布局，就是要在经济建设上以科学发展为主题，以转变经济发展方式为主线，坚持"一个体制、两个制度"，即坚持社会主义市场经济体制，坚持我国的基本经济制度和分配制度。在政治建设上，要坚定不移走中国特色社会主义政治发展道路，围绕坚持党的领导、人民当家作主、依法治国有机统一深化政治体制改革，加快社会主义法治国家建设，强化权力运行制约和监督体系；在文化建设上，始终以马克思主义作为指导原则，牢牢把握社会主义先进文化前进方向，树立高度的文化自觉和文化自信，加强社会主义核心价值体系建设，提高全民族文明素质，增强文化整体实力和竞争力，不断满足人民群众多样化的文化需求，努力建设社会主义文化强国；在社会建设上，以改善民生为重点，全方位做好顶层设计，让人民有更多的获得感。提供更好更全面的公共服务，加强和创新社会管理，努力推动社会主义和谐社会的建设。在生态文明建设方面，以建立健全系统完备的生态文明制度体系为重点，加大自然生态系统和环境保护力度，自觉推动绿色发展，构筑美丽中国，奠定中华民族永续发展的生态基础。在"五位一体"总体布局中，经济建设是核心，政治建设是保障，文化建设是支撑，社会建设是条件，生态文明建设是基础，它们是一个不可分割的有机整体，相互联系、相辅相成。

　　第四，一个发展目标。中国特色社会主义的发展目标体现为个人、集体、国家三个层次，一是促进人的全面发展，二是逐步实现全体人民共同富裕，三是建设富强民主文明和谐的社会主义现代化国家。早在1956年，毛泽东同志就提出，调动各方面积极因素，把我国建设成为一个强大的社会主义国家。改革开放初期，邓小平同志根据我国的国情，提出了分"三步走"基本实现现代化的战略构想。江泽民同志对此进一步展开，丰富了第三步发展战略的科学内涵，明确提出"两个一百年"的奋斗目标。党的十七大报告明确提出要建设富强民主文明和谐的社会主义现代化国家。党的十八大在党的十六大、十七大的基础上，把促进人的全面发展、逐步实现全体人民共同富裕纳入中国特色社会主义道路的内涵，体现了以人为本的精神,体现了社会公平正义,使社会关系由资本主义条件下物与物的关系重新回归到人与人的关系,从而为实现最终目标打下了良好的基础,体现了中国特色社会主义道路的鲜明特色。

上述四个方面紧密联系、相辅相成,是内容丰富的有机整体,共同构成了中国特色社会主义道路的完整内容,反映了我们党对人类社会发展规律、中国特色社会主义建设规律和党自身建设规律认识的与时俱进与深化。

2. 中国特色社会主义文明的理论形态

马克思、恩格斯创立的科学社会主义是关于人类社会发展规律的学说,也是论述社会主义产生和发展规律的学说,还是关涉无产阶级自身解放运动的学说。马克思在研究社会演进规律的时候发现了生产力和生产关系、经济基础和上层建筑的矛盾运动是推动社会发展的根本动力,人类社会的发展过程是一个由低级到高级的自然演进过程,资本主义被社会主义所代替是社会发展的必然趋势,由此得出了"资产阶级的灭亡和无产阶级的胜利是同样不可避免的"[①]结论。针对东方经济落后的国家如何建设社会主义的问题,马克思提出了东方国家可以"不通过资本主义的卡夫丁峡谷"而直接进入社会主义,"取得资本主义制度的全部成果",从而避免"遭受资本主义制度所带来的一切灾难性的波折"[②]的认识。恩格斯也说:"所谓'社会主义社会'不是一种一成不变的东西,而应当和任何其他社会制度一样,把它看成是经常变化和改革的社会。"[③] 这些论述为后来世界各国的无产阶级革命和建设实践提供了有益借鉴,更完善和充实了科学社会主义理论。

中国共产党自建立以来,就具有理论创新的精神品质。新中国成立之后,党在对中国特色社会主义的探索过程中,坚持立足于科学社会主义的基本原则,结合我国的具体实际,不断进行实践基础上的理论创新,将对社会主义的认识一步步推向新的高度。我党对于建设中国特色社会主义的认识有一个逐渐发展的过程,从"什么是社会主义、怎样建设社会主义"到"建设一个什么样的党、怎样建设党"再到"实现什么样的发展、怎样发展",及至现在如何实现中华民族的伟大复兴,形成了既一脉相承又

---

① 《马克思恩格斯选集》第1卷,人民出版社2012年版,第413页。
② 《马克思恩格斯选集》第3卷,人民出版社2012年版,第728页。
③ 《马克思恩格斯选集》第4卷,人民出版社2012年版,第601页。

与时俱进的中国特色社会主义理论体系。

（1）邓小平理论是中国特色社会主义理论体系的奠基之作

十一届三中全会以后，我党对于社会主义内在本质规律特征的认识不断深入。邓小平针对社会主义改造以后的二十年间我国经济发展缓慢甚至停滞的状态，深刻地指出："经济长期处于停滞状态总不能叫社会主义。人民生活长期停止在很低的水平总不能叫社会主义。"[1] 在南方谈话中，他提出了社会主义的本质论。在关于计划经济和市场经济"姓资姓社"的问题上，他创造性地指出，计划和市场都是调节经济的手段，资本主义也有计划，社会主义也有市场。破除了以计划和市场定性资社的思维框架，解放了思想和生产力，推动了经济体制改革，推动建立了以公有制和按劳分配为主体、其他多种经济成分和分配方式为补充的社会主义市场经济体制。

十四大报告中，我党从九个方面概括了中国特色社会主义理论：对于社会主义的发展道路问题，强调坚持科学社会主义的基本原则，不照抄照搬书本上的教条和别国的经验，坚持实事求是的思想路线，以实践作为检验认识的唯一标准，开创具有中国特色的社会主义建设道路；把社会主义的发展阶段定位在社会主义初级阶段，并以此作为我们进行社会主义建设的根本依据；指出由于当前我国社会的主要矛盾是人民日益增长的物质文化需要同落后的社会生产之间的矛盾，这就决定了社会主义的根本任务是大力发展生产力，以经济建设为中心，增强我国的综合国力，提高人民生活水平。在此基础上，邓小平明确指出改革的目的也是解放和发展生产力，是推进现代化实现的强大动力；提出在和平与发展仍是时代主题的背景下，外交政策上必须坚持独立自主，学习和吸收世界各国一切先进的文明成果服务于中国特色社会主义事业；提出社会主义建设必须坚持四项基本原则；提出现代化建设"三步走"的发展战略，在实现共同富裕的过程中，鼓励一部分地区、一部分人先富起来，通过先富带动后富，逐步走向共同富裕；强调中国共产党在中国特色社会主义事业中发挥着坚强的领导核心作用，必须以广大工人、农民、知识分子和人民军队作为社会主义建设的依靠力量；提出了富于创造性的"一国两制"的伟大构想。

---

[1]《邓小平文选》第 2 卷，人民出版社 1994 年版，第 312 页。

邓小平理论创造性地回答了长期困扰我们的"什么是社会主义、怎样建设社会主义"的问题，从而为中国特色社会主义奠定了坚固的理论基石，对中国特色社会主义作出了重大的历史性贡献，突出表现在以下五个方面：

第一，坚持了科学社会主义的基本原理，坚持"实践是检验真理的唯一标准"，坚持我国的社会主义建设必须立足于国情的实际，对我国的国情作出了准确科学的判断，提出了社会主义初级阶段理论，指出我国现阶段的主要任务是发展生产力，提高人民的物质生活水平，以全体人民共同富裕为建设社会主义的根本目标。

第二，提出了社会主义本质论，指出贫穷不是社会主义，经济长期处于缓慢和停滞状态也不是社会主义，社会主义的本质是"解放生产力，发展生产力，消灭剥削，消除两极分化，最终达到共同富裕。"[①] 并以"三个有利于"作为判断我国一切工作是非得失的标准，为社会主义建设破冰前行廓清了迷雾。

第三，解放思想、实事求是的思想路线，使思想战线的懵懂混乱渐渐回归到了理性的道路上。思想上的解放，消除了人们对社会主义与资本主义的绝对对立认知，纠正了人们对马克思主义、毛泽东思想乃至"文化大革命"的误读与错评，释放了人们敢想敢做、开拓创新的主观能动性；实事求是思想路线的重新确立，再次佐证了马克思主义的科学性，使人们端正了发现问题的态度，提高了分析问题的能力，增强了解决问题的实效，从而推动社会主义的建设、改革事业奋勇向前。

第四，以巨大的理论勇气和政治勇气提出改革是中国的第二次革命。改革的目的是要变革一切不适合生产力发展要求，建立起具有生机与活力的社会主义市场经济体制，同时推进我国政治体制、文化体制、科技体制的改善，从而完善中国特色社会主义制度体系。改革进程的启动极大地促进了我国生产力的发展，将我国的生产关系调整到适合生产力发展的状况，我国的经济实力不断提高，综合国力日益增强，人民的生活水平大幅提升。

第五，立足于经济全球化的国际背景，对于当今国际形势作出了科学准确的判断，指出和平与发展已成为当今时代的主题，提出了对外开放的

[①] 《邓小平文选》第3卷，人民出版社1993年版，第373页。

决策,使中国的发展与世界的发展同步,从而吸取了世界发达国家的先进生产技术和管理经验,充分发挥本国资源优势,引进外资和人才,借鉴人类文明的一切优秀成果,为我国的社会主义建设提供了新的经验。

(2)"三个代表"重要思想是中国特色社会主义理论体系的重大发展

"三个代表"重要思想,是我党在世纪之交面对新的形势提出来的,是对我国改革开放以来中国特色社会主义建设的经验总结,也是对新的社会主义建设要求的时代解答。党的十六大报告指出:"'三个代表'重要思想是对马克思列宁主义、毛泽东思想和邓小平理论的继承和发展,反映了当代世界和中国的发展变化对党和国家工作的新要求,是加强和改进党的建设、推进我国社会主义自我完善和发展的强大理论武器,是全党集体智慧的结晶,是党必须长期坚持的指导思想。始终做到'三个代表',是我们党的立党之本、执政之基、力量之源。"[①]这里深刻指明,"三个代表"重要思想是与马克思列宁主义、毛泽东思想和邓小平理论一脉相承的理论体系,是在当代世界和中国发展的新背景下,应对新的发展要求而提出的关于社会主义发展和党的建设的指导思想。深化了我们对于"什么是社会主义、怎样建设社会主义"的认识,并创造性地回答了"建设什么样的党、怎样建设党"的问题,是对中国特色社会主义理论的重大发展。

党的十六大报告全面论述了"三个代表"重要思想的内容,涵盖了我国的政治、党建、经济、军事、社会生活等各个方面,主要包括:解放思想、实事求是,与时俱进、加强理论创新;以经济建设为中心,加快发展,坚持可持续发展,创造性地提出以发展的办法解决前进中存在的问题;坚持改革开放战略,采用"引进来"和"走出去"相结合的方式,提高对外开放水平;坚持四项基本原则,推进政治体制改革,提出依法治国的方略;加强精神文明和物质文明建设,创造性地提出坚持依法治国和以德治国相结合的治国方针;正确处理改革发展稳定三者的关系;提出人民军队建设方针;巩固和发展爱国统一战线,调动一切积极因素为社会主义建设服务;坚持独立自主的和平外交政策,推动建立公正合理的国际政治经济新秩序;提出党的建设方针。最终凝练成三句话,即我们党必须始终代表中国先进生产力的发展要求,代表中国先进文化的前进方向,代表

---

① 《十六大以来重要文献选编》上,中央文献出版社 2005 年版,第 8 页。

中国最广大人民的根本利益。

报告提出贯彻"三个代表"重要思想的根本要求是：关键在坚持与时俱进，核心在坚持党的先进性，本质在坚持执政为民，这更加深化了我们对于"三个代表"重要思想的认识。实践是不断向前发展的，党的指导思想也必须与时代的发展相同步，随着社会主义建设实践的向前推进而不断创新。与时俱进的品质体现了我党指导思想上实事求是的思想路线，体现了我党不断开拓创新的理论勇气，进一步引领我们的社会主义建设更好更快地向前发展；党的先进性建设是加强党的建设的根本要求，中国共产党是我国工人阶级的先锋队，引领着最先进的生产力水平和最先进的文化水平。我党必须始终加强先进性的建设，才能始终站在社会主义建设的最前沿，领航我国的社会主义建设不断向前开展；执政为民是对我们党的根本要求，体现了党的群众路线，人民群众是历史的创造者和推动者，是我国社会主义事业的主力军，是中国特色社会主义建设实践的主体，我们党必须站在人民的立场上，贯彻为人民服务的精神，实现发展成果由人民共享，以人民的幸福为奋斗目标，带领全体人民推进社会主义建设的新发展。三个根本要求体现了党的宗旨，是指导党的建设的重要指针。

"三个代表"重要思想为中国特色社会主义理论体系增添了新的内容和活力，这是对社会主义建设规律和党的执政规律的深刻揭示，将我们对于"什么是社会主义，怎样建设社会主义"的认识提高到了新的水平，更进一步地解决了"建设什么样的党，怎样建设党"的问题，是中国特色社会主义理论体系的重大发展。

(3) 科学发展观开创了中国特色社会主义理论体系的新境界

步入新世纪以来，我国的社会主义建设取得了举世瞩目的成就，改革开放进一步深化，经济稳定又迅速增长，综合国力显著增强，人民生活水平有了大幅度的提高。与此同时，我国的经济社会发展也呈现出一系列新的表征，总体上呈现出不平衡的发展趋势，对于全面、协调、可持续发展的要求增大。在新时期新阶段，我党面临社会价值观念渐变、国家发展动力匮乏等全新境况，为应对发展中存在的突出问题及矛盾，创造性提出了科学发展观："科学发展观，第一要义是发展，核心是以人为本，基本要求是全面协调可持续，根本方法是统筹兼顾。"[①]

---

① 胡锦涛：《高举中国特色社会主义伟大旗帜　为夺取全面建设小康社会新胜利而奋斗——在中国共产党第十七次全国代表大会上的报告》，人民出版社 2007 年版，第 16 页。

科学发展观继承了马克思列宁主义、毛泽东思想、邓小平理论和"三个代表"重要思想中的发展理论,集中体现了马克思主义关于发展问题的世界观和方法论,是中国共产党关于社会主义发展问题的重新审视和理论突破。科学发展观对于我国的发展提出了一系列新的思想和观点,是适应新的时代发展要求的全新发展理论,开拓了中国特色社会主义理论体系的新境界。科学发展观的内涵有以下几点:

第一,科学发展观坚持把发展作为我国新时期社会主义事业最核心的任务。这是由我国的基本国情决定的。生产力决定生产关系,生产力是社会发展的最终决定因素,这是马克思主义关于人类社会发展的基本理论。从改革开放到党的十六大以来,我国的社会主义建设取得了重大成就,但是经济飞速发展的同时,改革过程中深层次的矛盾开始凸显出来,对发展遇到的问题和困境及发展方式、向度等方面的思考,促使我们用新的发展理念、发展思路与办法破解发展中出现的问题,不断完善我国的发展战略,不断将我国的社会主义建设事业推进到一个新的水平,为全面建设小康社会提供动力。

第二,科学发展观提出以人为本的发展理念。促进人的自由全面发展是马克思主义关于共产主义的根本思想。社会主义制度是比资本主义更加优越的社会制度,资本主义社会是"以物的依赖性为特征"的社会,人与人的关系被物与物的关系所取代,而社会主义社会关于发展的思想其中心是关于人的全面发展的思想,将社会关系恢复到人与人的关系上,是以实现全体人民共同占有生产资料和劳动产品为目标的社会。科学发展观以人为本的思想体现了马克思主义关于社会发展的根本观点,是对马克思主义理论的继承和发展。十七大报告提出:"全心全意为人民服务是党的根本宗旨,党的一切奋斗和工作都是为了造福人民。"[①] 全面阐释了以人为本的最新涵义,指出我国的发展的目标在于人民,发展的基础在于人民,发展成果的享有者是人民,将我国发展战略与人民群众的利益紧密联系在一起。

第三,科学发展观提出全面协调可持续的发展战略。改革开放以来,我国的社会主义建设取得了巨大的成就,而单纯追求经济指标增长的趋势长期存在,使得我国发展不平等现象呈现堆积趋势。党的十七大报告提出

[①] 胡锦涛:《高举中国特色社会主义伟大旗帜 为夺取全面建设小康社会新胜利而奋斗——在中国共产党第十七次全国代表大会上的报告》,人民出版社2007年版,第15页。

要"建设资源节约型、环境友好型社会,实现速度和结构质量效益相统一、经济发展与人口资源环境相协调"①,体现了对我国新时期发展要求的新认识,提出我国的发展不仅要追求高速度,更要追求高质量,实现发展的最优化。并首次将人口、资源、环境问题提出来,指明了我党对于可持续发展问题的认识应更加深化,经济的发展不能以牺牲环境资源为代价,要实现经济发展和资源环境相协调,兼顾子孙后代的永续发展。党的十七大报告部署了政治、经济、文化、社会"四位一体"的发展战略,这表明我党对于发展的认识更为全面、深刻、切实。一个国家的经济的发展必须与政治、文化、社会的发展相协调,实现城乡、区域、人与自然的协调发展,才能保证发展的科学性、全面性和可持续性。

第四,科学发展观提出统筹兼顾的发展方法。党的十七大报告提出"八个统筹"的思想,即"统筹城乡发展、区域发展、经济社会发展、人与自然和谐发展、国内发展和对外开放,统筹中央和地方关系,统筹个人利益和集体利益、局部利益和整体利益、当前利益和长远利益","统筹国内国际两个大局"②。统筹兼顾的发展方法体现了辩证唯物主义的矛盾观,在我国的发展过程中,主要矛盾即人民日益增长的物质文化需要同落后的社会生产之间的矛盾不断得到解决,在旧的矛盾逐渐解决的过程中,新的矛盾也不断凸显出来。进入新世纪以来,我国的发展也进入了一个全新阶段,改革过程中更深层次的矛盾不断涌现,这是社会主义发展过程中不可避免的,需要我们科学分析这些矛盾,站在社会主义整体的高度,兼顾各方面的矛盾,使这些矛盾得到最恰当的解决,使我国的社会主义建设成果实现最优化。

科学发展观在深入回答"什么是社会主义、怎样建设社会主义","建设一个什么样的党、怎样建设党"的问题的同时,更加系统地回答了"实现什么样的发展、怎样发展"的问题,是新世纪新阶段新条件下建设中国特色社会主义的理论指南。科学发展观展现出我党对马克思主义发展理论的创新、对社会主义建设发展实践的反思、对执政规律的深层探索,丰富扩展了中国特色社会主义理论体系的内容。

(4)习近平新时代中国特色社会主义思想开启了中国特色社会主义

---

① 胡锦涛:《高举中国特色社会主义伟大旗帜 为夺取全面建设小康社会新胜利而奋斗——在中国共产党第十七次全国代表大会上的报告》,人民出版社2007年版,第16页。

② 同上。

理论体系的新空间

党的十九大标志着中国特色社会主义伟大事业再次跨越到一个新的历史阶段，而新的历史阶段呼唤新的中国化马克思主义理论来引领实践。聚焦于中国特色社会主义进入全面建成小康社会决胜性阶段的实际，党中央提出"发展21世纪中国的马克思主义"的任务。习近平在主持中央政治局第二十次集体学习时说："要根据时代变化和实践发展，不断深化认识，不断总结经验，不断实现理论创新和实践创新良性互动，在这种统一和互动中发展21世纪中国的马克思主义。"[①]

21世纪中国的马克思主义应把握好我国现阶段经济社会发展呈现出来的新特点，应注重中国特色社会主义建设对全面性的追求。以习近平总书记为核心的新一代领导集体，针砭改革开放以来我党在社会主义建设中的成败得失，参酌我党在新的历史起点上的战略部署需求，致力于国家治理体系和治理能力现代化的全新要求，在高度凝练经济、政治、文化、社会、生态文明"五位一体"总布局的基础上，高屋建瓴地提出了"四个全面"战略布局，清晰地勾画了新时期中国特色社会主义建设的思路和蓝图，为新时期中国特色社会主义建设提供了重要的战略指引。"四个全面"相辅相成、相互补充，是不可分割的有机统一体，有其紧密的内在逻辑，而每一个"全面"都有其独特的内涵。

全面建成小康社会是我党步入新时期以来一个长远的管控全局的战略目标。全面建成小康社会涵盖社会经济发展的各个领域，既注重国家富强、民主、文明、和谐的结构布局完整性和协调性，更注重坚持人民主体地位、尊重人民首创精神，维护社会公平正义，使发展成果切实普惠中国十几亿人口，在带领人民脱贫致富的道路上，促进每个人自由而全面的发展，真正实现经济持续健康发展，人民民主不断扩大，文化软实力显著增强，人民生活水平全面提高，资源节约型、环境友好型社会建设取得重大进展的社会主义现代化建设的阶段性目标。习近平总书记还将全面建成小康社会融入中国梦的大格局之中，使之上升为中华民族伟大复兴的重要里程碑，也彰显出中国特色社会主义道路自信、理论自信和制度自信的树立和增强。自邓小平同志提出"小康社会"的概念以来，对小康社会的认知从"温饱小康"到"总体小康"，再由"全面建设小康社会"到"全

[①] 习近平：《坚持运用辩证唯物主义世界观方法论　提高解决我国改革发展基本问题本领》，《人民日报》2015年1月25日第1版。

面建成小康社会",直至"决胜阶段",表明小康社会的达致程度在逐渐增加,其全面性也在逐渐完善。经过几代人的不懈努力,我们已经进入全面建成小康社会的"倒计时"阶段。

全面深化改革是党中央治国理政的首要抓手。"改革是由问题倒逼而产生,又在不断解决问题中得以深化"①,中国特色社会主义建设中的各种矛盾,只有用改革的方式来解决,改革是坚持和发展中国特色社会主义的强力驱动。党的十八大以来,我国的改革事业步入攻坚期和深水区,突破利益格局固化的藩篱并协调好多样化的利益关系成为我国改革发展的重要课题。党的十八届三中全会确立了"完善和发展中国特色社会主义制度,推进国家治理体系和治理能力现代化"的全面深化改革的总目标,又在此之下设立了涉及各方面体制建设的分目标,赋予市场在资源配置中起决定性作用的同时,更好地界定政府职能和发挥政府的作用。在《中共中央关于全面深化改革若干重大问题的决定》中,改革涵盖15个领域,确立了60项改革目标、336项改革任务,层次分明、主次有序,将改革贯穿于经济社会发展的全过程。同时,习近平指出,将"促进社会公平正义,增进人民福祉"作为全面深化改革的出发点和落脚点,"坚持把改革的力度、发展的速度和社会可承受的程度统一起来,把改善人民生活作为正确处理改革发展稳定关系的结合点"②,做好改革的顶层设计。

全面依法治国是坚持和发展中国特色社会主义的本质要求和重要保障。人治与法治的对立与融合贯穿于中国政治的历史发展过程中,法治在社会治理矛盾丛生的格局下是必不可少的制度保障。改革开放以来,我党高度重视社会主义法治建设,把依法治国确定为党领导人民治理国家的基本方略,并积极借鉴古今中外法治实践经验,不断提升依法治国的能力。党的十八届四中全会做出了《中共中央关于全面推进依法治国若干重大问题的决定》,指出全面推进依法治国的总目标是"建设中国特色社会主义法治体系,建设社会主义法治国家",要求构筑完备的法律规范体系、高效的法治实施体系、严密的法治监督体系、有力的法治保障体系、完善的党内法规体系,共同推进坚持依法治国、依法执政、依法行政,在继续坚持依法治国和以德治国相结合的基础上,推动法治国家、法治政府、法治社会一体化建设,培植社会主义法治理念、弘扬社会主义法治精神,努

---

① 《习近平谈治国理政》,外文出版社2014年版,第74页。
② 同上书,第68页。

力实现科学立法、严格执法、公正司法、全民守法的法治社会。"五个原则"的坚持、"五大体系"的构筑、"六大任务"的提出及190项法治改革举措的部署,充分展现了全面依法治国的目标体系和工作布局,翻开了中国特色社会主义法治道路新的篇章。

全面从严治党是中国特色社会主义党建理论的深度探索。由于世情国情党情的深刻变化,党的执政工作面临严峻的风险和挑战,党的建设往往紧跟治国理政的实践需要。党的十八大以来,中央实施八项规定,大力强调作风建设和反腐倡廉建设,以党的群众路线教育实践活动为着力点,在实践中不断完善全面从严治党的战略思想。全面从严治党内容覆盖思想建设、组织建设、作风建设、反腐倡廉建设以及制度建设各个领域,主体包括党的各级领导干部与普通党员。习近平指出,应坚决开展党风廉政建设和反腐败斗争,保持"零容忍"的态度,"老虎""苍蝇"一起打,把权利关进制度的笼子里;同时强调党员的意识形态建设,要求党员坚定理想信念、树立正确政绩观,秉持为人民服务的宗旨,始终依靠学习走向未来,做党和人民需要的好干部。习近平的巡视治党思想更反映出我党正视错误、改正错误的勇气和决心,更表明我党将致力于党的执政能力的监督和提升的长期性。把全面从严治党提升到中国特色社会主义战略布局的高度,表现出我党勇于直面自身在治国理政过程中的问题和不足,且善于汲取历史和人民的智慧,增强自身"打铁"的"硬功夫"。

党的十八届五中全会,提出必须牢固树立并切实贯彻创新、协调、绿色、开放、共享的发展理念。五大发展理念着力于中国特色社会主义新的发展征程,深刻总结和思考以往发展经验和现实发展状况,指引着未来的发展方向,体现着未来的发展思路。五大发展理念不仅是一个管控全面、立意长远、持守根本、把握航向的治国理政方略,也是全面建成小康社会决胜纲领的灵魂,是新时期继续坚持和发展中国特色社会主义的进取精神、反思精神、创新精神的集中体现,更是我们党认识把握发展规律的再深化和新飞跃,是对中国特色社会主义理论宝库的丰富和发展。

邓小平理论、"三个代表"重要思想、科学发展观和习近平新时代中国特色社会主义思想一脉相承、同质共向,作为中国特色社会主义理论体系的重要内容,将改革开放以来我们对于具有中国特色社会主义的探索实践不断上升至理性认识,科学解答了在社会主义建设过程中不断出现的新问题。经过社会主义建设实践的检验,中国特色社会主义理论体系被证明是正确的理论成果，是我国社会主义建设事业必须长期坚持的指导思想，是21世纪中国的马克思主义发展的深厚底蕴。马克思主义具有与时俱进的品质，随着社会主义建设实践的不断拓深，中国特色社会主义理论体系也将不断增添新的内容。

3. 中国特色社会主义文明的制度形态

始终重视制度建设，是中国共产党治国理政的基本经验。中国特色社会主义制度，是我们党在带领全国人民进行社会主义建设的实践过程中，将我们在社会主义建设过程中行之有效的政策上升到国家制度层面，以稳固的制度形态约束国家的社会生活。中国特色社会主义制度是我国社会主义建设事业的根本保障，保证了社会主义建设能够沿着既定的轨道实现良性发展。党的十八大报告对于中国特色社会主义制度作了全面阐述："中国特色社会主义制度，就是人民代表大会制度的根本政治制度，中国共产党领导的多党合作和政治协商制度、民族区域自治制度以及基层群众自治制度等基本政治制度，中国特色社会主义法律体系，公有制为主体、多种所有制经济共同发展的基本经济制度，以及建立在这些制度基础上的经济体制、政治体制、文化体制、社会体制等各项具体制度。"[①]中国特色社会主义的国体是人民民主专政，由国体规定的政治制度分为根本政治制度、基本政治制度和基于这些制度所建立的各项具体制度。这些制度形成了一个紧密结合的制度体系，不仅规定了我国的国家性质，也规定了我国政治、经济生活的基本原则，而具体制度作为根本制度和基本制度的重要补充，在我国社会生活的各个方面形成了一个完善的规范体系。

（1）中国特色社会主义根本政治制度

人民代表大会制度是我国政权的组织形式，是我国的根本政治制度。作为人民民主专政的国家，社会主义制度的确立在我国实现了全体人民当家作主的地位，建立了人类社会发展史上最能充分保证人民权利的社会制度。1940年毛泽东在《新民主主义论》中，首次提出了新中国设立人民代表大会制度的设想："中国现在可以采取全国人民代表大会、省人民代表大会、县人民代表大会、区人民代表大会直到乡人民代表大会的系统，并由各级人民代表大会选举政府。"1954年我国召开了第一届全国人民代

[①] 胡锦涛：《坚定不移沿着中国特色社会主义道路前进　为全面建成小康社会而奋斗——在中国共产党第十八次全国代表大会上的报告》，人民出版社2012年版，第12—13页。

表大会，制定了《中华人民共和国宪法》，在历史上首次用国家根本大法的形式确立了人民代表大会制度为我国的根本政治制度。人民代表大会制度是实现人民当家作主地位的制度保证，保证了人民管理国家事务的权利，充分体现了我国社会主义制度的优越性，是比建立在资产阶级民主权利基础上的资本主义国家的民主制度更加进步的社会制度，是我们必须长期坚持的一项根本制度。

人民代表大会制度是我国的独创，是具有中国特色的社会主义制度。它既不同于苏联高度集权的政治制度，也不同于资本主义民主制度，是建立在人民当家作主地位上的新型社会主义制度。人民代表大会制度采取民主集中制原则，是在保证人民民主基础上的集中制，体现了民主与决策效率的高度统一，符合我国的国情，能够更好地实现人民当家作主管理国家事务的权利。因此，对人民代表大会制度我们要始终坚持。习近平指出，在中国共产党领导下，中国人民对近代以来中国政治生活的惨痛教训进行了深刻总结，完成了人类政治文明史上的伟大创举，使得人民代表大会制度成为中国人民掌握自己命运的必然选择。这一制度契合中国国情和实际，体现了社会主义的国家性质，从根本上保证了人民当家作主，是实现中华民族伟大复兴的可靠的制度保障。在推进新发展的征程上，必须充分发挥人民代表大会制度的根本政治制度作用，继续通过这一制度把国家和民族前途命运牢牢掌握在人民手中。

十八届三中全会提出，我国深化改革的总目标是继续完善并发展中国特色社会主义制度，实现国家治理能力和治理体系的现代化。人民代表大会制度作为支撑国家治理体系和治理能力的根本政治制度，自身也需要不断地发展和完善。对此，习近平强调："坚持和完善人民代表大会制度，要加强和改进立法工作，确保国家发展、重大改革于法有据，努力使每一项立法都符合宪法精神、反映人民意愿、得到人民拥护。要全面落实依法治国基本方略，深化司法体制改革，不断推进科学立法、严格执法、公正司法、全民守法进程，严禁侵犯群众合法权益。要加强和改进监督工作，拓宽人民监督权力的渠道，抓紧形成不想腐、不能腐、不敢腐的有效机制，让权力在阳光下运行。要加强同人大代表和人民群众的联系，加强和改进人大工作，推进人民代表大会制度理论和实践创新。各级党委要加强和改善党对人大工作的领导，支持和保证人大及其常委会依法行使职权、开展工作。"① 具体来说主要是做到以下几个方面，一是进一步扩大各级人民代表大会在国家管理和社会事物中权力，充分行使各级人民代表大会的立法、重大事项的决策和监督权力；二是密切各级代表大会的代表与选民之间的联系，充分集中民智，广泛反映民意，增强各级人民代表大会代表的代表性；三是提高各级代表大会代表的素质，使其能够更好地参与国家和社会事务的管理；四是丰富民主形式，处理好内容和形式的关系，做到习近平提出的防止人民表面上有权实际上没权的弊病等。

（2）中国特色社会主义基本制度

第一，我国的基本政治制度是中国共产党领导的多党合作和政治协商制度、民族区域自治制度以及基层群众自治制度等

我国的政党制度是中国共产党领导的多党合作和政治协商制度。共产党是执政党，各民主党派是参政党，两党的关系不是执政党和在野党的关系，更不是执政党与反对党的关系，而是亲密友党，在共产党的领导下一同参与国家事务的管理、国家决策的制定，充分体现了我国社会主义制度的民主特征。多党合作和政治协商制度是我国独创的一种社会主义政党制度，保证了人民民主专政的国家性质，确保了我国社会主义的方向。中国共产党是以马克思主义为理论指导的政党，是以实现共产主义为根本目标的政党。只有保证中国共产党在国家中的绝对的领导地位，才能保证我国社会主义的根本方向，保证我国的社会主义建设事业最终走向共产主义。同时，各民主党派也是我国社会主义事业的拥护者，是我国社会主义建设力量的一部分，他们对于社会主义建设事业具有积极的作用，在共产党的领导下，团结各民主党派为着共同的共产主义目标而奋斗，能够保证我国社会主义事业的稳定和健康发展。

我国的民族区域自治制度是在国家统一领导下，各少数民族聚居的地方实行区域自治，设立自治机关，行使自治权的制度。我国是多民族国家，各少数民族具有各自不同的经济、文化、风俗、信仰特征，实行国家统一领导下的民族区域自治制度既有利于实现国家统一，又有利于各少数民族自主管理民族事务，兼顾了国家整体和各民族多样性的统一，是社会主义制度下新型的民族治理制度，充分体现了我国社会主义制度的优越性。

---

① 习近平：《毫不动摇坚持和完善人民代表大会制度 坚持走中国特色社会主义政治发展道路》，《人民日报》2014年9月6日第1版。

我国的基层群众自治制度是在保证国家集中治理权力的基础上实行的人民当家作主、管理社会事务的有效民主形式，可以最大限度地保证人民主动参与、积极管理社会事务的积极性，充分发挥了社会主义民主制度的优越性。在我国这样一个地域广大、人口众多的国家，实行基层群众自治制度符合国情，是体现我国社会主义制度灵活性的一项基本制度。

总而言之，中国特色社会主义基本政治制度是根植于中国历史和当代实际，符合中国国情的民主政治制度，体现了中国特色，保障了人民权益，是最适合中国实际的政治制度。对此，习近平强调："中国特色社会主义政治制度之所以行得通、有生命力、有效率，就是因为它是从中国的社会土壤中生长起来的。中国特色社会主义政治制度过去和现在一直生长在中国的社会土壤之中，未来要继续茁壮成长，也必须深深扎根于中国的社会土壤。"[1]

第二，中国特色社会主义法律体系

关于中国特色社会主义法律体系的概念，全国法学法律界的专家学者纷纷探讨研究，并作出了明确的界定，认为"中国特色社会主义法律体系是指适应我国社会主义初级阶段的基本国情，与社会主义的根本任务相一致，以宪法为统帅和根本依据，由部门齐全、结构严谨、内部协调、体例科学的法律及其配套法规所构成，是保证我们的国家沿着建设有中国特色社会主义道路前进的各项法律制度的有机的统一整体。"[2]我国的法律体系将社会主义国家的根本制度用法律的形式表现出来，成为在国家的经济、政治、文化和社会生活等各方面人们的行为规范，是中国特色社会主义制度的重要组成部分，为中国特色社会主义建设事业提供法律保障。中国特色社会主义法律体系正在随着中国特色社会主义建设实践的不断深入而逐渐完善，是实现依法治国的根本依据和重要保障。改革开放以来，我国非常重视法律的建设，及时制定和完善中国特色社会主义法律，"到2010年底，中国已制定现行有效法律236件、行政法规690多件、地方性法规8600多件，并全面完成对现行法律和行政法规、地方性法规的集中清理工作。目前，涵盖社会关系各个方面的法律部门已经齐全，各法律部门中基本的、主要的法律已经制定，相应的行政法规和地方性法规比较

---

[1] 习近平：《毫不动摇坚持和完善人民代表大会制度 坚持走中国特色社会主义政治发展道路》，《人民日报》2014年9月6日第1版。

[2] 王维澄：《关于有中国特色社会主义法律体系的几个问题》，《求是》1999年第14期。

完备，法律体系内部总体做到科学和谐统一"，"一个立足中国国情和实际、适应改革开放和社会主义现代化建设需要、集中体现党和人民意志的，以宪法为统帅，以宪法相关法、民法商法等多个法律部门的法律为主干，由法律、行政法规、地方性法规等多个层次的法律规范构成的中国特色社会主义法律体系已经形成"①。

第三，我国的基本经济制度是以公有制为主体、多种所有制经济共同发展的经济制度

公有制为主体、多种所有制经济共同发展是我国的基本经济制度。党的十八届三中全会报告提出要坚持和完善我国的基本经济制度，指出："公有制为主体、多种所有制经济共同发展的基本经济制度，是中国特色社会主义制度的重要支柱，也是社会主义市场经济体制的根基。公有制经济和非公有制经济都是社会主义市场经济的重要组成部分，都是我国经济社会发展的重要基础。必须毫不动摇巩固和发展公有制经济，坚持公有制主体地位，发挥国有经济主导作用，不断增强国有经济活力、控制力、影响力。必须毫不动摇鼓励、支持、引导非公有制经济发展，激发非公有制经济活力和创造力。"②

我国是社会主义国家，必须坚持公有制的主体地位，这是使我国社会主义沿着正确方向前进的根本保证，是最大限度地保证全体人民共同占有生产资料和劳动成果的制度保障；同时，我国现阶段的生产力还不发达，还存在多种私营经济成分，这些私营经济决定了我国在经济制度中必须允许多种所有制经济成分的存在和发展。我国实行的公有制为主体、多种所有制经济共同发展的基本经济制度符合社会主义初级阶段的实践特征，有利于充分发挥市场经济的活力，保证市场竞争环境下的各种经济成分的积极性和创造性，促进生产力的发展。

(3) 中国特色社会主义具体制度

建立在根本政治制度和基本政治制度基础上的经济体制、政治体制、文化体制、社会体制等具体制度是我国社会主义制度的具体表现形式。根本政治制度和基本政治制度决定国家大政方针的方向，具体制度是其在经

---

① 吴邦国：《中国特色社会主义法律体系已经形成》（http://www.chinanews.com/gn/2011/03-10/2895965.shtml）。

② 中共中央编写组：《中共中央关于全面深化改革若干重大问题的决定》，人民出版社2013年版，第7—8页。

济、政治、文化、社会等国家生活各方面的具体形式，详细地规定了国家生活和社会生活的规范，给予人民正确的指导，是中国特色社会主义制度的具体组成部分。

在新中国成立60多年特别是改革开放40年以来的建设和改革实践中，中国共产党带领全国人民孜孜不倦地探索着中国特色社会主义具体制度的发展模式。社会的飞速发展，直接地对中国特色社会主义具体制度带来了巨大的挑战，给各项具体制度提出了迫切的改革要求，各项具体制度需要在与时俱进的实践活动中"茁壮成长"。正如江泽民所指出的，"我们进行改革的根本目的，就是要使生产关系适应生产力的发展，使上层建筑适应经济基础的发展，使我国社会主义社会的各方面都形成比较成熟、比较定型的制度。"[1] 无论是在经济体制、政治体制、文化体制，还是在社会体制和生态文明体制等具体制度的建设和改革进程中，我国都取得了重大的理论和制度创新成果，变革了一系列与一定阶段生产力发展不相适合的体制，进一步充实和完善了中国特色社会主义制度体系的内容和实现形式。

在经济体制方面，过去我们存在着把计划经济等同于社会主义的经济体制，把市场经济等同于资本主义经济体制的僵化的思想观念，以邓小平同志为核心的党的第二代中央领导集体突破了这样的认识，指出计划和市场都是调节经济的手段，资本主义也有计划，社会主义也有市场。这种全新的认识改变了我国计划经济居于主导地位的经济体制，全面开启了变革社会主义生产关系以促进社会主义生产力发展的改革进程。党的十四大正式把建立社会主义市场经济体制确立为我国经济体制改革的目标，党的十四届三中全会通过的《中共中央关于建立社会主义市场经济体制若干问题的决定》中，基本架构起了社会主义市场经济体制的基本框架：产权清晰、权责明确、政企分开、管理科学的现代企业制度；统一开放、良序竞争的现代市场体系；以转变政府职能为推手、以间接手段为国民经济运行保障的宏观调控体系；以按劳分配为主体、多种分配方式并存的分配制度；以及由社会福利、社会保险、社会救助和社会优抚等构成的、多层次的社会保障体系。各项具体经济制度始终要以基本经济制度为根基，协调补充基本经济制度，共同构成中国特色社会主义经济制度体系。经过多年

---

[1] 《江泽民文选》第3卷，人民出版社2006年版，第120页。

的不懈努力，我国的社会主义市场经济体制改革已从建立阶段跨入到了完善和健全阶段，社会主义市场经济体制的基本框架得到了细化、巩固和丰满。随着我国社会主义改革事业进入全面深化阶段，党的十八届三中全会通过的《中共中央关于全面深化改革若干重大问题的决定》（以下简称《决定》）中指出，经济体制改革是全面深化改革的重点，要充分"发挥经济体制改革牵引作用"[1]，而核心问题是处理好市场和政府的关系问题，社会主义市场经济体制的健全必须遵循市场决定资源配置这个一般规律。还要更好地发挥政府"保持宏观经济稳定，加强和优化公共服务，保障公平竞争，加强市场监管，维护市场秩序，推动可持续发展，促进共同富裕，弥补市场失灵。"[2] 的作用。全面深化改革阶段，我国经济体制的改革转型以党的十八届三中全会为新的历史节点，坚持和完善社会主义市场经济体制根基——公有制为主体、多种所有制经济共同发展的基本经济制度，坚持以推进供给侧结构性改革为主线，在"三去一降一补"的结构调整进程中，不断深化国有企业改革、财税体制改革、金融体制改革、科技体制改革，加快形成统一开放、竞争有序的市场体系，建立公平开放透明的市场规则。同时，进一步创新和完善政府的宏观调控方式，保持经济运行的合理区间，健全城乡发展一体化体制机制，以创新引领实体经济转型升级，促进开放型经济新体制的构建，加快经济发展方式的转变，推动新一轮经济体制改革任务的完成。

在政治体制方面，中国特色社会主义具体政治制度是中国特色社会主义民主政治制度中的重要组成部分，是在根本政治制度和基本政治制度限定下的中国特色社会主义民主政治的具体实现形式。中国特色社会主义具体政治制度主要包括：保证人民当家作主政治权利的选举制度；规范政治管理和政治活动的权力运行制约和监督体系；正确处理政党与国家政权之间相互关系的党政关系制度；促进最大化人民民主程度的基层协商民主制度、民主决策制度、民主监督制度、党内民主制度等具体制度。与经济体制改革相辅相成，根植于中国特色社会主义民主政治实践的政治体制改革，日趋推向中国特色社会主义民主政治制度的纵深层次，从建国初期的摸索尝试，到现如今全面深化改革阶段的丰富完善，逐渐形成了具有中国

---

[1] 中共中央编写组：《中共中央关于全面深化改革若干重大问题的决定》，人民出版社2013年版，第5页。

[2] 同上书，第7页。

特色、涉及范围广泛的具体政治制度体系。《决定》指出，应不断健全和完善已有政治体制大厦，继续深入推进政治体制改革，进一步加强推进协商民主广泛多层制度化发展，构建程序合理、环节完整的协商民主体系，充分发展基层民主；深化行政体制改革，形成科学有效的权力制约和协调机制，加强反腐败体制机制创新和制度保障，改进作风常态化制度等。政治体制改革是为了适应和反作用于经济体制改革，核心在于构建中国特色社会主义民主政治的新布局，不断推进选举制度、民主制度、权力制约制度等各项具体制度的良性运行和改革发展。

中国特色社会主义具体文化制度是中国特色社会主义文化制度的具体实现形式，通过中国特色社会主义文化建设和改革实践，逐步形成了主要包括产业体制、保障体制、传承与创新体制在内的文化体制布局。文化产业体制涉及国有文化单位改革、现代文化市场体系健全、文化产业体系发展等方面；保障体制是指文化管理体制、政策保障机制、现代公共文化服务体系、文化人才队伍培养和建设机制等；传承与创新体制含括构建优秀传统文化传承体系、提高文化开放水平、积极吸收借鉴国外优秀文化成果、文化创新成果转化机制等方面。《决定》指出，推进文化体制机制创新应"坚持以人民为中心的工作导向，坚持把社会效益放在首位、社会效益和经济效益相统一，以激发全民族文化创造活力为中心环节，进一步深化文化体制改革。"① 文化体制改革不仅为中国特色社会主义文化制度架构起厚实的骨架，也充实了中国特色社会主义具体制度体系的内容。

我国的改革是为了发展和完善中国特色社会主义制度，改革必须坚持社会主义的方向，坚持社会主义性质。目前社会上流行的资产阶级自由主义思潮，提出了一些对于改革社会主义制度的设想，妄图改变我国的社会主义性质，走资本主义的发展道路。我们要看到，任何企图脱离改变社会主义基本性质的改革都是在"走改旗易帜的邪路"，是与科学社会主义的基本原则相违背的，会倾覆中国特色社会主义事业。我国的改革必须以马克思列宁主义、毛泽东思想、邓小平理论、"三个代表"重要思想、科学发展观以及习近平新时代中国特色社会主义思想为根本的指导思想，在坚持社会主义性质的前提下完善我国的制度，使之更加适合于生产力的发展水平。

总之，中国特色社会主义制度体系贯穿着以人为本的理念，凝练了中

---

① 中共中央编写组：《中共中央关于全面深化改革若干重大问题的决定》，人民出版社2013年版，第47页。

国智慧和经验与世界制度文明的发展成果，践行着效率与公平的统一。随着我国全面深化改革进程的推进，中国特色社会主义制度也必将更加完善和发展，在中国特色社会主义建设中发挥更好的规范作用和制度优势。

（二）社会主义中华文明作为中华文明发展新阶段的特征

社会主义中华文明是一个历史性概念，涵盖中国在整个社会主义发展阶段过去、现在和将来所创获的文明成果。作为中华文明发展的新阶段，社会主义中华文明有其鲜明的标志特征。

1. 社会主义中华文明是践行科学社会主义理论的当代成果

马克思主义在我国意识形态中处于主导地位，科学社会主义是马克思主义的灵魂，在马克思主义理论整座大厦中处于核心地位。随着世界社会主义运动跌宕起伏，科学社会主义理论也在实践的检验中得到不断丰富和发展。世界社会主义国家的建设实践证明，科学社会主义基本原则是指导社会主义建设、发展颠扑不破的真理，违背了科学社会主义理论，社会主义国家建设将走向弯路，甚至走向灭亡。中国特色社会主义是在坚持科学社会主义基本原理的基础上，结合我国具体国情和时代、实践特征而走出的一条符合我国实际的社会主义建设之路，是符合马克思主义基本原理的一条科学道路，坚持不懈地走具有中国特色的社会主义发展道路，必然会引领我们走向共产主义。

党的十八大报告中指出："在改革开放三十多年一以贯之的接力探索中，我们坚定不移高举中国特色社会主义伟大旗帜，既不走封闭僵化的老路、也不走改旗易帜的邪路。中国特色社会主义道路，中国特色社会主义理论体系，中国特色社会主义制度，是党和人民九十多年奋斗、创造、积累的根本成就，必须倍加珍惜、始终坚持、不断发展。"[①]所谓"封闭僵化的路"是指将马克思主义的基本原理教条式地应用于中国的社会主义建设中，生搬硬套科学社会主义理论的条条框框，从而使理论与实践相脱离的做法；"改旗易帜的邪路"是指以"中国特色"为名，抛弃马克思主义的基本原理，改变科学社会主义的基本方向，走西方国家的资本主义道路或民主社会主义的道路，都是背离马克思主义的做法。

---

① 胡锦涛：《坚定不移沿着中国特色社会主义道路前进　为全面建成小康社会而奋斗——在中国共产党第十八次全国代表大会上的报告》，人民出版社 2012 年版，第 12 页。

早在新民主主义革命时期，毛泽东早已开始考虑中国未来通往社会主义之路，党政分开的思考、地方性联合政府的建立等都是中国共产党人企图摆脱苏联影响，独立探索中国社会主义革命、建设的路径。新中国成立初期，毛泽东创立的新民主主义理论，阐述了新民主主义革命与社会主义革命之间的相互关系，其中新民主主义制度的基本蓝图里面，带有浓厚的中国特色社会主义色彩，凸显在毛泽东对新民主主义时期经济、文化和政治体制的探讨当中。在经济上建立具有社会主义性质的国营经济，同时允许有利于国家经济发展的私人资本主义经济发展，积极引导农民走向社会主义的过渡形式，即各种具有半社会主义性质的合作经济；在文化上倡导无产阶级领导的、人民大众的、反帝反封建的，民族的、科学的、大众的文化；在政治体制上通过共产党领导的多党合作和政治协商创建政治体制，确立了人民民主专政的国体和以人民代表大会制为特征的政治体制，并坚持中央统一领导与民族区域自治相结合的制度。三大改造后至1966年，社会主义制度在中国已基本确立，我党在对社会主义建设道路的探索中，形成了建设社会主义的初步理论和实践成果。这是科学社会主义理论与中国社会主义革命与建设实践的初次碰撞。

"文化大革命"之后，我党我国走到了又一个历史转折关头。十一届三中全会以来，思想路线、政治路线、组织路线重归正途，面对国际国内错综复杂的局势，党和国家清醒地把握住了时代挑战提供的机遇，紧扣中国特色社会主义事业发展大局，确立了"一个中心、两个基本点"的基本路线，抓住了"什么是社会主义、怎样建设社会主义"这个根本问题，第一次提出"建设有中国特色社会主义"这个重要命题。邓小平理论推动了社会主义现代化建设进程，坚持和发展了科学社会主义理论和实践成果。

世纪之交，世界格局深刻骤变。以江泽民为核心的党中央继续深化改革、扩大开放，主张在社会主义条件下发展市场经济，建立了社会主义市场经济体制，实现了社会主义公有制实现形式多样化。新的历史时期，我党意识到我国社会主义建设对先进生产力的需要、对先进文化的追求、对人民利益的维护和重视。党的十六大，"中国特色社会主义"的提法正式问世，中国特色社会主义事业正名腾飞、稳步前行。"三个代表"重要思想是科学社会主义理论与新世纪中国特色社会主义建设实践的全新结合。

以胡锦涛为核心的第四代领导集体坚持立足实际、目光深远的战略方针,反思社会主义发展过程中问题和困境,明确提出了坚持以人为本,全面、协调、可持续的发展观,更创造性地提出了构建社会主义和谐社会、建设社会主义文化强国等重大战略思想。胡锦涛在毛泽东、邓小平、江泽民等人外交思想的基础上,更把国内构建和谐社会的构想延展到世界舞台,提出了构建"和谐世界"的构想。和谐社会是中国特色社会主义的本质属性,这个论断深化了我们对社会主义本质的认识,是对科学社会主义理论的继承、丰富和发展,体现了科学社会主义的本质。

以习近平同志为核心的党中央,准确判断新的战略机遇期和新的变化条件,紧紧围绕坚持和发展中国特色社会主义这个主题,深刻洞见国际国内大势,提出实现中华民族伟大复兴的中国梦,部署了"四个全面"战略布局。党的十八届三中全会提出完善和发展中国特色社会主义制度、推进国家治理体系和治理能力现代化。党的十八届五中全会提出必须牢固树立创新、协调、绿色、开放、共享的新理念,充分体现了社会主义的本质要求和发展方向。新一届党中央领导集体对科学社会主义理论的灵活运用,充分考量了中国特色社会主义事业的建设实际,开创了中国特色社会主义的光明前景。

科学社会主义基本原则是贯穿于科学社会主义基本原理之中,又对基本原理起指导作用的宏观抽象理论,是对科学社会主义理论与实践的高度概括。准确理解和科学把握科学社会主义理论及其基本原则,有助于中国特色社会主义事业科学、健康的发展。回首我党对中国特色社会主义道路的探索历程,既是中国特色社会主义文明形成和发展的过程,也是科学社会主义理论逻辑和中国社会发展历史逻辑辩证统一的过程。中国特色社会主义文明发展史持久地绽放出科学社会主义理论的理性之光。

2. 社会主义中华文明是创造性提升和运用中华文明精粹的成果

中华文明历经世变代嬗,成为世界文明发展史中唯一没有中断的文明恒星。中华文明的精粹在当代中国特色社会主义建设中得到了创造性的提升和运用,集中体现在中华优秀传统文化当中。"师其意不师其辞"、"法古而不泥古"。中国共产党始终是中华优秀传统文化忠实的传承者和弘扬者,在提升和运用中华文明精粹的基础上,开创了中国特色社会主义先进文化,推动了社会主义中华文明的形成与发展。这主要体现在以人为本理念的贯彻、和谐社会以和谐世界构想的提出以及社会主义核心价值观的培育和践行等方面。

(1) 以人为本理念的贯彻

中国传统民本思想深刻影响了我国古代政治文明。传统民本思想源起商周，形成于春秋战国，完善于汉至明，顶峰于明末清初，发展至近代孙中山的三民主义，伴随西方人本主义思想和马克思主义以人为本思想的传入，再到20世纪80年代人道主义和异化问题的讨论，继于2003年十六届三中全会将"以人为本"确定为科学发展观的主要内容之一，至今，以人为本成为中国共产党的根本执政理念，贯穿与我党执政工作的每个环节。"以人为本"理念与我国传统文化中的"以民为本"思想和传统似有相近之意，但却跳出了"以民为本"的等级观念束缚，立意更为宽泛和高远。

基于对传统民本思想的扬弃，毛泽东在《关于正确处理人民内部矛盾的问题》中，重新对"人民"这个概念进行了认知和界定。毛泽东坚持唯物史观中"人民群众是历史创造者"的思想，坚信中国革命的胜利要依靠人民大众，应始终把人民的利益作为根本的价值取向，倡导"从群众中来，到群众中去"的群众路线，全心全意为人民服务，建立起人民当家作主的国家政权。作为中国共产党执政话语的叙述方式，这里的"人民"已经含有普遍意义的"人"的寓意。

邓小平在建设有中国特色社会主义的实践中，总结和概括了社会主义的本质内涵，将一切促进社会主义生产力发展和维护祖国统一的人们都纳入到"人民"的范围中来，尊重人民群众的首创精神，追求人们思想的解放和个性的解放，始终坚持把"人民拥护不拥护"、"人民高兴不高兴"、"人民答应不答应"、"人民赞不赞成"作为制定各项方针政策的出发点和归宿，作为判断各项工作成败得失的最高标准，并且正面回应了西方国家对中国人权保障的质疑，提出讲人权不能脱离中国的实际情况。

在继承毛泽东和邓小平人民利益至上思想的基础上，江泽民同志集全党智慧提出了"三个代表"重要思想，其根本点和落脚点就是"中国共产党始终代表中国最广大人民的根本利益"，将人民的根本利益与先进生产力和先进文化紧密联系起来，是切实关注人民利益生成、提升和维护的"以人为本"思想。江泽民秉持"立党为公，执政为民"的思想，认为

"必须始终把体现人民群众的意志和利益作为我们一切工作的出发点和归宿,始终把依靠人民群众的智慧和力量作为我们推进事业的根本工作路线"①,并第一次把人的全面发展确定为马克思主义关于建设社会主义新社会的本质要求。

时代迭新,以胡锦涛为总书记的党中央,提出坚持以人为本为核心,树立全面、协调、可持续的科学发展观,在处理好人与自然、人与人、人与社会之间关系的过程中,促进经济社会和人的全面发展。强调发展成果由人民共享。科学发展观表现出对人的全面发展的多维度关注,既注重多样主体的人,也注重发展向度的全面性,更倡导构建社会主义和谐社会,为人的全面发展营造良好的社会氛围和发展理念。

以习近平总书记为核心的新一代领带集体,接过中国特色社会主义建设事业的接力棒,积极改善民生、创新社会治理,紧扣人民最关系最直接最现实的利益问题,把关注民生作为对以人为本执政理念最具体的贯彻和坚持。习近平总书记曾说:"人民对美好生活的向往,就是我们的奋斗目标。"② 保障和改善民生一环接一环,没有终点站,应坚持政策要托底、办好人民满意的教育、精准抓好就业、促进收入分配更合理有序、建立健全更加公平和更可持续的社会保障制度、提高人民健康水平以及促进人口均衡发展,增强全体人民群众在改革浪潮中的获得感,这是以人为本理念最鲜活、最生动的体现。

(2) 和谐社会与和谐世界构想的提出

社会和谐是中国特色社会主义的本质属性,也是中华优秀传统文化的核心精神,和谐社会构想有其悠久的历史文化渊源。早在先秦以前,"和谐"便以含义多样化的形式出现在中国古代思想当中。周成王以"和"谓之和平,左丘明以"和"与"谐"谓之国家强盛,继而孔子创设了"天下为公"的"大同社会",其"和而不同"思想被后世学者不断继承发展。至陶渊明作《桃花源记》示其对美好生活的向往,再至康有为作《大同书》倡博爱平等生活之理想制度,后至孙中山的"天下为公"思想等,均为中国传统文化中和谐社会思想的时代表现。中国传统文化中的和谐社会观囊括了个人自身和谐、社会内部和谐、人与自然和谐三个方面的基本思想,较全面、系统地论述了和谐社会的要求、表征和意义。

---

① 江泽民:《论"三个代表"》,中央文献出版社2001年版,第151页。
② 《习近平谈治国理政》,外文出版社2014年版,第4页。

中国共产党对构建社会主义和谐社会的认知同样历经了一个从"为什么要构建和谐社会"到"构建怎样的和谐社会"再到"怎样构建和谐社会"的演变历程。毛泽东在社会主义建设初期，就在政治上提倡又有民主又有集中，又有纪律又有自由，又有统一意志，又有个人心情舒畅、生动活泼的政治局面，提出与民主党派"长期共存，互相监督"的方针；在文化上提出"百花齐放、百家争鸣"和"古为今用、洋为中用"的文化方针。这些措施可视作构建社会主义和谐社会的萌芽。邓小平的和谐社会思想为构建社会主义和谐社会奠定了坚实基础。其关于社会主义本质的论述，提出了"共同富裕"的最终目标，认为应推动不同群体、不同地区之间的协调发展，坚持物质文明和精神文明两手抓，两手都要硬，研判了和平与发展的时代主题，更提出"一国两制"构想，实现了一国背景下，两种主义的和谐发展。江泽民面对多样化、复杂化的国际国内形势，坚持处理好改革、发展、稳定三者之间的关系，实施可持续发展战略，推动物质文明、精神文明、政治文明"三位一体"协调发展，通过加强东、中、西三部的经济交流与合作，促进各地区间的均衡发展，并注重发展独立自主的和平外交政策，主张在维护世界多样性的同时，倡导国际关系民主化和发展模式的多样化。

2006年10月，党的十六届六中全会审议通过了《中共中央关于构建社会主义和谐社会若干重大问题的决定》，系统阐述了社会主义和谐社会的性质和定位，阐明了构建社会主义和谐社会的指导思想、目标任务、工作原则和重大部署。构建社会主义和谐社会理论体系历经酝酿、成熟、发展，在胡锦涛为总书记的第三代中央领导集体的集思广益下正式落成。文件指出，构建社会主义和谐社会，应遵循坚持以人为本、科学发展、改革开放、民主法治、正确处理改革发展稳定的关系和在党的领导下全社会共同建设的原则，协调城乡、区域，推动劳资、教育、医疗、文化、生态等方面朝着更为和谐的方向挺进，加强制度建设、完善社会管理、构建和谐文化、激发社会活力、加强党的领导，充分调动中华优秀传统文化中的"和谐"因素，为把我国建设成为富强民主文明和谐的社会主义现代化国家而奋斗。

2005年4月22日，胡锦涛同志在亚非峰会讲话中倡导亚非国家应平等、友好相处，共谋发展繁荣，第一次提出"和谐世界"的理念，引起了世界各国的强烈反响和广泛共鸣。2007年在党的十七大报告中，胡锦涛系统阐述了"和谐世界"的深刻内涵，强调建设持久和平、共同繁荣的和谐世界离不开国际社会的携手努力。因此，在国际关系中，应该坚持《联合国宪章》的宗旨和原则，遵守国际法和公认的国际关系基本原则，弘扬民主、和睦、协作、共赢精神。政治上，不论国家大小强弱都应相互尊重，坚持以平等协商的方式妥善解决问题，增进国际关系民主化的势头；经济上实现优势互补、合作共赢，促进世界各国共同繁荣发展；文化上尊重各民族的文化差异，彼此借鉴，在求同存异中促进人类文明繁荣进步；安全上加强对话与交流，加深理解，增进各国间的相互信任，增强协作，坚持用和平方式解决国际间的冲突，反对用武力作威胁，共同应对纷繁复杂的挑战，致力于维护世界的和平与稳定；环保上互相帮助、携手合作，应对全球生态危机，共同呵护美丽的地球家园。党的十八大报告强调和平与发展是中国特色社会主义的必然选择。要坚持开放、合作与共赢的发展，既要通过积极争取和平的国际环境发展自己，又以中国良好的发展维护世界和平，推动建设共同繁荣的和谐世界。

新时期，以习近平同志为核心的党中央，在"四个全面"战略部署下，坚持维护社会和谐稳定，创新维稳理念、妥善处理社会矛盾、着力推进平安中国建设。同时提出，在当前世界的经济全球化环境下，建立国际经济政治新秩序是构建和谐世界的重要一环，在和谐世界的构建中起着举足轻重的作用。这既体现了我国愿意承担世界责任的负责任的大国形象，又体现了马克思主义的基本原则，体现了我国传统文化中的"和合"思想，更体现了正在日益强大的中国愿意与全世界人民和谐共处的美好理想，是中国特色社会主义文明向世界的延伸与传播。

中国特色社会主义文明与生俱来地带有"和谐"气质，和平发展也一直是贯穿于中国特色社会主义道路内外的标志性特征。构建社会主义和谐社会、提倡共建和谐世界是中国共产党在结合当代中国国情的基础上，汲取中国传统社会和谐观中的积极成分，参酌马克思主义的和谐社会理论进行开拓创新的理论成果和实践成果，是中国共产党对社会主义建设规律和共产党执政规律的复酌与深化认知，表现出中国人民从古至今对美好生活的向往和求索，也展现出中华文明中"和谐社会观"、"和谐世界观"的培生塑成。

（3）社会主义核心价值观的培育和践行

习近平总书记说道："人类社会发展的历史表明，对一个民族、一个国家来说，最持久、最深层的力量是全社会共同认可的核心价值观。"①
核心价值观在不同的时代、不同的民族、不同的国家，会有不同的表现，都有属于那个时代、那个民族、那个国家的历史印迹。中国文明的发展，推动着中国社会核心价值观更迭，中华文明的精髓尽藏于此。多元思想的诞生，往往也意味着文化上的突破以及新的社会价值观念的伴生。儒家学说一度以其与中国古代政治伦理的高度契合性而长期占据着社会主流意识形态的地位。"仁"是儒家思想的基本价值理念，也是中国文化的核心理念，于是便有了传统社会价值观的雏形。经过"三纲五常"、"三教合一"、"儒主佛辅"以及制度化与制度改革、马克思主义及其中国化的多次冲击，中国传统社会核心价值观念出现了几次大整合的趋势。文化上的交流、思想上的革新，是促成几次大整合的重要原因。但中国社会核心价值观的演变，始终秉持一根核心主线，辅之以多层面的价值观念。

毛泽东在党的七大上明确指出："将中国建设成为一个独立、自由、民主、统一和富强的新国家"②独立、自由、民主、统一、富强构成了毛泽东社会主义核心价值观的基本内容；邓小平理论开创了中国特色社会主义理论体系的先河，确立了共同富裕、民主法制、爱国主义等社会主义核心价值观念；江泽民对社会主义核心价值观作了很大的丰富，以"三个代表"重要思想为主轴，确立了先进生产观、先进文化观和人民利益观；胡锦涛为社会主义核心价值观的正式提出夯实了根基，用科学发展观彰显了人本价值取向和全面、协调、可持续发展的价值自觉，促使我党对发展模式的思考将科学原则与价值原则相统一。

2006年10月，党的十六届六中全会上《中共中央关于构建社会主义和谐社会若干重大问题的决定》首次提出社会主义核心价值体系的概念，并对其内涵做出明确界定，即马克思主义指导思想、中国特色社会主义共同理想、以爱国主义为核心的民族精神和以改革创新为核心的时代精神、以"八荣八耻"为主要内容的社会主义荣辱观。党的十七大更明确将社会主义核心价值体系概括为"社会主义意识形态的本质体现"，以其增强社会主义意识形态的吸引力和凝聚力。党的十七届六中全会上《中共中央关于深化文化体制改革推动社会主义文化大发展大繁荣若干重大问题的决定》中，提出："社会主义核心价值体系是兴国之魂，是社会主义先进

---

① 《习近平谈治国理政》，外文出版社2014年版，第168页。
② 《毛泽东选集》第3卷，人民出版社1991年版，第1053页。

文化的精髓,决定着中国特色社会主义的发展方向"①。于此,基于多年理论与实践的探索和总结,党的十八大提出"三个倡导",即"倡导富强、民主、文明、和谐,倡导自由、平等、公正、法治,倡导爱国、敬业、诚信、友善,积极培育和践行社会主义核心价值观"②。"三个倡导"分为三个层次,回答了我们要建设什么样的国家、建设什么样的社会、培育什么样的公民的重大现实问题。社会主义核心价值观的形成,既是一个理论建构的过程,也是一个实践生成的过程。

2013年12月,中共中央办公厅印发了《关于培育和践行社会主义核心价值观的意见》,明确指出:"社会主义核心价值观是社会主义核心价值体系的内核,体现社会主义核心价值体系的根本性质和基本特征,反映社会主义核心价值体系的丰富内涵和实践要求,是社会主义核心价值体系的高度凝练和集中表达。"③ 强调把培育和践行社会主义核心价值观融入国民教育全过程、落实到经济发展实践和社会治理中,加强社会主义核心价值观宣传教育。2014年10月,中共教育部党组、共青团中央联合下发《关于在各级各类学校推动培育和践行社会主义核心价值观长效机制建设的意见》,提出推动社会主义核心价值观融入教育教学、融入社会实践、融入文化育人、融入制度建设,并加强研究和传播。习近平总书记曾说:"培育和弘扬社会主义核心价值观必须立足中华优秀传统文化。……对历史文化特别是先人传承下来的价值理念和道德规范,要坚持古为今用、推陈出新,有鉴别地加以对待,有扬弃地予以继承,努力用中华民族创造的一切精神财富来以文化人、以文育人。"④ 让中华优秀传统文化成为涵养社会主义核心价值观的重要源泉。

中华文明未曾中断,对中国历代社会核心价值观的把握和传续,是社会主义核心价值观提出的根本前提。当代中国社会主义核心价值观既是对中国传统社会价值观的批判与创造,也是对资本主义价值观的扬弃与超越。培育和践行社会主义核心价值观是中国特色社会主义文明发展的精神

---

① 《中共中央关于深化文化体制改革推动社会主义文化大发展大繁荣若干重大问题的决定》,《人民日报》2011年10月26日。
② 胡锦涛:《坚定不移沿着中国特色社会主义道路前进 为全面建成小康社会而奋斗——在中国共产党第十八次全国代表大会上的报告》,人民出版社2012年版,第31页。
③ 《关于培育和践行社会主义核心价值观的意见》,《人民日报》2013年12月24日第1版。
④ 《习近平谈治国理政》,外文出版社2014年版,第164—165页。

需求，也是中国特色社会主义文明的鲜明特征表现。

3. 社会主义中华文明是博采众长、史无前例的文明形态

文明形态指处于一定历史发展阶段或一定类型的文明。文明形态是一个带有文化相对论的历史观，任何一个民族或一个国家在一定时期的文明形态都是这个民族或国家独有的，即便从文明形态的划分来看，文明形态似乎没有超出前文明、农业文明、工业文明和生态文明等形态更迭的模式，但在同一文明范围内，各个民族或国家文明形态的独立性与唯一性使得文明形态的发展具有多样性和可创性，这也是由各个民族或国家特殊的历史文化背景及现有实际国情决定的。中国特色社会主义文明反映了人类文明发展一般规律、社会主义文明发展一般规律，同时反映了中国特色社会主义发展规律。

中国特色社会主义文明生发于中华文明这片沃土，但并不局限于中华文明的围墙内。马克思主义认为社会主义代替资本主义是人类社会形态更替的必然趋势，但从未否定或者无视资本主义所创造的辉煌的文明成果。中国共产党以丰富的政治智慧承继了资本主义时代一切有利于社会主义自身发展的文明成果，使得中华文明的土壤中注入了新的养分，从而诞生了人类文明史上一个全新的文明形态。这种文明形态是破除了原来以过分的高度集中为主要特征的社会主义苏联模式的文明形态，是持守科学社会主义基本原理，紧扣中国国情和时代特征的文明形态。中国特色社会主义的经济、政治、文化、社会、生态及外交等方面充分展现了这种全新文明形态的特征和优越性。

中国特色社会主义经济在坚持马克思主义基本原则的前提下，习用西方经济学分析工具，确立和发展中国特色社会主义经济理论。中国特色社会主义提出建立社会主义市场经济体制，摒除对市场经济的资本主义属性定位，结合计划和市场两种手段，在更好发挥政府作用下使市场在资源配置中起决定性作用，建立起以公有制为主体、多种所有制经济共同发展的基本经济制度，使社会主义和市场经济双方优势得以最大化的发挥；实行以按劳分配为主体、多种分配方式并存的分配制度，把按劳分配和按生产要素分配结合起来，调节资源在各部门的合理划制，着重效率与公平的统一；加快实施创新驱动发展战略，推进供给侧结构性改革，推进以人为核心的新型城镇化，紧抓"三农"工作，主动适应、把握、引领经济发展新常态；对外坚持"引进来"和"走出去"相结合的原则，充分利用国

际国内两个市场，拓宽改革和发展的空间；用社会主义核心价值体系引领市场经济体制的发展，建立和完善与社会主义市场经济相适应的社会主义思想道德体系，确保社会主义市场经济体制的发展方向。

中国特色社会主义民主政治坚持马克思主义为指导思想，以建立中国特色社会主义政治文明为发展目标，遵循中国共产党的领导、人民当家作主和依法治国三者有机统一的根本原则，确立了以人民代表大会制度为根本政治制度，中国共产党领导的多党合作和政治协商制度、民族区域自治制度以及基层群众自治制度等为基本政治制度的基本制度框架。同时，建立中国特色社会主义法律体系，坚持依法治国与以德治国相结合，渐进推动政治体制改革和政治模式发展，实行自上而下、自上而下和上下结合的、多样性与同一性相间的复合式民主推进模式，巩固和发展最广泛的爱国统一战线，全面贯彻党民族政策和宗教政策，提出和丰富了"一国两制"实践。在社会主义民主政治建设的进程中，我们仍然坚持解放思想、实事求是、与时俱进，意识到政治文明的普遍性与特殊性之间的辩证关系，有选择地吸收西方优秀政治文明成果，更好地为中国特色社会主义民主政治发展服务。

在中国特色社会主义文化建设上，中国共产党始终坚持马克思主义的指导思想地位，坚持"百家争鸣、百花齐放"的方针，大力发展中国特色社会主义先进文化，传承和弘扬中华优秀传统文化，积极培育和践行社会主义核心价值观；推动中国特色社会主义物质文明与精神文明协调发展，抓好理想信念建设和创新能力培养，重视思想道德文化与教育科学文化的两轨并行；深化文化体制改革，实现公益性文化事业和经营性文化产业双轮驱动共同发展，从而激发全社会的文化创造活力；把握好以人民为中心的创作导向，深刻认识和处理好文艺与人民的辩证关系，促进了社会主义文化大发展大繁荣；充分吸收一切人类文明成果，注重世界文明之间的交流、互鉴，推动中国特色社会主义文化走向世界，讲好中国故事、传播好中国声音、阐释好中国特色；自觉抵制不良西方文化的侵入，严防网络空间中不良信息的散布，合力共建网络空间命运共同体；以树立高度的文化自觉和文化自信、增强国家文化软实力、构建社会主义文化强国为发展目标。

中国古代的思想文化中，强调"修身、齐家、治国、平天下"，几乎没有"社会"这个中层概念。胡锦涛"中国特色社会主义事业总体布局"

概念的提出、融入社会建设的"四位一体"中国特色社会主义事业总体布局的形成，正式拉开了中国特色社会主义社会文明的序幕。社会主义和谐社会构想的提出，为中国特色社会主义社会文明提供了坚实的理论依据。中国特色社会主义社会建设秉持以人为本、公平正义、循序渐进的原则，以构建社会主义和谐社会、促进社会公平正义、增进人民福祉为目标，建立了党委、政府、社会组织、公民等多元化的社会治理主体格局，弘扬了民主精神和法治精神，着力于改善民生、发展社会事业。面对新时代新形势的挑战，习近平提出要坚决打赢脱贫攻坚战，维护国家安全和社会安定，推进社会改革事业和社会管理改革，在改善民生和加强社会治理中推进社会建设。

中国自古便有对人与自然关系的思考，从人与自然的对立到人与自然的和谐，再到美丽中国建设，无不显示出中国人民对"生态"问题的认知。新中国成立以来，中国共产党历届党中央领导集体都对中国特色社会主义生态文明建设进行了有益探索，中共领导集体渐渐意识到环境保护、资源节约的重要性，及其与社会和谐、可持续发展之间的紧密联系。2002年，党的十六大提出走"生产发展、生活富裕、生态良好的文明发展道路"。2007年，"生态文明"概念写进十七大报告，明确提出"建设生态文明"的任务。2012年，党的十八大明确提出"社会主义生态文明"概念，并提出"建设美丽中国"理念，至此，中国特色社会主义建设实现了"五位一体"的总布局。中国特色社会主义生态文明促进了发展模式向着确立绿色GDP核算模式、资源节约型、环境友好型社会转变，并以环境政策与环境法律体系为其重要的制度保证。中国特色社会主义生态文明是在继承和发展马克思主义中生态思想的基础上，立足本国国情，借鉴世界发展经验和理论，在中国共产党领导中国人民开展中国特色社会主义建设实践的过程中创生出来的，是工业文明和资本主义现代文明无法比拟的现代文明。

新中国成立之初，我国就树立起独立自主的、开放的外交政策，坚定不移地走和平发展道路。从"三个世界"到"和谐世界"认知的转变，我国的外交思想和外交政策发生了很大程度的质变。构建和谐世界的主张体现了我们党对于当今国际形势准确科学的判断，体现了中国特色社会主义的价值取向，给在西方体制和西方价值观念主导下的世界所存在的种种顽疾提供了一个最佳修正方向和最终解决思路。党的十八大以来，我国统筹国内国际两个大局,积极实施"一带一路"战略,加强中国与周边国家的互利共赢、与各方关系的全面发展,推动全球治理体系朝着更加公正合理的方向发展。2015年9月,习近平总书记在纽约联合国总部出席第七十届联合国大会一般性辩论时,倡导构建以合作共赢为核心的新型国际关系,打造人类命运共同体,再次肯定了中国始终作为世界和平的建设者、全球发展的贡献者和国际秩序的维护者的角色。

三 中国特色社会主义在多层面上推进了人类文明的发展

文明是一个历史范畴,在本质上是实践的。中国特色社会主义文明是中国特色社会主义实践的产物,是中华文明发展的新阶段,是一种全新的文明形态,在多层面上推进了人类文明的发展。依从中华文明发展史——社会主义文明发展史——世界文明发展史的解读脉络,我们对中国特色社会主义的解读视野呈现一个层次递进的方式。三个层次重叠递增,这是中国特色社会主义文明与生俱来的存在维度,因此它对人类文明发展的推动才是多层面的,不是为拔高中国特色社会主义文明而有意为之的过度解读。

(一) 谱写了中华文明史的时代续章

历代迭兴,中华文明没有被历史发展的浪潮所吞噬,而是裹挟着中华民族特有的历史文化特点奔涌向前。中华文明进至近现代,遭遇前所未有的冲击和阻碍,也促使中华文明自身内省复酌。中华文明与其他文明不同,其前进的步伐因负重的增加而愈益沉重,而不能像其他文明一样轻装前行。然而,日积月累的历史文化"负重"却使得中华文明前进的步伐更加殷实。中华文明蕴藏着丰富的中国智慧与经久不衰的民族精神,在面对现代化挑战中,中华文明采取古义调和、兼采八方、迎难而上的开放和坚定的态度,酿造出灿烂、先进的中国特色社会主义文明。如习近平总书记所说:"中华民族创造了源远流长的中华文化,中华民族也一定能够创造出中华文化新的辉煌。"[①] 中国特色社会主义不是凭空而生,而是在中

---

① 《习近平谈治国理政》,外文出版社2014年版,第156页。

华文明不同的时代选择中、在现代与传统双向互动的过程中破壳而出，也将谱写中华文明更为华丽的续章。

如前文所述，中华文明以其得天独厚的地理环境和庞大的人口、政治上的高度统一及独有的性质延续至今，并创造了繁盛的中华文明。中华优秀传统文化集中展现了中华文明在物质层面和精神层面的文明成果，包括个人、家庭、国家及其之间的关系等内容，概括出由核心价值理念、生活行为规范、崇高理想信念等构成的民族文化精神，形塑了中华民族的信仰追求和价值取向、文明准则和风俗习惯、思维方式和生活方式，展现了中华民族的性格和气魄。与西方文明中以个人为本位、宗教信仰、法治理念不同，中华文明更强调个人对于他人、对于社群的责任，强调社群价值高于个人价值，并且力倡协调与和解，主张和而不同。

2014年5月4日，习近平总书记在北京大学师生座谈会上的讲话中深刻总结了中华文化的精髓理念，认为"中华文化强调'民惟邦本'、'天人合一'、'和而不同'，强调'天行健，君子以自强不息'、'大道之行也，天下为公'；强调'天下兴亡，匹夫有责'、主张以德治国、以文化人；强调'君子喻于义'、'君子坦荡荡'、'君子义以为质'；强调'言必信，行必果'、'人而无信，不知其可也'；强调'德不孤，必有邻'、'仁者爱人'、'与人为善'、'己所不欲，勿施于人'、'出入相友，守望相助'、'老吾老以及人之老，幼吾幼以及人之幼'、'扶贫济困'、'不患寡而患不均'，等等。"[①]且要求深刻阐发中华优秀传统文化讲仁爱、重民本、守诚信、崇正义、尚和合、求大同的时代价值。除上述所论涉及中国古代政治理念、伦理思想及与人相处之道以外，中华优秀传统文化更含括着丰富的内省齐贤、慎独至善的修身文化，从"人皆可以为尧舜"为出发点，经"化性起伪"、"积善成德"的道德修养论，到"知礼成性，变化气质"的修养之道，再到"自存本心"、"致良知"的修德思想。中华文明提出，惟有格物、致知、诚意、正心方可修身，唯有修身方可齐家、治国、平天下。个人还应立志高远，"穷则独善其身，达则兼济天下"，倡导"为天地立心，为生民立命，为往圣继绝学，为万世开太平"，横渠四句道出了中国古代学者的责任担当和理想追求。

中国特色社会主义文明承前启后、继往开来，接过书写中华文明崭新

---

① 《习近平谈治国理政》，外文出版社2014年版，第170页。

篇章的重任,根据当代中国特色社会主义建设实际,考量现时代的时代表征,在继承和运用中华优秀传统文化智慧结晶的同时,赋予其中国特色社会主义的内容和色彩。中华文明是中国特色社会主义不容逃避的文化基因,正视、提炼以及转化、发展才是对待中华文明的正确态度。将中华文明发展史融入社会主义文明发展史当中,增阔了中华文明史的内容,也引领中华文明迈向新的纪元。中国特色社会主义文明不仅是时代的产物,也是多种文明交汇融合的产物,既持守了中华文明自身特性,又不断贯入新的元素。中国特色社会主义的思想路线、发展战略、执政理念、治国方略、制度建设等方面均浸透着中华文明的印迹,中华文明通过中国特色社会主义经济建设、政治建设、文化建设、社会建设、生态建设以及外交政策和外交活动表现得淋漓尽致,世界可以从中国特色社会主义建设事业的结构布局中看到中华文明的积极成果和中华民族的性格气质。中国特色社会主义文明延续着中华文明的辉煌,延长了中华文明史的向度,是中华文明史的当代篇章。

(二) 延拓了社会主义文明史的发展维度

自 16 世纪初起,世界社会主义 500 年的发展史,波澜壮阔、跌宕曲折,曾一度影响了整个欧洲,并达于美洲,是人类文明发展史中一个重要的组成部分。社会主义文明史建基于世界社会主义运动之中、建立在世界社会主义理论与实践探索之上,为世界文明史增添了新的分支,表达了世界人民对美好社会的无限憧憬。社会主义文明经历了从空想到科学、从理论到实践、从一国到多国实践发展的过程,积累了宝贵的经验教训。中国特色社会主义文明是社会主义文明发展史中璀璨的一条支流,延伸着社会主义文明的发展路线,拓展了社会主义文明的发展内容,为社会主义文明史作出了无以代的贡献。

资本主义的发展、剥削和掠夺的日渐加深,促成了社会主义思想的产生。从 16 世纪托马斯·莫尔的《乌托邦》、托马斯·闵采尔的"千载太平之国"和托马斯·康帕内拉的《太阳城》,到 17 世纪中叶至 18 世纪末杰拉德·温斯坦莱的《自由书》,以及摩莱里、马布利、巴贝夫等人的空想社会主义思考,再到 19 世纪三大空想社会主义者圣西门、傅里叶和欧文,直至 19 世纪马克思、恩格斯创立了科学社会主义,世界社会主义运动真正开幕。社会主义从思想萌芽到实践尝试,从零星想法到体系理论,从空想原野到科学田地,实现了社会主义历史性的跨越。继而,科学社会主义理论在俄国得以实践,建立了苏维埃政权,随之苏联、南斯拉夫、匈牙利和波兰、保加利亚、罗马尼亚、阿尔巴尼亚、捷克斯洛伐克、蒙古、越南、朝鲜、古巴、老挝、中国等国家开始了社会主义建设道路的探索。20世纪90年代,苏联解体、东欧剧变,世界社会主义事业遭受前所未有的严重打击,各国开始反思、调整与变革社会主义制度。21世纪以来,中国特色社会主义脱颖而出,重新唤起了人们对社会主义的信心。

中国共产党历届领导集体,坚持以马克思列宁主义为指导,坚定中国特色社会主义才能发展中国的信念,逐渐提高对社会主义的认知水平,不断开创中国特色社会主义新道路、新格局,毫不动摇地沿着中国特色社会主义道路稳步推进。十八大以来,以习近平同志为核心的党中央,提出实现中华民族伟大复兴的中国梦战略思想,部署了"四个全面"战略布局,树立起创新、协调、绿色、开放、共享的五大发展理念,构建以合作共赢为核心的新型国际关系,正视和治理国家改革发展过程中出现的问题,为中国特色社会主义的进一步发展铺就砖瓦、扫清障碍。我党充分意识到社会主义代替资本主义仍然是历史发展的总趋势,社会主义本质是具有统一性的,而社会主义发展道路、发展形式则是多样性的,各个国家不同的生产力发展状况和社会发展阶段,以及各国的历史文化传统的差异性,决定了各国社会主义发展道路的特殊性和多样性。我党依据我国实际,创就了中国特色社会主义文明,取得了举世瞩目的成就,向全世界展示出社会主义文明的无限生机和无比优越性。中国特色社会主义道路的开辟、中国特色社会主义理论体系的建立,使得中国坚守和巩固了我国的社会主义阵地,经受住了东欧剧变、苏联解体的冲击,突出了西方国家对中国进行经济制裁和政治孤立的重围,创造了惊叹世人的"中国奇迹",坚定了中国特色社会主义的道路自信、理论自信和制度自信。

尽管中国特色社会主义仍在"进行时",但"随着中国特色社会主义不断发展,我们的制度必将越来越成熟,我国社会主义制度的优越性必将进一步显现,我们的道路必将越走越宽广。"① 中国特色社会主义文明书写了社会主义文明发展的新章程,开创了大国崛起的和平发展之路,极大地推动了世界社会主义事业的发展,为社会主义各国的建设与改革提供了

---

① 《习近平谈治国理政》,外文出版社2014年版,第22页。

有益借鉴。中国特色社会主义道路、中国特色社会主义理论体系、中国特色社会主义制度、中国特色社会主义文化等延拓了社会主义文明史的发展维度。

（三）增添了世界文明史的内容厚度

从世界文明发展史角度解析中国特色社会主义文明所作的贡献，是中国特色社会主义参与世界文明进程的必然选择，是深刻审视中国特色社会主义文明世界意义的必由之径。中国特色社会主义文明从文明成果、文明发展道路以及直接参与世界文明进程等方面增添了世界文明史的内容厚度。

世界文明的发展历史，是由各文明体系的发展、演变历史构成，是人类所创造的全部物质成果和精神成果的总和。中华文明是世界文明中最多彩绚烂、最源远流长的文明，而中国特色社会主义文明是中华文明中最前沿的文明华章，因而中国特色社会主义文明也是世界文明的重要成分。在中国特色社会主义建设实践中，中国特色社会主义物质文明、精神文明、政治文明、生态文明建设在形塑中国特色的社会主义现代化国家之时，也创造了人类文明发展的诸多奇迹。中国特色社会主义文明与世界文明有着相辅相成、互相促进的辩证关系。中国共产党始终坚持继承和吸收人类创造的一切文明成果的态度，用以投入中国特色社会主义事业建设和发展过程中。无论是在经济体制、政治体制的建立和改革上，还是在文化体制、生态文明建设中的创新运用中，无一不反映出我国对人类文明的借鉴融合，不管是资本主义文明成果还是别国社会主义文明探索经验。反之，中国特色社会主义文明扩展了人类文明发展的新空间，开辟了一条由农耕文明向现代文明跨越的发展之路，其创获的文明果实又成为充实和深入推进人类文明发展的重要条件。

中国用不争的事实和坚如磐石的信念回答了世界的疑惑，世界文明的发展并不存在"西方中心论"、"历史终结论"以及"文明冲突论"等谬语。中国特色社会主义并没有按照西方文明的发展逻辑，走资本主义道路；也没有让人类文明史终结于资本主义文明之下；更没有将自身文明与其他文明相对立，酿造亨廷顿眼中的冲突浪潮。中国特色社会主义以马克思主义的科学社会主义理论为指导，走出了一条独具特色的中国社会主义发展道路，没有让人类文明止步于资本主义文明，迫使福山开始认真审视中国发展道路的科学之处。中华文明历来就有海纳百川、兼收并蓄的特性，中国特色社会主义文明更不例外，这意味着中国特色社会主义文明中本身并不含有与其他文明相冲突的因子。2014年3月，习近平总书记在联合国教科文组织总部演讲中说道："文明因交流而多彩，文明因互鉴而丰富。文明交流互鉴，是推动人类文明进步和世界和平发展的重要动力。"[1] 在中国人的文明历史观中，文明就是多彩的、平等的、包容的，文明就是要交流互鉴中发展。中国特色社会主义道路的成功，确证了人类文明发展道路的多样性；中国特色社会主义的文明交流互鉴理念，为大多数经济文化落后的国家借鉴中国的成功经验提供了可能。总之，文明间的交锋交融交汇都将由冲突转为融洽，其中中国特色社会主义文明扮演着推动人类新文明时代到来的重要角色，驱使文明走向和谐。

在中国特色社会主义文明建设和发展进程中，中国也一直树立起中国特色的大国外交理念，主动承担国际责任，积极参与国际事务，加强对国家社会的支援与合作。2015年11月，习近平出席巴黎气候变化大会并作讲话，在"国家自主贡献"中提出，将在2030年左右使二氧化碳排放达到峰值并争取尽早实现，2030年单位GDP排放比2005年下降60%—65%，非化石能源占一次能源消费比达20%。[2] 2015年12月，习近平出席中非合作论坛约翰内斯堡峰会开幕式，并作了《开启中非合作共赢、共同发展的新时代》的讲话，提出中方愿在未来3年同非方重点实施"十大合作计划"，提供总额达600亿美元的资金。这些举动彰显了中国的大国形象，凸显了以和平、发展、合作、共赢的理念为核心原则的中国特色大国外交，直接推动了当今世界文明的发展。可见，这样的中国特色社会主义外交文明，不仅有利于解决发展中国家在发展过程中遇到的困境和难题，而且为缓解西方发达国家社会经济发展中固有的顽疾和矛盾提供了一种新的思考方式。中国特色社会主义文明对世界文明的贡献不受文明类型和社会属性的限制。

---

[1] 《习近平谈治国理政》，外文出版社2014年版，第258页。
[2] 习近平：《携手构建合作共赢、公平合理的气候变化治理机制——在气候变化巴黎大会开幕式上的讲话》，《人民日报》2015年12月1日。

第四章　中国特色社会主义同几种模式的比较

在人类文明的发展进程中，不同的道路、模式是出于不同历史积淀下的社会发展路径选择。第二次世界大战后，"模式"这一概念被广泛使用，主要指一个国家在发展政治、经济和文化等各项事业中形成的方法论和标准样式，是社会制度、体制和发展道路的统一。当谈到模式所具有的借鉴意义时，不是指可以被模仿与复制，而是指模式本身具有自己的鲜明特色。当今世界各个国家发展模式各有差别，因划分的标准及观察视角的不同而有不同的表述，大体上分为社会主义发展模式和资本主义发展模式两大类。但是同一种社会制度的国家在发展模式上会呈现出多样性和差异性，如社会主义模式，有马克思主义科学社会主义设想的经典模式和科学社会主义从理想变为现实后形成的苏联模式；资本主义模式主要有发达资本主义国家的盎格鲁—撒克逊模式、莱茵模式和发展中资本主义国家的"拉美模式"、俄罗斯"激进转轨模式"等。即使是同一个国家在不同发展时期的发展模式也不一样，甚至同一时期内由于各地区经济社会发展水平不平衡而形成的发展模式也呈现出多样性。将中国特色社会主义与其他具有典型意义的发展模式从不同的视角加以比较，可以发现哪些东西是需要学习的，哪些东西是应该坚决摒弃的，哪些东西是属于我们自己并且必须坚守的，从而彰显社会主义在当今人类文明发展进程中的"中国特色"，进一步展示中国特色社会主义的魅力。

一　中国特色社会主义与经典科学社会主义的比较

中国特色社会主义是科学社会主义与当代中国基本国情和时代特征相结合的成果，与科学社会主义既有本质上的联系，又有许多重大区别，是共性与个性、普遍性与特殊性的关系。2013年1月，习近平在论述世界社会主义发展史时指出，社会主义思想从提出到现在分为六个时间段，中国特色社会主义是这一发展历程中的一个时间段，强调"中国特色社会主义是社会主义而不是其他什么主义，科学社会主义基本原则不能丢，丢了就不是社会主义。""中国特色社会主义，是科学社会主义理论逻辑和中国社会发展的历史逻辑的辩证统一"[①]。当前，有学者认为，经典科学社会主义和中国特色社会主义是"源"与"流"的关系，二者不能进行比较，不能把它们没有区分的混在一起，否则经典科学社会主义的"源头"地位会被贬低，中国特色社会主义的"支流"定位也会变得模糊不清。黑格尔曾说："假如一个人能看出当前即显而易见的差别，譬如，能区别一支笔和一头骆驼，我们不会说这人有了不起的聪明。同样，另一方面，一个人能比较两个近似的东西，如橡树与槐树，或寺院与教堂，而知其相似，我们也不能说他有很高的比较能力。我们所要求的，是要能看出异中之同和同中之异。"[②] 以此为启示，只有对中国特色社会主义和经典科学社会主义进行对比与分析，把二者的同异关系研究透彻清晰，才能对这样的错误论调进行有理有据地回应和辨析；弄清楚哪些是必须坚持、继承的社会主义基本原则，哪些是不适合当今时代特点和中国国情而必须放弃的一些论断，使人更加明确地认识到，中国特色社会主义是符合时代发展要求的、适合中国国情的一种新型社会主义。

（一）科学社会主义的基本原则

社会主义一词最早出现在16世纪的英国，是由空想社会主义者针对资本主义剥削而提出的一种新的社会政治思潮。空想社会主义揭露和批判了资本主义社会的矛盾和罪恶，对未来社会做出了天才的猜测和描绘，是人类历史的进步。但空想社会主义者不了解资本主义雇佣奴隶制的本质及其发展规律，在批判资本主义制度、勾画未来社会的时候，都是从"人类理性"和抽象的"永恒正义"等原则出发。在他们看来，"社会主义是绝对真理、理性和正义的表现，只要它被发现了，它就能用自己的力量征服世界；因为绝对真理是不依赖于时间、空间和人类的历史发展的，所

---

① 习近平：《毫不动摇坚持和发展中国特色社会主义》，《人民日报》2013年1月6日，第1版。
② [德]黑格尔（G. W. F. Hegel）：《小逻辑》，贺麟译，商务印书馆1980年版，第253页。

以，它在什么时候和什么地方被发现，那纯粹是偶然的事情。"① 这就注定了空想社会主义者不能揭示资本主义必然灭亡的规律，他们设想的理想社会不可能实现。对此，马克思一针见血地指出，"空想社会主义力图用新的幻想欺蒙人民，而不是仅仅运用自己的知识去探讨人民自己进行的社会运动。"② 为了使社会主义摆脱虚幻的性质，就必须把它建立在科学的基础上。马克思、恩格斯批判地继承、吸收了德国古典哲学、英国古典政治经济学和英法空想社会主义的合理内核，创立了唯物主义历史观和剩余价值学说，阐明了资本主义必然被社会主义取而代之，从而把社会主义置于现实的基础之上，使社会主义完成了由空想到科学的转变，因此，马克思、恩格斯把自己的学说称为科学社会主义，以显示出他们的思想与空想社会主义的原则对立和本质区别。正如马克思在《巴枯宁〈国家制度和无政府状态〉一书摘要》中所指出的："'科学社会主义'，也只是为了与空想社会主义相对立才使用"③。

马克思和恩格斯在各个时期为阐述科学社会主义学说而写下了诸多有代表性的重要著作，包括：《1844年经济学哲学手稿》、《政治经济学批判大纲》、《神圣家族》、《英国工人阶级状况》、《德意志意识形态》、《共产党宣言》、《资本论》、《法兰西内战》、《哥达纲领批判》、《社会主义从空想到科学的发展》等。在这些文献中，马克思、恩格斯根据形势发展变化的需要，常常将"社会主义"作为"共产主义"的同义语使用。1875年，马克思在《哥达纲领批判》一文中，第一次明确提出了未来共产主义社会区分为两个发展阶段，指出从资本主义到共产主义高级阶段，之间有一个或长或短的政治上的过渡时期，这个时期的国家只能是无产阶级的革命专政。马克思主义创始人对未来社会没有设计详尽的具体方案，认为对未来社会蓝图"越是制定得详尽周密，就越是要陷入纯粹的幻想。"④ 他们主要是依据资本主义社会的基本矛盾和人类社会历史发展的规律对未来的社会的基本特征做出了科学预测：以生产力的高度发展为物质前提；废除私有制，实行普遍的生产资料公有制；没有商品生产和货币交换；按等量劳动领取等量产品；阶级和阶级对立消亡，作为阶级统治的工具国家

---

① 《马克思恩格斯选集》第3卷，人民出版社2012年版，第788—789页。
② 同上书，第341页。
③ 同上书，第341页。
④ 同上书，第781页。

自行消亡；人们将获得自由和全面的发展，等等。这些设想为后来的社会主义提供了最基本的思想理论基础。它论述的基本原则，是一切社会主义国家革命和建设实践必须遵循的根本准则。

（二）中国特色社会主义与科学社会主义的联系与区别

1. 基本经济制度方面的比较

第一，在所有制方面。对资本主义私有制的批判是马克思、恩格斯未来社会所有制理论的起点。他们认为，无产阶级获得解放只能是生产力的发展和生产关系变革的结果，消灭私有制是实现人类历史上最美好社会制度的根本途径。马克思和恩格斯把所有制问题作为社会主义运动的基本问题，他们在《共产党宣言》中提出，"共产主义革命就是同传统的所有制关系实行最彻底的决裂"[1]，消灭私有制。后来他们又把社会主义经济改造的公式概括为：生产资料归社会占有，并称这种所有制为社会所有制。在《资本论》第一卷中，马克思认为未来理想社会的生产者"他们用公共的生产资料进行劳动，并且自觉地把他们许多个人劳动力当做一个社会劳动力来使用。[……]这个联合体的总产品是一个社会产品。这个产品的一部分重新用做生产资料。这一部分依旧是社会的。"[2] 在《哥达纲领批判》中，马克思又进一步强调共产主义社会第一阶段是以生产资料公有制为基础的社会，"除了个人的消费资料，没有任何东西可以转为个人的财产"[3]。同时，马克思、恩格斯也强调，生产资料社会占有"在实现它的实际条件已经具备的时候，才能成为可能，才能成为历史的必然性"[4]。

中国特色社会主义实行的是以公有制为主体，多种所有制共同发展的基本经济制度，这是我们党根据社会主义性质和初级阶段的基本国情特别是社会生产力的总体水平与结构决定的。由于我国的社会主义是在半殖民地半封建社会的基础上经由短暂的新民主主义社会发展而来的，生产力发展水平远远落后于马克思主义创始人设想的发达的生产力发展程度，总体而言还不发达，发展不平衡，呈现出"四世同堂"的生产力格局，即原始生产力、手工生产力、机器生产力和现代生产力并存。因此，在基本经

---

[1] 《马克思恩格斯选集》第1卷，人民出版社2012年版，第421页。
[2] 《马克思恩格斯选集》第2卷，人民出版社2012年版，第126页。
[3] 《马克思恩格斯选集》第3卷，人民出版社2012年版，第363页。
[4] 同上书，第813页。

济制度方面我们不能实行马克思主义创始人所设想的单一公有制，而只能实行以公有制为主体，私营经济、外资经济、个体经济等非公有制经济为补充的多种所有制经济共同发展的所有制形式。中国特色社会主义的基本经济制度既坚持了马克思、恩格斯关于所有制理论的基本观点，又根据社会主义初级阶段实践发展的需要进行了理论创新，使社会主义社会的所有制具有鲜明的中国特色。

第二，在分配制度方面。马克思、恩格斯关于未来社会分配模式的设想，是与他们对未来社会生产资料所有制结构的设想紧密相关的。在《资本论》第三卷中，马克思指出："一定的分配形式是以生产条件的一定的社会性质和生产当事人之间的一定的社会关系为前提的。因此，一定的分配关系只是历史规定的生产关系的表现。"① 这就是说，有什么样的生产关系，就有什么样的分配方式。在社会主义社会即共产主义的第一阶段，由于实现了生产资料公有制，所以相应地在分配方式上必然要实行等量劳动领取等量报酬的原则，即按劳分配原则。马克思在《哥达纲领批判》中指出"每一个生产者，在作了各项扣除以后，从社会领回的，正好是他给予社会的。他给予社会的，就是他个人的劳动量。""他从社会方面领得一张凭证，证明他提供了多少劳动（扣除他为公共基金而进行的劳动），他根据这张凭证从社会储存中领得一份耗费同等劳动量的消费资料。他以一种形式给予社会的劳动量，又以另一种形式领回来"②。这种分配方式有着历史局限性，它还保留着某种"资产阶级权利"。因此马克思指出：只有到共产主义社会的高级阶段，"在迫使个人奴隶般地服从分工的情形已经消失，从而脑力劳动和体力劳动的对立也随之消失之后；在劳动已经不仅仅是谋生的手段，而且本身成了生活的第一需要之后；在随着个人的全面发展，他们的生产力也增长起来，而集体财富的一切源泉都充分涌流之后，——只有在那个时候，才能完全超出资产阶级权利的狭隘眼界，社会才能在自己的旗帜上写上：各尽所能，按需分配！"③

在社会主义实践中，我们对马克思主义创始人提出的按劳分配和按需分配两种不同分配方式所适用的发展阶段及具备的条件有过曲解，曾出现过抹煞差别、超越阶段的错误。现阶段，我们从社会主义初级阶段的生产

---

① 《马克思恩格斯选集》第 2 卷，人民出版社 2012 年版，第 652 页。
② 《马克思恩格斯选集》第 3 卷，人民出版社 2012 年版，第 363 页。
③ 同上书，第 364—365 页。

力发展水平出发,与所有制结构相适应,在公有制中,实行按劳分配,正如邓小平所指出的:"社会主义是共产主义第一阶段,这是一个很长的历史阶段,必须实行按劳分配,必须把国家、集体和个人利益结合起来,才能调动积极性,才能发展社会主义的生产"①。在其他的所有制结构中,实行按生产要素分配,确立了劳动、资本、技术和管理等生产要素按贡献参与分配的原则,兼顾效率与公平。这既坚持了马克思主义的按劳分配理论,又赋予了社会主义社会的分配原则以鲜明的中国特色。

第三,在经济体制方面。马克思、恩格斯关于未来社会计划经济的科学设想,是通过对资本主义经济制度的剖析和对资本主义经济发展规律深刻认识的过程中获得的。他们认为,在社会主义社会中,由于实行生产资料公有制,劳动成为直接的社会劳动,生产者不交换自己的产品,"用在产品上的劳动,在这里也不表现为这些产品的价值,不表现为这些产品所具有的某种物的属性,因为这时,同资本主义社会相反,个人的劳动不再经过迂回曲折的道路,而是直接作为总劳动的组成部分存在着。"② 因而,商品生产将退出历史舞台,社会实行有计划有组织的生产。"一切生产部门将由整个社会来管理,也就是说,为了公共的利益按照总的计划和在社会全体成员的参加下来经营。"③ 恩格斯在《反杜林论》中也指出:"一旦社会占有了生产资料,商品生产就将被消除,而产品对生产者的统治也将随之消除。社会生产内部的无政府状态将为有计划的自觉的组织所代替。"④

中国特色社会主义不是建立在马克思、恩格斯预见的资本主义社会生产力高度发达的基础上,社会主义初级阶段还不具备马克思主义创始人所设想的经济条件。由于劳动还是谋生的手段,由于还存在以劳动差别和经济利益差别的社会分工,所以,不能消除商品货币关系。因而,探索在社会主义经济制度中引入市场机制,就成了改革开放以来社会主义理论和实践发展中的一个核心问题。"社会主义必须建立市场经济体制",使市场在国家宏观调控下对资源配置起决定性的作用。中国特色社会主义市场经济体制是同社会主义基本制度结合在一起的,这既反映和体现了市场与市场经济的一般规律,又反映和体现了社会主义基本制度的要求。在社会主

---

① 《邓小平文选》第 2 卷,人民出版社 1994 年版,第 351 页。
② 《马克思恩格斯选集》第 3 卷,人民出版社,2012 年版,第 363 页。
③ 《马克思恩格斯全集》第 4 卷,人民出版社 1958 年版,第 365 页。
④ 《马克思恩格斯选集》第 3 卷,人民出版社 2012 年版,第 671 页。

义条件下发展市场经济,是旷古以来的历史性创举,是中国共产党人对马克思主义发展作出的历史性贡献。

2. 基本政治制度方面的比较

鉴于资本主义政治制度存在的历史和阶级局限性,马克思、恩格斯提出了自己的设想:以社会主义政治制度替代资本主义的政治制度。我们可以从国体与政体两个方面进行比较。

第一,关于社会主义国家的国体

国体是国家阶级本质的反映,国体问题是国家政权建设的首要问题。马克思和恩格斯认为,从资本主义到共产主义阶段要经历一个相当长的过渡时期,在这一时期,阶级并没有被消灭,阶级斗争依然存在,因此必须实行无产阶级专政。恩格斯早在1847年的《共产主义者和卡尔·海因岑》一文中就指出:"无产阶级的政治统治又是实行一切共产主义措施的首要前提"。[①] 马克思和恩格斯在《共产党宣言》一文中,提出无产阶级革命后不能立即进入无阶级的共产主义社会,而是要首先利用政权"一步一步地夺取资产阶级的全部资本,把一切生产工具集中在国家即组织成为统治阶级的无产阶级手里,并且尽可能快地增加生产力的总量"[②]。《宣言》问世不久,就迎来了1848年的法国革命,为阐述无产阶级革命的理论及策略,马克思写下了《1848年至1850年的法兰西阶级斗争》一文,明确使用了"无产阶级专政"这一科学的概念,"无产阶级的阶级专政,这种专政是达到消灭一切阶级差别,达到消灭这些差别所由产生的一切生产关系,达到消灭和这些生产关系相适应的一切社会关系,达到改变由这些社会关系产生出来的一切观念的必然的过渡阶段。"[③] 1852年马克思在致友人约瑟夫·魏德迈的信中再次阐述了无产阶级专政的必然性和过渡性:"(1)阶级的存在仅仅同生产发展的一定历史阶段相联系;(2)阶级斗争必然导致无产阶级专政;(3)这个专政不过是达到消灭一切阶级和进入无阶级社会的过渡"[④]。1871年巴黎公社为建立无产阶级专政提供了宝贵经验,通过对这些实际斗争经验的科学总结,马克思指出了公社的实质是工人阶级的政府,但是工人阶级要达到自己的目的,不能简单地掌握、运用现成

[①] 《马克思恩格斯选集》第1卷,人民出版社2012年版,第285页。
[②] 同上书,第421页。
[③] 同上书,第532页。
[④] 《马克思恩格斯选集》第4卷,人民出版社2012年版,第426页。

的国家机器，而必须打碎和摧毁它。马克思还认为，公社要消灭现存的压迫条件，消除阶级统治和阶级压迫，建立一个新的阶级统治形式，就必须先建立"新的真正民主国家"，这一结论使马克思关于无产阶级专政的思想更加完善。随后在《哥达纲领批判》中，马克思再次指明了无产阶级在夺取政权以后，必须实行无产阶级专政，才能使无产阶级从社会公仆变成社会主人，消灭阶级压迫和剥削的基础，逐步向共产主义社会过渡。

中国选择了人民民主专政的国家制度，这是近现代中国社会演化的合力的结果。1840年后，中国沦为半殖民地半封建社会，中国革命的敌人主要是帝国主义和封建主义，这就决定了中国共产党领导的革命的性质是反帝反封建的资产阶级新民主主义革命，而不是无产阶级的社会主义革命。在新民主主义革命过程中，无产阶级作为先进生产力的代表，是最有革命性的阶级，始终是革命的领导力量和依靠力量。农民阶级作为人数最多的基本依靠力量，是工人阶级坚固的同盟军；包括广大知识分子、小商人和小手工业者在内的城市小资产阶级也是进步势力，同样是可靠的同盟军；民族资产阶级有一定的革命性，在一定程度和一定时期内也可以成为无产阶级的同盟军。因此，革命胜利后所建立的国家政权，是"工人阶级、农民阶级、小资产阶级、民族资产阶级及其他爱国民主分子的人民民主统一战线的政权"。这"是一个真正适合中国人口中最大多数的要求的国家制度。"[①] 人民民主专政既具有无产阶级专政的本质特征，又体现出与马克思主义经典作家所设想的无产阶级专政的不同特点，显示出中国特色社会主义国家政权的独有特色。因此，在讨论人民民主专政和无产阶级专政问题时，不能简单地认为只是提法上的不同。要对"人民民主专政和无产阶级专政本无实质上的区别"加以正确认识，"所谓实质上是什么，就是基本上是什么，或者主要地是什么，而并不完全是什么的意思"[②]。人民民主专政同无产阶级专政在基本点上是一致的，但在某些方面同无产阶级专政是有差异性的。人民民主专政比无产阶级专政的提法更符合中国实际，易于为广大人民所接受和理解。

第二，关于社会主义国家的政体。

政体与国体相适应，就是国家政权的组织形式，是指统治阶级究竟采取什么样的形式去组织反对敌人、保护自己的政权机关。马克思主义认

---

① 《毛泽东选集》第3卷，人民出版社1991年版，第1056页。
② 《建国以来重要文献选编》第一册，中央文献出版社1992年版，第105页。

为：公社是社会主义国家的政权形式。在《法兰西内战》中，马克思提出了"公社，这个使资产阶级的头脑怎么也捉摸不透的怪物，究竟是什么"①的问题并回答了这一问题，"按最简单的理解，这是工人阶级在他们的社会堡垒——巴黎和其他工业中心——执掌政权的形式"②。"公社——这是社会把国家政权重新收回，把它从统治社会、压制社会的力量变成社会本身的充满生气的力量；这是人民群众把国家政权重新收回，他们组成自己的力量去代替压迫他们的有组织的力量；这是人民群众获得社会解放的政治形式"③。马克思主张以无产阶级国家的崭新民主组织形式来代替以立法、行政、司法三权分立为基础的资产阶级议会制度，指出公社不是议会式的机构，它既是行政机关也是立法机关。恩格斯也在《法兰西内战》的《导言》中作了发挥，指出公社"把行政、司法和国民教育方面的一切职位交给由普选选出的人担任，而且规定选举者可以随时撤换被选举者。""对所有公职人员，不论职位高低，都只付给跟其他工人同样的工资。"④ 这样做，是为了防止国家和国家机关把自己由社会公仆变为社会主人，"公社给共和国奠定了真正民主制度的基础。"⑤ 它所采取的各项具体措施，显示出走向由人民掌权的政府的趋势。

中国的人民代表大会制度源于巴黎公社和苏维埃制度，是总结民主革命时期革命根据地政权建设的经验而发展创设出来的适合中国国情的根本政治制度，与人民民主专政的国家性质相适应，是我们国家政治文明发展史上的一个伟大跨越。人民代表大会制根据民主集中制原则，组织各级人民代表大会，并以此为基础建立全部国家机构，实现人民当家作主。全国和地方各级人民代表大会都由民主选举产生，对人民负责，受人民监督。体现了国家一切权力属于人民的原则，具有真正的人民性和广泛的代表性，能够把人民内部不同阶级、阶层的共同利益集中起来，能够反映和协调各方面的特殊利益。坚持人民代表大会制度，走中国特色的政治发展道路，能为人类的政治文明、制度文明的发展作出自己应有的贡献。

3. 基本文化制度方面的比较

在一切人类文明的基础上发展社会主义先进文化，夺取并巩固意识形

---

① 《马克思恩格斯选集》第 3 卷，人民出版社 2012 年版，第 162 页。
② 同上。
③ 同上书，第 140 页。
④ 同上书，第 55 页。
⑤ 同上书，第 101—102 页。

态领导权,是科学社会主义的基本原则。马克思和恩格斯认为,建设无产阶级文化的前提是必须消灭旧的经济基础。他们指出,如果一个人除了自己的劳动力以外,不具备任何其他财产,那么在任何社会状态下,都将不得不充当生产资料所有者的奴隶,并在思想文化上屈服于他。因此,以私有制为存在基础的社会阶级成为文化进一步发展的阻碍。"意识的一切形式和产物不是可以通过精神的批判来消灭的,不是可以通过把它们消融在'自我意识'中或化为'怪影'、'幽灵'、'怪想'等等来消灭的,而只有通过实际地推翻这一切唯心主义谬论所由产生的现实的社会关系,才能把它们消灭;历史的动力以及宗教、哲学和任何其他理论的动力是革命,而不是批判。"① 因此,只有消灭旧的经济基础,劳动者成为全部生产资料的主人,自由人的联合体成为推动文化发展的主体,"单个人才能摆脱种种民族局限和地域局限而同整个世界的生产(也同精神的生产)发生实际联系,才能获得利用全球的这种全面的生产(人们的创造)的能力"②。从而,文化生产力获得解放,文化才得以避免发展过程中的局限性和片面性,从而取得巨大的发展和满足所有社会成员的需求。

其次,必须同传统的观念实行彻底的决裂。马克思、恩格斯在分析未来社会的两大特征——经济上实行公有制、政治上共产党人要保持先进性的基础上,指出了实现未来社会的文化路径:"要同传统的观念实行最彻底的决裂。"③ 他们认为传统的观念都是为了剥削阶级奴役被剥削阶级服务的。在剥削阶级占统治地位的社会里,意识形态可以作为"对自己统治的粉饰或意识"④而发挥掩蔽作用,它掩蔽真实的社会经济关系,把对统治阶级的特殊阶级利益的维护张扬为代表社会全体成员的利益,具有强烈的虚伪性和阶级性。"每一个企图取代旧统治阶级的新阶级,为了达到自己的目的不得不把自己的利益说成是社会全体成员的共同利益,就是说,这在观念上的表达就是:赋予自己的思想以普遍性的形式,把它们描绘成唯一合乎理性的、有普遍意义的思想。"⑤ 这样,就使得"占统治地位的将是越来越抽象的思想,即越来越具有普遍性形式的思想。"⑥ 它以

---

① 《马克思恩格斯选集》第1卷,人民出版社2012年版,第172页。
② 同上书,第169页。
③ 同上书,第421页。
④ 《马克思恩格斯全集》第3卷,人民出版社1960年版,第492页。
⑤ 《马克思恩格斯选集》第1卷,人民出版社2012年版,第180页。
⑥ 同上书,第180页。

虚幻的理论解释现实,阻碍了人们对自然规律和社会规律的正确反映,使人们不能正确认识客观世界。因而必须同传统的观念实行最彻底的决裂,才能最终使人的自主性、积极性和创造性发挥出来,创造出真正符合客观实际的无产阶级文化。

最后,加强意识形态的宣传和教育。资产阶级统治的优势不仅体现在经济、政治方面,也体现在对市民社会的文化领导。即使无产阶级推翻了资产阶级的政治统治,在政治、经济上取得了胜利,如果在意识形态上不能取得群众的支持,它的胜利也只能是暂时的,会最终丧失其在政治、经济方面取得的成果。在《共产党宣言》中,马克思、恩格斯写道:"共产党一分钟也不忽略教育工人尽可能明确地意识到资产阶级和无产阶级的敌对的对立,以便德国工人能够立刻利用资产阶级统治所必然带来的社会的和政治的条件作为反对资产阶级的武器,以便在推翻德国的反动阶级之后立即开始反对资产阶级本身的斗争……共产党人不屑于隐瞒自己的观点和意图。他们公开宣布:他们的目的只有用暴力推翻全部现存的社会制度才能达到。"[1] 恩格斯在《〈德国农民战争〉1870年第二版序言的补充》中强调:"必须以高度的热情把由此获得的日益明确的意识传播到工人群众中去,必须不断增强党组织和工会组织的团结。"[2] 通过这样的宣传教育,帮助工人阶级克服思想上的分散性,认清自己的地位、利益和肩负的历史使命,把自己组织起来,壮大无产阶级革命运动的力量。

中国特色社会主义在文化上,由于历史条件的影响和现实政治、经济发展的制约,还不能完全排斥"传统的观念"。在现阶段,只能坚持以马克思主义一元化引领多样化的社会思潮。也就是说,必须坚持和巩固马克思主义在意识形态领域的指导地位,反对指导思想多元化,掌握意识形态主动权,坚持社会主义先进文化的前进方向,坚持不懈地用马克思主义中国化最新成果武装全党、教育人民,使社会主义意识形态取得相对于其他社会思潮的优势地位,使中国特色社会主义成为全党全国各族人民团结奋斗的共同思想基础。中国特色社会主义在文化上,与科学社会主义基本原则的有机结合,集中体现在"积极探索用社会主义核心价值体系引领社会思潮的有效途径,主动做好意识形态工作,既尊重差异、包容多样,又

---

[1] 《马克思恩格斯选集》第1卷,人民出版社2012年版,第434—435页。
[2] 《马克思恩格斯选集》第3卷,人民出版社2012年版,第38页。

有力抵制各种错误和腐朽思想的影响"①。

4. 社会建设方面的比较

由于历史时代的原因，马克思和恩格斯对于未来社会如何开展社会建设的阐述不可能是全面、系统和完全成熟的，只是在对资本主义社会的批判中对未来社会做了某些科学预见。其中，关于和谐社会的构想、社会管理及社会保障问题的论述，都包含着社会主义社会建设的初步思考。

马克思、恩格斯在《共产党宣言》中指出，"提倡社会和谐"，是"关于未来社会的积极的主张"②，对于工人阶级来说，这是启发他们觉悟的极为宝贵的材料。马克思、恩格斯认为资本主义社会是不合理、不和谐的社会，充斥着不平等和两极分化，存在尖锐的阶级对抗。资本主义私有制是造成社会不和谐的实质和根源，而作为资本主义的继承物、对立物、取代物和创新物的未来社会，由于消灭了私有制，消除了三大差别，即工农之间、城乡之间、脑力劳动者和体力劳动者之间的对立和差别，生产力高度发达，物资极大充盈，人们精神境界获得极大提高，生产将以所有人的富裕为目的。因此未来社会"是人和自然之间，人和人之间的矛盾的真正解决"③。在这种社会制度下，一切阶级差别不复存在，不会再有任何的对个人生活资料的担忧，"能够谈到真正的人的自由，谈到那种同已被认识的自然规律相和谐一致的生活"④。"这种制度将给所有的人提供健康而有益的工作，给所有的人提供充裕的物质生活和闲暇时间，给所有的人提供真正的充分的自由。"⑤ 到那时，"人终于成为自己的社会结合的主人，从而也就成为自然界的主人，成为自身的主人——自由的人"⑥，人们才完全自觉地自己创造自己的历史。在《共产党宣言》中，马克思、恩格斯也对未来社会的社会管理提出了设想：剥夺地产，把地租用于国家支出；征收高额累进税；废除继承权；没收一切流亡分子和叛乱分子的财产；通过拥有国家资本和独享垄断权的国家银行，把信贷集中在国家手里；把全部运输业集中在国家手里；按照总的计划增加国家工厂和生产工

---

① 《十七大以来重要文献选编》上，中央文献出版社 2009 年版，第 27 页。
② 《马克思恩格斯选集》第 1 卷，人民出版社 2012 年版，第 432 页。
③ 《马克思恩格斯全集》第 42 卷，人民出版社 1986 年版，第 120 页。
④ 《马克思恩格斯选集》第 3 卷，人民出版社 2012 年版，第 492 页。
⑤ 《马克思恩格斯全集》第 21 卷，人民出版社 1965 年版，第 570 页。
⑥ 《马克思恩格斯选集》第 3 卷，人民出版社 2012 年版，第 817 页。

具,开垦荒地和改良土壤;实行普遍劳动义务制,成立产业军,特别是在农业方面;把农业和工业结合起来,促使城乡对立逐步消灭;对所有儿童实行公共的和免费的教育。取消现在这种形式的儿童的工厂劳动,把教育同物质生产结合起来等等。① 为了保证社会再生产顺利进行和对丧失劳动能力的人进行社会救济,马克思、恩格斯提出未来社会必须建立社会保障制度。社会保障基金来源都是劳动人民创造的,是劳动人民剩余劳动的积累,通过社会总产品的分配和再分配最终形成。

社会建设是中国特色社会主义总体布局的重要组成部分,是对马克思主义关于社会主义社会建设理论的丰富和发展。在十六大报告中,党中央第一次把"社会更加和谐"作为党为之奋斗的重要目标。党的十六届四中全会鲜明地提出和阐述了"构建社会主义和谐社会"这一重大历史任务,党的十七大报告提出"以改善民生为重点的社会建设",并提出了社会建设六大方面的内容:优先发展教育、扩大就业、改革收入分配制度、建立覆盖城乡居民的社会保障体系和基本医疗卫生制度、完善社会管理。党的十八大报告分别从四个方面丰富和拓展了中国特色社会主义社会建设的理论内涵。具体表现为:社会建设的总体环境由"四位一体"发展为"五位一体";社会建设的重点由改善民生发展为改善民生和创新社会管理;明确提出社会建设的发展动力是社会体制改革;社会建设的发展应更加注重质量原则。强调要多为人民群众着想,为人民群众排忧解难,切实解决好人民群众最关心的利益问题,在教育、医疗、收入分配等方面持续取得新进展,努力让人民过上更好的生活。

从中国特色社会主义与科学社会主义的比较中可以看出,二者虽有不同,但本质上根本一致,具有相同之"脉"。从立场看,中国特色社会主义与科学社会主义都是工人阶级的立场、全体劳动阶级和人民大众的立场。从观点和方法看,中国特色社会主义与科学社会主义具有共同的观点和方法,即辩证唯物主义和历史唯物主义的观点和方法。从社会主义本质和奋斗目标看,二者都是建立社会主义的基本制度,并通过发展生产力,完善和发展社会主义事业,最终目的是实现共产主义。此外,它们还具有相同性质的社会主体和依靠力量、相同性质的领导核心。

---

① 参见《马克思恩格斯选集》第1卷,人民出版社2012年版,第421—422页。

(三) 对"过时论""背离论"的辨析

中国特色社会主义取得了举世瞩目的成就,中国成为世界的焦点。在世界范围内高度赞扬中国取得巨大成就的同时,也有一些质疑的声音,认为中国特色社会主义成了中国特色资本主义、封建资本主义、市场社会主义、异于资本主义和社会主义的第三条道路等,不一而足。我们说,探讨中国特色社会主义与科学社会主义的联系和区别,不能离开特定的历史和现实条件,不能简单地用科学社会主义来衡量中国特色社会主义的社会主义含量,也不能简单地用中国特色社会主义的实践去否定科学社会主义的基本原则,否则,就有可能产生"背离论""过时论"的错误看法。对于这两种论调,必须从学理上进行有理有据的辨析,澄清认识,保证中国特色社会主义的健康发展。

"过时论""背离论"的产生实际上是一些人根据科学社会主义与中国特色社会主义存在的差异所走向的两个极端的表现。马克思设想的未来社会和今天的中国特色社会主义在经济条件、政治形式、发展阶段和发展道路等方面差别极大。如马克思当年认为未来的社会形态废除了市场,但我们今天搞的却是社会主义市场经济;马克思主张未来社会的生产资料由全社会共同占有,而我们今天则是把个体经济、私营经济、外资经济等非公有制经济作为社会主义市场经济的重要组成部分;马克思主张未来社会消灭阶级和阶级对立,每个人都能全面而自由的发展,而中国特色社会主义至今还存在严重的城乡二元结构,存在剥削现象,存在严重的社会不公。因此,有人认为,科学社会主义和我们现在的社会主义实践是两码事儿。如果承认中国特色社会主义实践的正确性,就要承认打着维多利亚时代资本主义烙印的科学社会主义理论已不能用来说明中国的现实问题,科学社会主义理论已经在新变化面前失效了,对现实社会主义没有指导意义了,即"过时论";反之,如果承认科学社会主义理论的正确性,就要承认中国特色社会主义尽管还以"社会主义"作旗号,但已经"打左灯向右转",不再坚持科学社会主义的基本原则,在很多方面背离了科学社会主义,即"背离论"。

"过时论""背离论"都只看到了科学社会主义与中国特色社会主义之间理论设想与具体实践的差异,没有看到二者在世界观和方法论、社会主义本质和历史使命等方面的内在一致性。或教条主义地对待科学社会主义,或把本来不是社会主义本质属性的东西当成科学社会主义本质特征。我们说,真正的理论认识具有一定的前瞻性和预见性。判断一种理论是否过时,并非取决于它产生的年代,而是取决于它自身包含的真理性,取决于是否能继续指导人们的实践。科学社会主义的某些具体论断可能会随着时代特点和时代问题的转换而不再适用,但是蕴含于其中的基本原理、基本观点和方法仍然具有合理性,这是不容否定的事实,马克思主义的世界观、方法论是永远不会过时的。中国特色社会主义的形成,正是科学社会主义中国化的产物。更确切地说,是中国共产党将马克思主义的世界观和方法论运用于社会主义实践而进行理论和实践创新的成果。科学社会主义的思想精华实际上已经保存在中国特色社会主义的思想之中,其理论是活在当代的。因而,仅仅用历史的发展或时代变迁推导出"科学社会主义已经过时"的结论,不但是浅薄的,而且从根本上否定了理论存在的价值。同样,由于建设社会主义不能从书本出发,必须从中国具体实际出发,从国情出发,从时代的要求出发,因此,中国的社会主义并不是科学社会主义理论的直接实践,而是立足于中国基本国情的一种特殊类型的社会主义,这样的社会主义必然会有中国特色、中国形式。但是,从根本上说,中国特色社会主义坚持了科学社会主义的基本原理,并在实践中推进和丰富,集中体现了马克思主义的世界观和方法论,在根本性质和原则上归属于科学社会主义。它从历史与未来、理论和实践的结合上对"建设什么样的社会主义、怎样建设社会主义"这个根本问题给予了科学解答,实际上就是中国化的科学社会主义,并没有也不可能背离科学社会主义的方向。

总体而言,科学社会主义基本原则始终是中国共产党人坚持和发展社会主义的理论基石,在任何时候都要毫不动摇地坚持。同时,科学社会主义又是与时俱进的科学,必须随着时代和实践的发展而不断发展。我们既不能否定科学社会主义的指导作用,也不能持僵化的态度,教条式照搬照抄科学社会主义的基本原则,必须坚定不移地把科学社会主义基本原则同我国实际紧密结合,不断推进理论创新,开拓中国特色社会主义更加光明的前景,努力使中国特色社会主义的伟大道路越走越宽广。

二 中国特色社会主义与苏联模式社会主义的比较

近百年来世界社会主义历史上有两个最重大的相互衔接的实践,分别是苏联模式社会主义和中国特色社会主义，它们是人类文明发展史的重要组成部分。中国特色社会主义和苏联模式的社会主义既有密切联系又有显著区别，是当代社会主义的两种模式。一段时间以来，有这样一种认识：中国特色社会主义是对苏联模式的"根本否定"，认为苏联模式"早已被历史证明是一条死路"，这不是唯物史观的科学态度。深刻认识中国特色社会主义与苏联模式社会主义的关系，全面客观的评价苏联模式，是关乎世界社会主义前途与命运的带根本性的原则问题，具有重要的理论与现实意义。

（一）苏联模式的界定

学术界在研究和详述"苏联模式'时，可谓是见仁见智，迄今为止并未形成统一的认识。主要有两种观点。一是认为苏联在长期的社会主义建设历程中形成的制度和体制；二是认为斯大林在领导苏联社会主义建设中逐步形成的高度集中的经济政治体制。研究中国特色社会主义与苏联模式社会主义的异同，首先要对苏联模式的内涵有清晰的把握。

在社会主义史中最早提出"模式"一词的是德国哲学家杜林。19世纪70年代开始，杜林以社会主义行家和改革家自居，提出了一个小资产阶级的社会改良方案，主张在保留资本主义生产方式的基础上，通过改变分配方式以实现社会主义，妄图用他的"共同社会体系"学说取代科学社会主义理论。杜林的这种观点对刚成立不久的德国社会主义工人党的影响很大。为了捍卫科学社会主义，恩格斯发表了《反杜林论》，对杜林的观点进行分析批判，从哲学的高度揭露了杜林的社会主义"模式"是一种"先验的模式"。这里，恩格斯批判杜林的"世界模式"和后来在探索社会主义建设道路过程中形成的社会主义模式并不是一回事。但是，这一批判导致了世界社会主义运动长期慎用"模式"一词。在列宁和斯大林时期，苏联从没有使用过社会主义模式一词。直到1953年，英国研究苏东问题的学者休·塞顿——沃森发表的《从列宁到马林科夫》著作中才首次提出了"苏联模式"。之后，一些国家领导人讲话和有关文献中也开始使用这一概念。西方主要是在贬义上使用这一概念，是否定斯大林、否定苏联社会主义制度的代名词。戈尔巴乔夫"改革"时期，"斯大林主义"、"斯大林模式"等概念也被苏联媒体频繁使用，将其等同于"极权主义社会模式"。中国自二十世纪80年代以来，"苏联模式"被广泛采用。但中国使用这些概念的含义和用法与西方和苏联剧变时期是不同的,有自己的内涵和特点。

究竟怎样界定苏联模式呢?我们认为,苏联模式是指20世纪二三十年代苏联在斯大林领导下,在长期的社会主义实践中形成的基本制度和具体的体制、运行机制。作出这种界定的依据在于:

从哲学上说,任何国家进行社会主义建设都是社会主义的共性与个性相结合的过程。"个别一定与一般相联而存在。一般只能在个别中存在,只能通过个别而存在。任何个别(不论怎样)都是一般。"[1] 究竟是走社会主义道路还是走资本主义道路,这是在社会主义共性层面上探讨的问题,否定了社会主义的共性,就不会有社会主义的不同模式;在个性层面上,是如何建设社会主义的问题,每个社会主义国家必须从时代特点和本国国情出发发展自己,应该有不同的社会主义模式。苏联模式作为社会主义理论在与苏联实践相结合过程中形成的一种实现方式,即社会主义的个性,是必然包括社会主义共性的。

从政治上说,1956年我们党围绕着斯大林问题对苏联模式进行理论反思时,在毛泽东主持下,中央政治局经过讨论写出了《关于无产阶级专政的历史经验》、《再论无产阶级专政的历史经验》两篇文章。从社会主义基本制度和具体制度两个层面对苏联革命和建设的过程进行分析、评价。强调社会基本制度是决定性的,反映了社会的本质特征。具体制度是社会基本制度的具体实现形式,为基本制度的完善与发展服务。从社会基本制度的层面看,在经济领域,苏联建立了社会主义公有制,并在此基础上实行了按劳分配原则;在政治领域,苏联建立了以工人阶级为领导、以工农联盟为基础的无产阶级专政;在文化领域,苏共坚持马克思列宁主义的指导地位。苏联模式中有关社会主义的基本制度是人类社会发展长途中的一个特定阶段内关于革命和建设工作的普遍规律,反映了苏联模式的本质,带有稳定性、根本性的特点,对此应该充分肯定。苏联具体的政治经济体制、运行机制,是苏联人民在探索过程中建立起来的,要区分其中的正确部分和错误部分,否定其模式中不符合本国实际或过时的、僵化的、错误的东西。

综合两方面内容,应该说,苏联模式是社会主义的一种模式,因而它

---

[1] 《列宁选集》第2卷,人民出版社2012年版,第558页。

既具有社会主义模式的一般性,也有苏联模式的个性。清晰界定苏联模式,有助于在变革苏联模式时,合理地继承其中所包含的社会主义模式的一般性,扬弃苏联模式的个性,使改革沿着社会主义方向顺利发展。

(二) 中国特色社会主义与苏联模式社会主义的异同

1. 在社会主义基本经济制度方面,中国特色社会主义是在继承了苏联模式合理"内核"的基础上,结合中国实际发展而来的

二者在坚持科学社会主义基本原则,实行生产资料公有制并实行按劳分配制度方面无疑是相同的。但是具体的体制和运行机制有着明显区别。

第一,在所有制结构上。生产资料所有制问题是科学社会主义学说的基本理论问题,马克思主义历来强调"所有制问题是运动的基本问题"。在斯大林关于"资本主义制度在苏联已被消灭"和"社会主义制度在苏联已经胜利这一事实"①的论断基础上,苏联宪法界定了社会主义所有制的两种形式,即以国有企业为代表的全民所有制和以集体农庄为代表的集体所有制。前者被认为是公有制的最高形式;后者被认为是公有制的低级形式,提出要"把集体农庄所有制提高到全民所有制的水平"②。可以说,单一的社会主义公有制形式是苏联模式主要的、几乎是唯一的经济基础,不允许其他所有制形式的存在,严格限制个人副业,私人经济的存在,被视为是发展社会主义的障碍。据1936年统计,在全国生产基金中,国家所有制占90%,集体所有制占8.7%;在工业产值中,国家所有制占97.3%,集体所有制占2.6%;在农业产值中,国家所有制占76%,集体所有制占20.3%。到1937年,公有经济在工业总产值中占99.8%,农业总产值中占98.6%。③中国特色社会主义在经济制度方面体现了自身的鲜明特色,实行公有制为主体、多种所有制经济共同发展的所有制形式。正如邓小平所说:"在改革中,我们始终坚持两条根本原则,一是以社会主义公有制经济为主体,一是共同富裕。"④ 但"我们允许个体经济发展,还允许中外合资经营和外资独营的企业发展"⑤。在公有制的实现形式上

---

① 《斯大林文集》,人民出版社1985年版,第109页。
② 同上书,第672页。
③ 陈新明:《苏联演变与社会主义改革》,中共中央党校出版社2002年版,第163页;黄宗良、孔寒冰:《世界社会主义史论》,北京大学出版社2004年版,第319页。
④ 《邓小平文选》第3卷,人民出版社1993年版,第142页。
⑤ 同上书,第110页。

与苏联模式也有显著的不同,党的十八届三中全会明确提出,混合所有制经济,是公有制的重要实现形式。这是我们党认真总结改革开放以来的实践经验作出的重大决策,既与以往论述一脉相承,又结合新的历史条件实现了新的突破,是"坚持公有制主体地位,增强国有经济活力、控制力、影响力的一个有效途径",丰富和发展了社会主义初级阶段基本经济制度的内涵。

第二,在分配制度上。苏联模式实行单一的按劳分配制度,但在实践中却未得到很好的贯彻执行,过于强调平等,甚至把平均主义误认为社会主义的公平原则,大多数劳动者收入较低,而少数高级干部却享受高薪制和特供制。1922年最高与最低差距是8倍,到1934年是30倍;到1953年是56倍;到勃列日涅夫时期已是上百倍了。据统计,还在1939年,苏联11%—12%的上层人的收入就已经占国民收入的50%左右,差距比美国的还大,因为当时美国10%的上层人的收入占国民收入的35%。[①] 此外,苏联党政官员还享有诸如住房、别墅、汽车、游艇、特供商店和食品、海滨休假等很多特权。"苏联社会主义革命已经消灭了贵族、地主、资本家等旧的剥削阶级;可是,党政官员自己却变成了新的贵族阶级。"[②] 成为苏联模式的掘墓人。中国特色社会主义坚持按劳分配为主体,多种分配方式并存的分配制度。就全社会整体来说,实行的是按劳分配为主体,同时允许劳动、资本、技术、管理等生产要素按贡献参与分配,破除"大锅饭"和平均主义。初次分配和再分配都要兼顾效率和公平,再分配更加注重公平。

第三,在经济体制上。苏联模式实行高度集中的计划经济体制,将计划经济视为社会主义经济制度的本质属性,将商品、市场视为资本主义的"胎记",限制商品货币关系,排斥价值规律和市场机制对经济活动的作用,主要以行政命令、指示、规定等来协调和管理经济,依靠各级行政组织直接领导和管理企业。国家通过指令性计划对生产、流通和分配等环节进行控制和监督,这是苏联经济体制的一个显著特点。社会经济生活方方面面完全处在指令性计划范围之内,"计划草案经过详细的与全面的审查以后,便提交政府批准。经政府批准的国民经济计划,便获得强制执行

[①] [英]弗雷德里希·奥古斯特·冯·哈耶克:《通往奴役之路》,王明毅等译,中国社会科学出版社1997年版,第101页。

[②] 宫达非:《苏联剧变新探》,世界知识出版社1998年版,第66—67页。

的法律效力。"① 并且强调"我们的计划不是臆测的计划,不是想当然的计划,而是指令性的计划,这种计划各级领导机关必须执行,这种计划能决定我国经济在全国范围内将来发展的方向"。虽然到晚年斯大林在著作《苏联社会主义经济问题》中也承认全民所有制和集体所有制之间的联系要通过商品交换来实现,因而,商品生产和价值规律在社会主义社会依然存在。但他认为,商品生产仅在某些消费品领域,生产资料只具有商品的形式或外壳,实质不是商品,劳动力不会成为商品。价值规律只在流通领域起调节作用,而对生产只有影响作用,不起调节作用。这种僵硬的计划经济模式贯穿于20世纪30年代到戈尔巴乔夫改革初期,在其发展潜力挖掘殆尽后,苏联经济一直处于低迷停滞状态,转型艰难。中国特色社会主义成功实现了伟大的历史转折,从高度集中的计划经济体制转向了充满生机活力的社会主义市场经济体制,破除了把计划经济和市场经济作为区分社会基本制度标准的思想束缚,解开了计划经济姓"社"、市场经济姓"资"的死扣,强调"计划多一点还是市场多一点,不是社会主义与资本主义的本质区别。计划经济不等于社会主义,资本主义也有计划;市场经济不等于资本主义,社会主义也有市场。计划和市场都是经济手段。"② 市场在资源配置中发挥决定性作用,基本建立起以市场为中心的价格形成机制,在全部消费品和绝大部分生产资料生产中取消了指令性计划,95%以上的商品价格完全由市场决定。社会主义市场经济体制作为中国特色社会主义探索中的伟大创举,有力推动了我国经济持续多年的快速发展。

第四,在对外经济关系上。苏联宣布建成社会主义后,即开始收缩与西方的经济关系。从20世纪40年代末开始,对外经济贸易联系主要局限于同东欧社会主义国家往来,将自己关在世界市场之外,排斥资本主义,否认社会主义国家与整个世界市场之间的紧密联系,认为社会主义与资本主义之间的矛盾与斗争具有不可调和性,提出"两个对立阵营的存在所造成的经济结果,就是统一的无所不包的世界瓦解了,因而现在就有了两个平行的也是互相对立的世界市场"③ 的论断。在这一对外经济理论指导下,苏联在经济建设中,长期实行闭关自守政策,拒绝引进西方的先进科

---

① [苏] 希林斯基:《苏联的国民经济计划化》,彭烨森译,作家书屋1952年版,第112页。
② 《邓小平文选》第3卷,人民出版社1993年版,第373页。
③ 《斯大林文集》,人民出版社1985年版,第620页。

技成果和管理经验，拒绝实行对资本主义世界的开放政策，严重制约了苏联的经济发展。中国共产党人在总结我国和世界各国发展的历史经验、教训的基础上，强调"现在的世界是开放的世界。"① "关起门来搞建设是不能成功的，中国的发展离不开世界。"② 并逐步实行了全方位的对外开放，"吸收和借鉴当今世界各国包括资本主义发达国家的一切反映现代社会化生产规律的先进经营方式、管理方法。"③ 对外开放使中国融入世界经济全球化的大潮，引进了国外的大量资金和技术，学习先进的管理经验，有力促进了生产力的发展，增强了综合国力，提高了人民的生活水平。

第五，在工业化发展战略上。苏联走上了以实现赶超为目标的非平衡发展道路，集中表现为以重工业尤其以军事工业为中心。斯大林认为："不是发展任何一种工业都是工业化。工业化的中心，工业化的基础，就是发展重工业（燃料、金属等等），归根到底，就是发展生产资料的生产，发展本国的机器制造业。"④ 由于长期忽视农业和轻工业的发展，造成了经济发展比例失衡，20世纪60年代中期以后，苏联国民经济中农轻重的比例基本为2∶2∶6，消费品生产供应严重不足，人民生活水平提高缓慢。这种只顾国家不顾民生的做法，引起民众怨声载道。对于苏联工业化发展中存在的问题，我们过去也有过深刻的教训。对此，我们党本着实事求是的原则，把改善民生作为经济发展的目的和动力，"始终把实现好、维护好、发展好最广大人民的根本利益作为党和国家一切工作的出发点和落脚点，尊重人民主体地位，发挥人民首创精神，保障人民各项权益，走共同富裕道路，促进人的全面发展，做到发展为了人民、发展依靠人民、发展成果由人民共享。"⑤ 坚持全面协调可持续、统筹兼顾地科学发展。这种对发展模式的新的选择，无疑是对苏联经济发展模式的超越。

2. 在社会主义基本政治制度方面，苏联模式与中国特色社会主义在坚持共产党的领导、建立和坚持无产阶级专政方面是相同的，但在具体的政治体制上则有区别

第一，苏联实行一党独存、一党执政的体制。在政党关系方面，斯大

---

① 《邓小平文选》第3卷，人民出版社1993年版，第64页。
② 同上书，第78页。
③ 同上书，第373页。
④ 《斯大林选集》上卷，人民出版社1979年版，第462页。
⑤ 《中国共产党第十七次全国代表大会文件汇编》，人民出版社2007年版，第15页。

林在《关于苏联宪法草案》的报告中明确提出苏联"没有几个政党存在的基础","只有一个党,即共产党存在的基础。"① 这一过于简单的结论,将社会主义社会政党存在的基础问题绝对化,否认其他政党的存在。在领导体制方面,民主集中制的组织原则得不到很好贯彻,权力高度集中到最高领袖一人手中,从而导致了个人集权制的形成,致使苏共领导体制扭曲和变形。中国特色社会主义坚持中国共产党领导下的多党合作和政治协商制度,"党际和谐"是这种政党关系模式的显著特点,"避免了一党专制、缺少监督导致的种种弊端"②。坚持党的集体领导制度,高度重视自身建设,通过加强和改善党的领导,不断提高党的领导水平和执政能力。

第二,苏联实行高度集权的党国体制。苏共成为执政党后,逐渐出现党政不分、以党代政现象。在党与国家权力机关的关系上,混淆了党组织与苏维埃政权组织的功能,使苏维埃难以具备应有的法律权威,其职能和权力几乎完全被苏联共产党包办代替。斯大林提出:"我们的苏维埃组织和其他群众组织,没有党原则性的指示,就不会决定任何一个重要的政治问题或组织问题,——这个事实应当认为是党的领导作用的最高表现"③。最高国家权力机关变得有名无实,实际上成了党的表决机器;在党与国家行政机关的关系上,斯大林认为,党由于"得到多数的工人和一般劳动者的信任",所以"它有权代表这个多数来领导政府机关"。④ 这导致了苏共经常居高临下的向行政机关发号施令,党对政府机关的领导变成了对政府机关的直接干预甚至代替政府机关行使管理权。中国在改革开放的实践中,在总结过去党政不分、以党代政教训的基础上,重新明确党与政的权力运行程序与方式,逐渐贯彻党政分开的原则。坚持把党的领导、人民当家作主和依法治国三者有机统一起来。坚持和完善人民代表大会制度,通过制度创新来落实人民当家作主;发展基层民主,保障人民享有更多更切实的民主权利;实行依法治国,建设社会主义法治国家;加快行政管理体制改革,建设服务型政府;加强对权力的制约和监督,切实扎紧权力的笼子,强化为人民服务的意识,

---

① 《斯大林选集》下卷,人民出版社1979年版,第408页。
② 《十五大以来重要文献选编》中,人民出版社2001年版,第1495页。
③ 《斯大林选集》上卷,人民出版社1979年版,第415页。
④ 《斯大林全集》第10卷,人民出版社1954年版,第92—93页。

始终牢记权力是人民赋予的，要保证其为人民谋利益，让权力在阳光下运行。

第三，苏联实行高度集权的国家结构形式。苏联宪法规定，作为联邦制国家，苏联在国家管理方面实行联盟中央与地方分权制，加盟共和国享有主权国家地位。但在权力的实际运行过程中，各民族自愿联合、权利平等的原则并没有得到贯彻，各加盟共和国的政治、经济、文化等权力高度集中于中央，苏联事实上成为单一制国家。这使得中央与地方在利益上出现矛盾与冲突，民族离心力逐渐加强。新中国成立伊始，我党就十分重视处理中央与地方的关系，明确提出"处理好中央和地方的关系，这对于我们这样的大国大党是一个十分重要的问题"。[①] 在对历史经验借鉴和现实条件全新理解的基础上，我国实行了民族区域自治和"一国两制"的国家制度形式，并制定《立法法》，为中央和地方关系的规范化、制度化提供法律保证。有效地维护了国家统一，促进了各民族团结，充分发挥了地方的积极性和主动性。

3. 在社会主义基本文化制度方面，中国特色社会主义与苏联模式都坚持马克思主义的指导地位，在这一点上二者是相同的，但在文化体制方面却有差异

第一，在文化领导体制上，苏联管理文化和科学研究事业的主要方法和手段是集中管理和高度计划，作出了"将计划性纳入苏联科学组织工作"[②]的决定。文化领导权高度统一于苏共中央，最后统一于党的最高领袖，使集体讨论制定决策的文化领导机制不复存在。中国特色社会主义坚持集体领导的原则，在文化的决策上由集体负责而非一人决定，通过广泛征求意见和集中多数人智慧作出恰当决策，保证决策符合人民群众的根本利益。

第二，在文化政策上，苏联实行文化的封闭和单一性政策，对其他文化和社会思潮多持否定态度，破坏了文化发展的多元性，造成文化宽容和文化自由的缺失。将学术工作完全政治化，不允许与党中央有不同意见，窒息了文化学术研究的生机；把西方国家文化中出现的诸如控制论、系统论、心理学及生物学的新学说统统斥之为伪科学，拒绝借鉴吸收外国的优

---

① 《毛泽东著作选读》下册，人民出版社 1985 年版，第 730 页。
② 《苏共论文化、教育和科学》（文件汇编），莫斯科，1974 年，第 445 页。

秀文化成果，从而使文化的发展在某种程度上偏离了人类文明的大道。中国特色社会主义始终强调"百花齐放、百家争鸣"的方针，发扬学术民主，提倡不同观点和学派充分讨论，避免学术问题政治化。坚持马克思主义指导思想的一元化与文化存在多样性的统一，用社会主义核心价值体系引领社会思潮。吸收借鉴人类优秀文明成果，提升国家文化软实力，推动社会主义文化的大发展大繁荣。

4. 在社会建设方面，苏联实行高度集中统一的社会管理模式，显现出"大国家，小社会的"特征

在高度集权的苏联模式下，国家掌握着经济、政治、文化和社会资源，个人在生老病死、教育、就业等方方面面都要受到国家控制，国家事实上成为公民个人唯一的雇主，一个人若离开了国家，简直就无法生存。托洛茨基曾说："在一个政府是唯一雇主的国家里，反抗就等于慢慢地饿死。'不劳动者不得食'这个旧的原则，已由'不服从者不得食'这个新的原则所代替。"① 安德烈·纪德感慨道："工人粘着于其工厂，正如农村劳动者粘着于其集体农场或苏维埃农场一样……若他为了某种理由——因为他希望别处能稍好一点（能少坏一点）——要调换工作的话，那他就要当心！他就有到处找不到工作的危险。即使没有调换城市，只离开工厂，他也要无屋可居"。② 迫于生存的压力，个人便只能服从既定的社会秩序。

中国特色社会主义通过改善民生和创新管理不断加强社会建设。在尊重社会多元化的前提下，培育发展和规范管理各类社会组织。注重民生，注重社会公平和正义。社会管理体制已从过去由国家垄断自上而下统一管辖逐步转轨到缩小国家管辖范围，大力发展社会自主自治，使人人回归社会。十八大报告指出："要围绕构建中国特色社会主义社会管理体系，加快形成党委领导、政府负责、社会协同、公众参与、法治保障的社会管理体制，加快形成政府主导、覆盖城乡、可持续的基本公共服务体系，加快形成政社分开、权责明确、依法自治的现代社会组织体制，加快形成源头

---

① [英]弗雷德里希·奥古斯特·冯·哈耶克：《通往奴役之路》，王明毅等译，中国社会科学出版社1997年版，第116页。
② [法]安德烈·纪德：《从苏联归来》，郑超麟译，辽宁教育出版社1999年版，第96页。

治理、动态管理、应急处置相结合的社会管理机制。"① 这是对苏联高度集中的社会体制的超越。

(三) 正确看待苏联模式和中国特色社会主义的关系

学术界对于中国特色社会主义与苏联模式的关系问题争论多年,一直存在不同观点,只有对此作出正确的认识和判断,才能保持清醒的头脑,有效地推进中国特色社会主义事业。

1. 苏联模式的核心和基本点为中国特色社会主义提供了基本原则

历史上,任何一种社会形态在发展过程中都展现出统一性和多样性。社会主义国家的共性是科学社会主义基本原理的体现,即都坚持马克思主义的指导和共产党的领导,都坚持无产阶级专政,都建立公有制的经济基础。这些共性的东西是对社会主义国家进行定性的依据,即任何国家只要建设社会主义,必须坚持这些共同方面。苏联是世界历史上诞生的第一个无产阶级领导的社会主义国家,在列宁和斯大林的领导下,把马克思主义基本原理同本国革命和建设具体实际结合起来,实现了社会主义由理论到现实的飞跃,开辟了人类历史的新纪元,极大地解放和发展了社会生产力,在较短时间内实现了国家工业化,一跃成为世界工业强国,社会主义的苏联模式逐渐形成。这个模式带有苏联民族的具体特点,其核心与基本点是社会主义的基本制度。我国的社会主义制度正是在学习和借鉴苏联模式所体现的科学社会主义基本原则的基础上建立的。毛泽东在制定新中国第一部宪法时,特别注意研究和借鉴 1918 年颁布的《俄罗斯社会主义联邦苏维埃共和国宪法(根本法)》,1936 年颁布的苏联宪法以及斯大林《关于苏联宪法草案的报告》。② 这部宪法公布后,在国家性质、指导思想等方面也包括了苏联宪法中的主要原则,并且在之后的历次修宪中均遵循了这些原则。强调"我们所走的道路就是苏联走过的道路,这在我们是一点疑问也没有的。苏联的道路是按照历史发展规律而为人类社会必然要走的道路。要想避开这条路不走是不可能的。"③ 1956 年,我们党针对苏共二十大和国际共产主义运动中的一系列重大问题,在《关于无产阶级

---

① 胡锦涛:《坚定不移沿着中国特色社会主义道路前进 为全面建成小康社会而奋斗——在中国共产党第十八次全国代表大会上的报告》,人民出版社 2012 年版,第 34 页。
② 逄先知、金冲及主编:《毛泽东传》上卷,中央文献出版社 2003 年版,第 318 页。
③ 《建国以来毛泽东文稿》第 4 册,中央文献出版社 1990 年版,第 548 页。

专政的历史经验》、《再论无产阶级专政的历史经验》中明确地肯定了这一点。指出:"我们平常所说的十月革命的道路,撇开它在当时当地所表现的具体形式来说,就是指的这些基本的东西。这些基本的东西,都是放之四海而皆准的马克思列宁主义的普遍真理。"十月革命的道路反映了社会主义革命阶段的一般规律,是苏联无产阶级和国际无产阶级的康庄大道。"是全人类发展的共同的光明大道"①。因此,"中国共产党人把自己所干的事业看成是伟大的十月革命的继续"②。

我国在探索中国自己的社会主义建设道路的实践中,也对这些基本原则给予充分肯定。1950年2月,毛泽东访苏时说:"苏联经济文化及其他各项重要的建设经验,将成为新中国建设的榜样。"③ 1957年,毛泽东在莫斯科庆祝十月革命40周年大会上再次阐发了上述观点,"事情很明显,在十月革命以后,各国无产阶级的革命家如果忽视或者不认真研究俄国革命的经验,不认真研究苏联无产阶级专政和社会主义建设的经验,并且按照本国的具体条件,有分析地、创造性地利用这些经验,那末,他就不能通晓作为马克思主义发展新阶段的列宁主义,就不能正确地解决本国的革命和建设的问题;那末,他就会陷入教条主义的错误,或者陷入修正主义的错误。"④ 1958年3月,在成都会议上,毛泽东指出:"一九五六年四月的《论十大关系》,开始提出我们自己的建设路线,原则和苏联相同"⑤。邓小平也一贯坚持苏联模式留给我们的建设中国特色社会主义重要基石的这些东西,把它们概括成"四项基本原则",并指出"四项基本原则并不是新的东西,是我们党长期以来所一贯坚持的。"⑥ 2007年6月,胡锦涛在中央党校的重要讲话中又重申了坚持包括四项基本原则在内的"一个中心、两个基本点"的基本路线。

我们必须承认,中国特色社会主义与苏联模式在本质上有继承和被继承的关系。建设中国特色社会主义的基础和前提是社会主义制度的建立和发展,而这一基础和前提正是根据苏联模式中最基本的东西建立的。我们

---

① 《毛泽东文集》第7卷,人民出版社1999年版,第314页。
② 人民日报编辑部:《再论无产阶级专政的历史经验》,《人民日报》1956年12月29日,第1版。
③ 《建国以来毛泽东文稿》第1册,中央文献出版社1987年版,第266页。
④ 《建国以来毛泽东文稿》第6册,中央文献出版社1992年版,第618页。
⑤ 《毛泽东文集》第7卷,人民出版社1999年版,第369页。
⑥ 《邓小平文选》第2卷,人民出版社1994年版,第165页。

党坚持四项基本原则，就把苏联模式中社会主义的基本制度保持下来，使我国的改革与其他社会主义国家改革呈现出根本的区别。20世纪80年代末90年代初，原来的许多社会主义国家改旗易帜后，社会主义中国却展现出蓬勃的生机与活力。未来我们坚定不移地走中国特色社会主义道路，就要求我们对苏联模式中体现社会主义基本制度的内容予以充分肯定，并加以坚持，摒弃不适应当今时代和中国实际的具体体制。

2. 正确对待苏联模式是保证改革社会主义方向的关键

如何对待苏联模式，是一个涉及改革方向的关键问题。在社会主义道路的探索过程中，我们党十分注意以正确的态度对待苏联模式。1956年—1957年，在《论十大关系》、《关于无产阶级专政的历史经验》、《再论无产阶级专政的历史经验》和《关于正确处理人民内部矛盾的问题》等论著中，提出了对待苏联模式的方法论原则。毛泽东明确指出："苏联共产党这几十年来，总的说来，是正确的，这甚至敌人也不能不承认。""因为苏联发生了一些错误，这方面讲得多了，吹得多了，似乎那种错误不得了，这种观察是不妥的。任何一个民族，不可能不犯错误，何况苏联是世界上第一个社会主义国家，经历又那么久，不发生错误是不可能的。苏联发生的错误，像斯大林的错误，它的位置是什么呢？是部分性质的，暂时性质的，虽然听说有些东西有二十年了，但总是暂时的、部分的，是可以纠正的。"[①] 所以，评价苏联模式，不能抽象谈论它的是非功过，不能脱离特定的历史条件，全盘否定或全盘肯定都不是辩证唯物主义的态度，都无法得出正确结论。必须分两个层次进行：一是根本性质的层次，即它坚持的科学社会主义的基本原则，这体现在社会主义基本制度上；二是这些基本原则的具体实现形式的层次，即它们在苏联条件下是怎么实现的，这体现在具体的体制、运行机制上。[②] 苏联模式中的根本性质这一层次的内容反映了社会发展规律，符合历史发展的必然趋势，必须充分肯定。对具体体制也应该作具体地、历史地分析，不能简单地一概否定。要把苏联社会主义革命和建设的各项制度、方针、政策提到一定的历史范围之内，切忌从现在的、已经变化了的条件出发评价历史上的事情。邓小平多次强调："评价人物和历史，都要提倡全面的科学的观点，防止片面性

[①] 《毛泽东文集》第7卷，人民出版社1999年版，第91页。
[②] 周新城、梅荣政：《关于苏联模式研究的两个问题》，《思想理论教育》2013年第8期（上），第25页。

和感情用事，这才符合马克思主义，也才符合全国人民的利益和愿望。"①

　　苏联模式存在的问题不是由社会主义基本制度产生的，而是出在具体体制和机制层面。因此纠正这些弊病，不需要"纠正"社会主义基本制度，只需要改革具体的体制。这样的改革必须以坚持社会主义基本制度为前提，而不是由社会主义演变成资本主义。戈尔巴乔夫在苏联解体15年后谈到苏联垮台时，把原因归于苏联模式本身。认为苏联解体的根本原因"在于所选择的那个'模式'——这是布尔什维克在斯大林之前就犯下的一个主要错误。"② 事实上，决定性的、根本的原因却是戈尔巴乔夫打着彻底改革的旗号，脱离了马克思主义基本原则的指导，背离了社会主义方向和道路。我们党领导的改革不是要改掉社会主义根本制度，而是社会主义制度自我完善和发展的新的伟大革命。"我们党领导的改革开放之所以实现了目的和效果的高度统一，就在于我们既坚定不移地进行改革开放，又坚定不移地坚持中国共产党领导、坚持社会主义，坚决排除各种错误思潮、错误倾向的干扰，始终沿着正确方向前进。"③

三　中国特色社会主义与民主社会主义模式的比较

　　改革开放初期，我国学术界就对中国特色社会主义与民主社会主义问题展开过争论，有学者根据苏东剧变的状况，抛出"中国只有走民主社会主义道路才能取得成功"的论调。在这种紧要关头，邓小平同志以铁腕般的魄力，领导我党继续坚持走中国特色社会主义道路，挣脱"姓资姓社"的思想羁绊，为中国确定了社会主义市场经济体制，使中国走上了繁荣富强、人民幸福安康的成功之路。但与此同时，人们也产生了思想上的一些困惑，认为既然存在多种所有制成分和多种分配方式，允许剥削现象在一定范围内存在，鼓励一部分人先富起来，这与民主社会主义所主张的经济社会政策没有什么区别，因此，"中国特色社会主义"就是"中国特色民主社会主义"。这种论调虽经辩论，其影响已经明显淡化，但还不容忽视。近年来，由于我国在现代化建设中存在诸如贪污腐败、贫富差

---

　　① 《邓小平文选》第2卷，人民出版社1994年版，第244页。
　　② [俄]米哈伊尔·戈尔巴乔夫：《戈尔巴乔夫对过去和未来的思考》，徐葵等译，新华出版社2002年版，第20页。
　　③ 《十七大以来重要文献选编》上，中央文献出版社2009年版，第101页。

距拉大、环境污染、社会道德水准滑坡等问题，有些人对中国特色社会主义道路提出种种质疑，对民主社会主义大加赞赏，认为民主社会主义铸就了社会主义的辉煌，它是马克思主义的正统，是在融合资本主义制度和社会主义制度各自优点的基础上构建的一种理想的社会主义发展模式。民主社会主义既克服了资本主义的弊端，又抛弃了传统社会主义，是介于两者之间而又超越它们的第三条道路，应该成为中国特色社会主义未来发展的方向。这就涉及中国的未来举什么旗、走什么路的大问题。因此，搞清楚民主社会主义与中国特色社会主义的本质性差异，对于我们辩证地看待民主社会主义，廓清模糊认识，在积极学习和借鉴民主社会主义合理因素的同时，坚持中国特色社会主义方向有着十分重要的意义。

（一）民主社会主义的嬗变

民主社会主义的前身是社会民主主义，起源于1848年欧洲革命时期。在那以后的100年间，大致经历了三个发展阶段。

1. 民主社会主义改良主义基本理论的构建时期

社会民主主义孕育和诞生于1848年革命前后到第二国际成立前。这时，几乎所有的反对资本主义的力量都囊括在社会民主主义中。社会民主党人的构成既包括法国、德国的激进民主主义者，也包括小资产阶级社会主义者。恩格斯曾说："社会民主主义的种子在青年一代和工人居民中间已经在很多地方长出芽来了，所以他们也会在这本书中找到充分的新的养料。"[①] 但是后来，马克思和恩格斯发现社会民主党人的口号不切实际，"当时在各个国家里那种根本不把全部生产资料转归社会所有的口号写在自己旗帜上的人自称是社会民主主义者"[②]，尽管"虽然他们中间的许多人已越来越深刻地意识到生产资料社会化的必要性，但是，道地拉萨尔式的由国家资助的生产合作社仍然是唯一得到他们公开承认的纲领要点。因此，对马克思和我来说，选择如此有伸缩性的名称来表示我们特有的观点，是绝对不行的。"[③] 所以，马克思、恩格斯一直不愿意把自己称作是社会民主主义者，而更愿意称作共产主义者。

[①]《马克思恩格斯全集》第16卷，人民出版社1964年版，第242页。
[②]《马克思恩格斯全集》第22卷，人民出版社1965年版，第489页。
[③]《马克思恩格斯选集》第4卷，人民出版社2012年版，第305页。

从19世纪70年代开始，国际工人运动逐渐出现了新的高潮，欧美许多国家相继成立工人阶级政党，一般命名为社会民主党或社会民主工党。由于在第一国际时期科学社会主义经过于各种机会主义流派的斗争，已在工人运动中占据主导地位，因而，各国社会党在其纲领和策略上都是以马克思主义思想体系作为依据的，社会民主主义在这一时期实际上被当作了科学社会主义的同义词来使用。他们在理论上强调彻底批判资产阶级国家，批判资本主义制度，主张消灭资本主义私有制，建立社会主义公有制。在实践上，主要从事工会工作，开展议会活动，通过社会立法和经济斗争的方式为工人阶级争取劳动和生活状况的改善。因此，1889年第二国际成立时，各国社会党在"一切重大问题方面都站到马克思主义立场上来了"，"第二国际在其意识形态方面是一个革命的国际"[1]。

19世纪末20世纪初，资本主义取得了迅猛发展，出现了许多新变化。随着马克思和恩格斯的相继逝世，社会民主党内出现了改良主义倾向。1899年，德国社会民主党领袖伯恩斯坦写作了《社会主义的前提和社会民主党的任务》一书，抛出改良主义理论，全面否定和修正马克思主义理论。他反对根据客观的历史必然性来论证社会主义，宣称社会主义的胜利并不取决于内在的经济必然性。在资本主义发展中出现的卡特尔、辛迪加、托拉斯等垄断组织，恰恰表明现代资本主义有了强大的生命力，经济危机可以完全避免，资本主义的矛盾趋于缓和。他反对暴力革命，攻击马克思主义的暴力革命学说是"彻头彻尾的布朗基主义"[2]，提出社会民主党应该放弃过火的行为，不走暴力、流血的革命道路，而走改良的道路；反对打碎旧的国家机器，反对无产阶级专政，认为资本主义的"自由制度"是"有伸缩性的，有变化和发展能力的。用不着炸毁它们"[3]，主张用资产阶级民主、议会的"合法手段"来"改造国家制度"，普选权是"使人民的代表从人民的主人转变成人民的真正仆人的工具"[4]。提出要把社会民主党改造为"通过民主改良和经济改良的手段来实现社会的

---

[1] ［奥］尤利乌斯·布劳恩塔尔：《国际史》第1卷，杨寿国译，上海译文出版社1985年版，第231页。
[2] ［德］爱德华·伯恩施坦：《社会主义的前提与社会民主党的任务》，殷叙彝译，生活·读书·新知三联书店1965年版，第78页。
[3] 同上书，第209页。
[4] 同上书，第193页。

社会主义改造的政党。"① 伯恩施坦上述言论的实质在于根本否定马克思主义,是一个反马克思主义的派别。列宁在《马克思主义和修正主义》中深刻地指出:"修正主义对社会主义运动的最终目的所抱的态度,是它的经济倾向和政治倾向的自然补充。'运动就是一切,最终目的算不了什么',伯恩施坦的这句风行一时的话,要比许多长篇大论更能表明修正主义的实质。临时应付,迁就眼前的事变,迁就微小的政治变动,忘记无产阶级的根本利益,忘记整个资本主义制度、整个资本主义演进的基本特点,为了实际的或假想的一时的利益而牺牲无产阶级的根本利益,——这就是修正主义的政策。"② 1917年4月,列宁提议各国社会民主党的左派把党的名称改为共产党。原因在于:"社会民主党的正式领袖在世界各地都背叛社会主义,投奔资产阶级了"③;"全世界大部分社会民主党人已经背叛社会主义,转到本国政府方面去了"④,所以应"脱去脏衬衫,穿上干净的衬衫"⑤。在列宁的号召下,各国社会民主党中的左派在"涅槃"中获得新生,普遍成立了共产党,并于1919年3月在莫斯科成立了被称为红色国际的"第三国际"。1923年5月,社会党的中派与右派43个政党的代表在德国汉堡联合召开会议,成立了"社会主义工人国际","社会民主主义"仍然作为自己理论和政策的通用概念,与共产主义分道扬镳。

2. 民主社会主义进一步放弃传统马克思主义,倡导改良主义时期

在两次世界大战之间,社会民主党实际上已经以伯恩施坦主义为其理论基础,但传统的马克思主义思想仍有保留。20世纪50年代以后,社会民主党调整了其基本理论和政策纲领,不再讳言自己是改良主义政党,在调整中传统马克思主义被进一步放弃。1951年6月,由于德国社会民主党和英国工党的推动,在德国美因河畔的法兰克福,国际社会党第一次代表大会举行,正式宣告社会党国际成立。大会通过了《民主社会主义的目标和任务》,这是具有深远意义的纲领性文件,它把实现民主社会主义

---

① [德]爱德华·伯恩施坦:《社会主义的前提与社会民主党的任务》,殷叙彝译,生活·读书·新知三联书店1965年版,第239页。
② 《列宁选集》第2卷,人民出版社2012年版,第7页。
③ 《列宁全集》第29卷,人民出版社1985年版,第110页。
④ 同上书,第111页。
⑤ 同上。

作为奋斗的目标,"社会主义只能通过民主来实现,民主只能通过社会主义来完成",并将政治民主、经济民主、社会民主和国际民主定位为民主社会主义的价值目标,社会主义是民主的最高形式。此后,"民主社会主义"一词取代"社会民主主义",作为其政党实践原则的统称。这一概念的转换除了突出民主价值、批判共产党及其领导下的共产主义外,还意味着社会民主党根据国情和时代的变化,不断进行理论和实践上的探索,不断调整政策,推进理论创新。至此,民主社会主义被赋予了新的时代内涵,基本完成理论体系的构建。

针对德国战后政治、经济和社会条件的发展变化,1959年11月,德国社会民主党在哥德斯堡召开代表大会,通过了标志着民主社会主义理论形态趋于成熟的《德国社会民主党基本纲领》,即《哥德斯堡纲领》。该纲领抛弃了一切马克思主义的词语和论证,声明德国社会民主党从工人阶级政党转变为全民党。《纲领》宣布民主社会主义"根植于基督教伦理学、人道主义和古典哲学"[①],拒绝把马克思主义作为其思想来源;提出"自由、公正、互助"是社会主义的基本价值,宣称"社会主义是一项持久的任务,即争取、捍卫自由和公正,而且它本身在自由和公正中经受检验"[②],并认为实现这项任务的途径是社会民主党同其他民主政党在平等的条件下通过竞争,赢得广大人民的支持。这就彻底切断了民主社会主义与马克思主义的联系,放弃了对马克思主义的信仰。随后,民主社会主义在欧洲经历了20多年的"黄金时期",社会民主党纷纷成为执政舞台上的主要政治力量,推行了一系列缓和劳资矛盾的政策,普遍实行福利制度,一定程度上缓解了经济发展中出现的利润率下降与有效需求不足的问题,相对于自由资本主义而言,民主社会主义追求社会平等的价值得以显现。

3. "第三条道路"兴起,亦即民主社会主义的转型时期

20世纪末,苏联解体、东欧剧变后,面对代表大垄断资产阶级的新自由主义的强烈攻势,民主社会主义缺乏有效对策,陷入前所未有的困境。从70年代末到90年代中期,信奉新自由主义的右翼政党纷纷上台,并且政绩颇佳,在大选中连选连胜,而社会民主党则长期在野。面对资本

---

① 中共中央党校科学社会主义教研室、国外社会主义问题教学组编:《社会党重要文件选编》,中共中央党校科研办公室1985年版,第149页。

② 同上。

主义世界经济结构、阶级关系的变化以及新自由主义带来的挑战，为了寻求民主社会主义的现代化，社会民主党不得不以变革求生存，对其理论政策进行了一系列革新和调整，提出了一套全方位、多层次、多角度的改革方案和政治策略，最终迎来社会民主主义复归，走上"第三条道路"，实现了重返执政舞台的目标。

"第三条道路"在政治方面主张打碎左、右两分法的政治思维，团结各种政治力量，下放权力，还政于民。正如布莱尔指出的："'第三条道路'是通向现代社会民主主义的复兴和成功之路。它并不是左派和右派之间的简单妥协……而这样做的目的是摆脱过时的意识形态。"① "第三条道路"虽然传承了民主社会主义传统的核心价值观，但赋予了平等、自由这些价值观念以新的时代内涵。强调人的平等在于人们追逐财富与权利的机会平等，而不是个人对财富占有结果的平等。在经济方面，"第三条道路"不主张放任自流主义和简单的国家干预，而支持建立拥有以多种私有制占主体的混合经济模式，这种混合经济不是强调公有和私有之间的平衡，而是要在实现管制与解除管制、经济生活与非经济生活之间确立一种平衡关系。在福利制度方面，"第三条道路"从现实出发，改革传统福利制度，提出了变消极的福利制度为积极的福利制度、变福利国家为社会投资型国家的构想，"要给人们以扶持，而不仅仅是施舍……福利应成为成功的跳板，而不是缓解措施失败后的安全网。"② 这一时期，社会民主党人为了与苏联东欧的"现实社会主义划清界限"，在社会党国际的十九大上将之前的思想体系的名称重新改为"社会民主主义"，旨在表明它是一种（社会）"民主主义"，而不是一种（民主）"社会主义"。德国著名学者托马斯·迈尔指出，社会民主主义，就是民主社会主义，就是社会民主。德国社会民主党成员理查德·施罗德也主张放弃民主社会主义的概念，认为社会主义一词不能再指明基本方向，"尤其因为目前冲突的战线已不再在资本和劳动之间"。所以，他们仅仅把社会主义看作通过对现存社会的不断调整以实现自由和公正等价值，不再将其看作一种社会制度。

---

① ［英］托尼·布莱尔：《第三条道路》，薛晓源译，载杨雪冬、薛晓源主编《"第三条道路"与新的理论》，社会科学文献出版社 2000 年版，第 25 页。
② ［英］托尼·布莱尔：《新英国——我对一个年轻国家的展望》，曹振寰等译，世界知识出版 1998 年版，第 168 页。

(二) 中国特色社会主义与民主社会主义发展模式的根本分歧

通过对民主社会主义嬗变的考察，可以清楚地看出，尽管民主社会主义国家打着"社会主义"的旗号，但就其实质来说，它并不是社会主义的一种模式，而是资产阶级社会改良主义，与科学社会主义相背离。它以历史唯心主义作为指导思想，服务于资本主义制度。民主社会主义发展模式与中国特色社会主义的本质区别主要体现在以下几个方面。

1. 指导思想不同

民主社会主义一贯主张自身思想来源的多样性和指导思想的多元化，认为不应以某一固定的宗教、哲学和社会政治思想为其理论基础，而应兼收并容所有符合其社会主义原则和目标的思想材料。《法兰克福宣言》指出，"社会主义是一个国际性运动，它不要求对待事物的态度严格一律。不论社会党人把他们的信仰建立在马克思主义的还是其他的分析社会的方法上，不论他们是受宗教原则还是受人道主义原则的启示，他们都是为共同的目标，即为一个社会公正、生活美好、自由与世界和平的制度而奋斗。"[1] 在《阿尔布赞拉宣言》中，社会党国际声称："我们实行我们所主张的多元主义"，由此可以看出，民主社会主义国家反对把马克思主义作为统一的指导思想，主张指导思想的多元化，认为基督教教义、法国大革命的人权宣言、康德伦理学与启蒙思想、黑格尔哲学、马克思的批判分析方法、伯恩施坦主义、伦理社会主义学说、罗莎·卢森堡的"自发论"以及国际工人运动的经验等都可以作为自己的思想理论基础，淡化马克思主义色彩，甚至把马克思主义从纲领中排除。"在欧洲民主中，马克思主义不再是作为无产阶级革命理论的有效力量"，"马克思主义不再能鼓舞工人，不再是其精神领袖了。"[2] 民主社会主义的思想体系实质上是各种实用主义观点的大杂烩，已基本抛弃了马克思主义的核心内容和基本立场，与资产阶级政党并无二异。

中国特色社会主义的指导思想是唯一而恒定的，始终坚持马克思主义指导地位不动摇，不搞指导思想的多元化。在坚持马克思主义的基本立

---

[1] 社会党国际文件集编辑组编辑：《社会党国际文件集》，黑龙江人民出版社1989年版，第3页。

[2] 张契尼、潘琪昌：《当代西欧社会民主党》，东方出版社1987年版，第16页。

场、观点和方法的同时,紧密结合时代特点和中国具体国情,对马克思主义进行了创造性发展,形成了中国化的马克思主义。在中国特色社会主义发展进程中,马克思主义经典作家对未来社会的构想、国际工人运动的具体实践、传统社会主义模式的经验与教训等都是它的思想理论来源。实践证明,只有坚持以马克思主义为指导,才能避免重蹈苏联及东欧各国的覆辙,社会主义建设事业才能兴旺发达,实现中华民族的伟大复兴。

2. 奋斗目标不同

马克思和恩格斯在科学社会主义奠基之作的《共产党宣言》中指出:"共产党人可以把自己的理论概括为一句话:消灭私有制"[①]。这句话可以作为区别中国特色社会主义与民主社会主义的一个主要参照。如果说民主社会主义在其发展早期还坚持废除私有制、消灭剥削、消灭阶级,没有完全放弃"以社会主义代替资本主义"的计划,还试图通过执政对资本主义私有制和生产关系进行深刻改造,进而实现制度目标的替代,那么,当代民主社会主义完全抛弃了共产主义奋斗目标,转而强调一些诸如"自由、民主、公正、互助"这样的伦理价值,并从这些伦理道德原则出发,把为一个自由民主、社会公正、世界和平的制度而奋斗确定为民主社会主义的目标,他们认为资本主义的根本经济和政治制度并不是社会各种弊病和矛盾产生的根源,也不是阶级剥削、阶级压迫的存在,而是对人类一般伦理原则的违背。主张在保持资本主义基本制度、不触动资产阶级根本利益的前提下,按照伦理道德原则以改良的方式来实现其基本价值目标。

中国特色社会主义有着明确的制度目标,即坚持把消灭私有制和一切剥削制度,实现共产主义作为自己的奋斗目标。在不放弃制度目标的前提下,中国特色社会主义的价值目标也越来越受到重视。邓小平指出:"社会主义的本质,是解放生产力,发展生产力,消灭剥削,消除两极分化,最终达到共同富裕。"[②] 这一科学和精辟的论述,明确体现了中国特色社会主义的价值追求。之后,中国共产党又把"以人为本,执政为民"作为党的执政理念,提出"构建社会主义和谐社会"的社会理念、"全面、协调、可持续发展"的发展理念以及"社会主义核心价值观"的价值理念,凸显了中国特色社会主义的价值目标和价值追求。并且制度目标与价

[①] 《马克思恩格斯选集》第1卷,人民出版社2012年版,第414页。
[②] 《邓小平文选》第3卷,人民出版社1993年版,第373页。

值目标二者相辅相成,达到了内在的统一,这是与当代民主社会主义的一个重大区别。

3. 经济制度不同

当代民主社会主义认为,所有制并不是社会生产关系中具有决定作用的因素,公有制与社会主义之间没有必然的联系。因此,生产资料社会化并非是社会主义的基础而仅仅是实现社会主义的手段。他们声称判断社会性质的根本标准不在于生产资料的主体结构,完全可以在保留生产资料资本主义私有制的条件下使社会主义得以实现。"对社会党人来说,最重要的问题不是谁掌握生产资料,而是人们在社会中生活得如何。"[1] 德国社会民主党提出:"生产资料私有制,只要它不妨碍建立一个公正的社会制度,就有资格获得保护和促进。"[2] 他们主张在保持私有制主体地位的前提下,实行混合经济制度,使国有企业、私人所有制企业与其他经济成分并存,并在这一框架内实现国家对生产和市场的宏观调控,维护以按资分配为主体的收入分配制度。如在挪威,大部分的资源和生产掌握在 150 个家族手中,生产和销售的 3/4 由他们直接或间接进行控制;"在瑞典,企业有 90%以上集中在私人资本家手中,全部工业产品的 93%由私人企业生产,95%的生产资料掌握在 100 个大家族手中,17 个财政资本集团支配着国民经济命脉,仅占人口总数 0.2%的人,却控制着全部股票的 2/3,仅占人口总数 5%的富翁得到全部财富的 1/2 以上。"[3]

中国特色社会主义虽然也实行混合的经济发展模式,但是以质与量都占优势的生产资料公有制的主体地位为前提的,它是中国共产党能够长期执政、巩固执政地位的社会主义性质的经济基础,与当代民主社会主义所主张的"混合经济"有质的区别。在坚持基本经济制度时,也强调充分发挥市场在资源配置中的决定性作用。指出市场经济是社会主义国家在同资本主义的竞争中采取的一种现实选择,而不是社会主义经济的本质属性。随着我国社会主义由初级阶段向高级阶段的发展,市场经济及其"祸害"终将被抛弃。在这一点上,中国特色社会主义与民主社会主义的观点和看法也有着根本分歧。

---

[1] [苏] H. 西比列夫:《社会党国际》,姜汉章译,中国社会科学出版社 1983 年版,第 99 页。

[2] 张世鹏译:《德国社会民主党纲领汇编》,北京大学出版社 2005 年版,第 75 页。

[3] 徐崇温:《民主社会主义评析》,重庆出版社 1995 年版,第 352 页。

4. 政治制度不同

民主社会主义认为，由于生产力的发展，社会阶级结构有了明显的变化，工人阶级已经萎缩，他们作为历史动力的主导作用已经丧失了，社会主义的领导阶级将不再是工人阶级，而是由新出现的公务员、专业技术人员、自由职业者等构成的社会阶层来领导。他们抹煞党的无产阶级性质，公开宣称他们的党是"思想自由"的全民党，不是某一阶级、阶层或集团的政治组织。鼓吹阶级调和，主张实行多党制、赞同三权分立。认为"民主需要有一个以上的党存在和彼此反对"，在多数派组织成政府的同时要尊重少数派在党内发表自己观点的权利。强调抽象的超阶级的民主，否认民主与专政的统一，极力地攻击无产阶级专政，认为民主和暴力这两个概念是相互排斥的，民主和专政是互相对立、根本不相容的。"国际共产主义运动是新帝国主义的工具。不论在什么地方，只要它获得政权，它就破坏自由与获得自由的机会，它的基础是建立在军事官僚和警察恐怖之上的。"[①] 主张通过议会民主与和平改良渐进地变革社会。与之相区别，中国特色社会主义坚持共产党的工人阶级先锋队性质，贯彻民主集中制的组织原则，坚持人民民主专政，坚持人民代表大会制度、中国共产党领导的多党合作和政治协商制度、民族区域自治制度和基层群众自治制度，不搞西方的"三权分立"和"多党制"，反对多党轮流执政。这些政治制度经过实践检验，证明适合我国国情。

（三）借鉴民主社会主义合理成分，发展中国特色社会主义

中国特色社会主义的实践迄今不过30多年的历史，在发展社会主义市场经济和建设民主政治方面缺乏经验，中国因此借鉴人类一切文明成果是题中应有之义。作为当代西方社会民主党应对时代问题的一种理论体系，民主社会主义的观念、主张和政策措施毫无疑问地包含了需要借鉴的优秀文明成果，我们要摒弃从前对其全盘否定、一切"对着干"的错误，在发展中国特色社会主义的进程中，借鉴民主社会主义的一些有益做法与思路。但借鉴他国的成果绝不能完全照搬其模式，而要取其精华，去其糟粕，有分析鉴别和批判的能力，坚持"借鉴人类的一切文明成果"和"走自己的道路"两方面的辩证统一。

---

① 世界知识出版社编：《各国社会党重要文件汇编》，世界知识出版社1959年版，第4页。

1. 在经济方面，应借鉴其注重处理国家宏观调控和市场调节的关系、保障经济决策与管理中的全员民主参与的经验

在我国社会主义现代化建设过程中，长期以来一直面对着如何处理好国家宏观调控和市场调节关系的问题。民主社会主义认为，应该分清国家干预和市场调节各自的作用。对于市场经济运行中的缺陷，国家和政府必须承担起自己的责任，采取各种国家干预措施予以弥补；对于具体的经营环节，国家不应过多干预，而要不断创造条件，加大市场自身的调节作用。只有适时地发挥国家宏观调控职能，才能引导国民经济持续、快速、健康发展。这与我国所选择的市场调节与宏观调控相结合的经济发展道路有很大相似之处，它们的诸多成功做法对我们确有启发。在处理效率与公平的关系方面，民主社会主义主张经济效率和社会公平公正并重。认为国家经济的增长能带来更多的财政收入，从而保证社会再分配政策在缩小贫富差距方面发挥积极作用，以缓和社会冲突，同时完善社会保障体系，增加就业机会，提高劳动报酬在分配中格局的比重，使普通公民的人权和基本政治权利得到了良好的经济条件的保障。这些政策对我国正确处理公平与效率的关系有很大的借鉴价值。党的十八大强调，兼顾好效率和公平，不但要体现在初次分配中，也要体现于再分配环节，再分配时要更加注重公平。在促进经济发展的基础上，切实维护好最广大人民的根本利益，促进社会公平正义，使社会各方面的利益关系得到妥善处理，实现社会的稳定发展。此外，民主社会主义还强调经济民主，认为其基本原则"不是简单地实行国家在形式上和法律上的控制，而是实行工人本身及其团体对经济决策的实质性参与。"[①] 为此，欧洲社会党在执政实践中制定了民主的、广泛参与性的、非集中化的生产政策，加强公共投资监管；使工人参与在企业和工作场所中不同层次的联合决策，工会参与对国民经济政策的决定；建立由工人和农民实行自我管理的各种形式的合作社等。在此基础上，形成了各具特色的经济管理模式和民主参与模式，如德国社会民主党的社会参与模式、瑞典社会民主党的劳资集体谈判模式、英国工党的共同协商模式、荷兰工党与比利时社会党的工厂委员会模式等。[②] 这些经验对于我国经济领域中处理管理与民主、劳资关系，维护工人权益等具有重要

[①] 中联部资料编辑中心选编：《社会党国际和社会党文件选编》，中央党校出版社1993年版，第25页。

[②] 蒋锐、王镇：《拉美与欧洲社会党的内外政策比较》，《江汉论坛》2012年第9期。

的借鉴价值。

2. 在政治方面，借鉴其尊重民意表达，切实保障民主程序和公民民主权利，重视基层民主治理的经验

中国特色社会主义与民主社会主义对民主的理解是完全不同的，但在实践层面上，它们之间却存在一些共性的东西。英国学者戴维·赫尔德在《民主的模式》中写道："对原则的思考，如果不考察其实现的条件，就只有道德意义，而将这些原则的实际意义几乎排斥在外。"① 所以，我们不能因为原则的分歧而完全否认民主社会主义对促进民主发展的贡献。民主社会主义不仅将民主视作社会主义的价值目标，而且是实现社会主义的现实手段和制度保障，正如社会党国际《法兰克福宣言》所说：社会主义"是一种最高形式的民主"，它"只能通过民主来实现，民主只能通过社会主义来完成。"② 德国社会民主党《哥德斯堡纲领》也强调：民主"必须成为普遍的国家制度和生活制度，因为只有民主制才能体现对于人的尊严和人的自身责任的尊重……社会主义只有通过民主制才能实现，只有社会主义才会履行民主"。③ 在具体的政治生活中，民主社会主义尊重民意表达，注重保护公民民主权利，并采取切实措施保障民主程序的公平性与公正性。在国家与社会的关系上，强调"公民社会"的作用，主张在政府、公民和社会组织之间建立良好的伙伴关系，以"治理"代替"统治"。这些成功的经验启示我们，在中国特色社会主义民主建设中，应发挥社会主义制度的优越性，加强基层民主政治建设，完善村民自治和社区自治制度，认真听取人民群众的建议，主动接受人民群众的意见，使广大人民群众的根本利益得到切实维护和实现。对社会各个不同阶层和群体的利益诉求应给予充分尊重，面对渐次出现的矛盾和问题，要善于运用协调机制妥善处理，整合利益，形成推进经济社会发展的合力。

3. 在国际关系方面，借鉴其较先进的政策理念和灵活务实的外交策略

民主社会主义一直关注事关全球和整个人类发展的重大问题，并不断

---

① ［英］戴维·赫尔德：《民主的模式》，燕继荣等译，中央编译出版社 1998 年版，第 384 页。
② 张世鹏译：《德国社会民主党纲领汇编》，北京大学出版社 2005 年版，第 61—62 页。
③ 同上书，第 71 页。

根据时代的变化提出自己的思想主张，曾在恢复中国的联合国合法席位、援助不发达地区经济发展、减免发展中国家的债务负担等方面发挥了积极作用。20世纪90年代，社会党在德、法、英等西欧大部分国家执政或参政以后，为了扩大自身影响和政绩，它们不再仅仅立足国内事务，而是以积极的态度通过参与全球治理发挥更大的作用。他们推动建立和平共处、相互谅解与合作的国际经济政治新秩序，抨击霸权主义，维护世界和平，反对强权政治，实行对外开放的"国际民主"。如在"9.11"事件后的两个月中，布莱尔奔波于世界舞台，到达过30多个国家和地区，行程4万多英里，与各国首脑、政要会晤60多次，努力在协调欧美关系方面发挥桥梁和枢纽作用，凸显英国在对外关系中的重要地位。又如2003年美国对伊拉克发动战争后，施罗德政府一改以往对美国重大政策基本附和的做法，多次强烈反对美国对伊拉克的战争政策。民主社会主义在国际关系方面的经验，也都是我们在推动国际关系民主化、反对强权政治和单边主义、通过平等协商解决国际问题、共同治理世界事务中应该学习借鉴的。但是，对于一些欧洲社会党人打着民主、人权、和平的旗号干涉他国内政甚至大搞霸权主义的做法，我们是不能认同的。

4. 在社会建设方面，应借鉴其重视社会福利和保障制度的经验

社会福利和保障制度是民生问题的重要内容。民主社会主义把"实现公平分配，建立一个充分就业、增加生产、提高生活水平、实现社会保障和推行收入与财产的合理分配"的福利社会作为其社会目标。在现实实践中，欧洲社会党推行的福利国家制度覆盖面广，保障项目齐全，人生所遇到的各种困难，如生育、儿童、疾病、伤残、孤寡、失业、教育、养老等都有相应的解救措施，从而增强了社会中下阶层对失业、疾病等风险的抵御能力。这在一定程度上缩小了贫富之间的差距，对缓和不同利益集团之间的矛盾及维护社会稳定大有裨益。在我国，随着社会主义市场经济的发展，一系列严重的社会问题逐渐暴露出来，如人口老龄化、就业不充分、两极分化、低收入阶层和贫困家庭数量庞大等，从而增加了社会不稳定的因素。目前我国的社会保障制度还很不完善，社会福利水准较低，覆盖面不够广，难以发挥应有的作用，建立健全同经济发展水平相适应的社会保障制度仍然任重而道远。在这方面，我们应当借鉴民主社会主义的很多政策主张和实践措施。

5. 在党的建设方面，应借鉴其充分发扬党内民主，尊重并切实保障党员民主权利的经验

随着全球化和信息化的快速发展，民主社会主义和社会党适应新形势，不断进行自身建设战略的调整，高度重视党员队伍建设，努力探索发挥党员主体作用的有效途径；注重提高青年和妇女党员的地位，尤其注重提高妇女党员在党的各级机构及党代表中的比例；积极实施组织运行机制民主化改革，将重视和保障普通党员的民主权利作为党组织建设的重要内容；不断进行基层党组织活动方式的创新，激发党员参加组织活动的积极性；运用现代信息手段，拓宽组织沟通渠道，加强政党内部的信息交流与传递。这些好的做法启示我们在新的历史时期要在大力提高科学执政、民主执政、依法执政水平的同时，按照十八大报告提出的"积极发展党内民主，增强党的创造活力"的新要求，"保障党员主体地位，健全党员民主权利保障制度，落实党员知情权、参与权、选举权、监督权"。

民主社会主义的观念、主张及政策层面的积极经验值得借鉴，并不意味着它是"普世价值"。马克思主义认为，经验的产生离不开社会实践，它是人脑对客观存在的反映，是人们在实践中获取的知识或技能。如果把个别的、局部的实践经验当作普遍真理，到处搬用，那就犯了经验主义的错误。毛泽东明确指出经验主义的要害在于轻视马克思列宁主义普遍真理的指导意义，从狭隘的一时一地的经验出发，指导全局工作，以过时的经验，指导现实的斗争，满足于局部经验，把局部经验误认为是普遍真理，否认具体问题具体分析。民主社会主义之所以在北欧、西欧获得成功，一方面由于这些国家原有经济技术基础较好，加上二战后美国凭借雄厚实力推行欧洲复兴计划，使这些国家进入经济发展的"黄金时代"，并有条件采用更先进的技术和设备以避免或减少污染的产生；另外，北欧、西欧较早地对三大产业结构进行了调整，比重发生了较大变化，第三产业比重迅速上升。如果其他国家盲目效仿民主社会主义的形式，却不具备北欧、西欧国家的发展实质，是不可能取得成功的。如印度经历了 67 年的民主社会主义发展道路，并没有展示出较中国特殊的发展优势，同时印度的官员腐败问题世界闻名，腐败程度超过中国。非洲的塞内加尔，虽然走上了民主社会主义道路，但经过 50 多年的发展，仍然在联合国《2014 年最不发达国家报告》中被列为世

界最不发达的48个国家之一。这说明，民主社会主义在特定条件下形成的经验不可能适合一切国家，也不能照搬照抄。无论从历史还是从现实来看，民主社会主义都不适合中国国情，它与中国特色社会主义是两种完全不同的发展道路，是"两股道上跑的车"。民主社会主义不适合中国国情，那种主张中国走民主社会主义道路的论调，在理论上是站不住脚的，在实践上是根本行不通的，我们必须坚定不移走中国特色社会主义道路，把中国特色社会主义事业不断推向前进。

四 中国特色社会主义与新美国模式的比较

认识中国特色社会主义，离不开与资本主义发展模式的比较。二者虽有着本质区别，但由于中国特色社会主义的形成和发展吸收、借鉴了资本主义文明成果，二者又有一定的联系。世界上各种不同的资本主义国家从根本上讲有许多共性，都是建立在私有制基础上的资本主义市场经济，但由于具体国情的不同，在自己的发展过程中形成了诸多具有鲜明特征的发展模式。主要有：新美国模式、莱茵模式、日本模式等。在此仅就新美国模式与中国特色社会主义作一比较。

（一）新美国模式的兴起

新美国模式是以美国、英国为主的资本主义市场经济发展模式，以自由主义的古典经济学为理论依托，要求经济自由发展，相信自由市场经济能够自动实现经济均衡，反对政府干预。国内外学者对其有着不同的称谓，诸如，盎格鲁—撒克逊模式、新自由主义模式、里根—撒切尔模式等。

新美国模式是20世纪70年代末和80年代初由里根和撒切尔夫人主导推行"里根经济学"和"撒切尔主义"而形成的。1973—1975年资本主义世界"滞胀"危机发生前，资本主义国家盛行凯恩斯主义经济思想，强调对市场加以政府干预和管束。这一时期堪称资本主义历史上的"黄金时代"，经济高速发展，发达资本主义国家国民生产总值年均增长率为4.9%，劳资关系相对和谐、社会相对稳定。但由于长期过度使用凯恩斯主义政策，国家的管制会限制经济的自行发展，对市场的自我调节机能造成破坏。政府赤字政策导致了供需不对称，高额税收抑制了生产的增长。

加之第四次中东战争期间,石油输出国组织对西方国家实行石油禁运政策,使西方国家的生产成本大幅提高,对资本主义国家经济的打击非常沉重,直接触发了滞胀危机。1973年11月,经济危机首先从英国开始,扩及美、法、日等国。整个资本主义世界工业生产下降了8.1%,其中日本高达20.8%;企业破产严重,股票行情大跌,最初两年内,美、西德、日等10个国家资本超过百万美元以上的企业倒闭12万多家,拥有大约50亿美元资产的富兰克林国民银行被宣布破产,股票价格下跌总额达5000亿美元;物价上涨,1974—1975年,物价指数的上升日本为32.5%,英国则高达43.9%。"滞胀"危机,使得"凯恩斯主义"成为众矢之的,反对国家干预的"古典经济自由主义"思潮又重新抬头,资本主义发展步入"里根—撒切尔时代"。

1979年撒切尔夫人当选英国首相后,便积极倡导"找回自由市场",认为产生"滞胀"的罪魁祸首是"大政府",竭力扭转政府职能扩大的势头,颂扬"小政府"的优点,主张政府减少对经济活动的干预,缩减公共部门的规模,削减公共开支;撒切尔认为,国家通过收入再分配手段维持的社会福利是一种妨碍竞争的"劫富济贫"的不公正行为,只会让人产生"不劳而获"的思想,增加庸人和懒人的惰性,因此,提倡大幅度削减社会福利,降低国家福利的主要支持力量——工会的实力与影响;在各个领域推行私有化运动,到1991年,70%的国有企业被私有化,最终使英国经济走出了长期"滞胀"的局面。

在大西洋彼岸的美国自1981年里根上台后,面临的是高达13.5%通胀率和高失业率。里根政府认为,造成经济"滞胀"困局的直接原因在于政府职能的过度膨胀,而不是国际性经济危机的连锁反应和市场经济本身的失控,"政府不能解决问题,政府本身就是问题"。于是,在新自由主义理论的指导下,里根总统在1981年2月向国会提出"经济复兴计划",执行"少政府、少开支、少征税、少福利"的政策。在宏观经济政策领域,严格控制货币供应量的增长,实行稳定的货币政策以抑制通货膨胀,降低税率,削减财政开支,减少财政赤字;在社会福利政策方面,继续推行自尼克松政府以来的"逆向改革",提出大幅度削减失业保障、医疗保健、失业者培训、住房补贴等诸多政府社会福利开支的主张;在政府管制方面,放宽或撤销部分涉及政策管制的规章条例,减少政府对企业不必要的干预。里根的政策,使美国经济"滞胀"得到缓解,在降低通货膨胀率和失业率方面效果显著，通货膨胀率由1980年的12.4%下降到1982年的5.1%；失业率由1983年的9.6%下降到1989年的5.3%。同时，在政治文化价值观方面，重拾保守主义，重塑传统社会道德伦理。在对外关系上，提出"扩军抗苏"和"重振国威"的口号，扭转了"苏攻美守"的不利局面，转而对苏采取"进攻性"的"推回"战略。这样，经过里根——撒切尔革命，一个全新的资本主义发展模式——"新美国模式"在西方社会诞生。

新美国模式在经济上提倡以私有制为基础，主张自由放任的市场经济，反对国家干预；在政治文化上抨击政治自由派的价值观念，提出了维护资本主义秩序和传统的主张，倡导保守主义价值观念，强调"宗教、家庭、道德"的重要；在对外关系上以意识形态的异同定亲疏，实行以实力做后盾的进攻型战略。这一模式在随后的布什总统任期得到进一步巩固，在克林顿政府时期有所发展，在小布什政府时期达到顶峰并开始向全球范围推行，奥巴马上台执政后，由于金融危机暴露出的美国经济结构性失衡和矛盾，奥巴马政府对这一模式进行了调整。与30多年前相比，新美国模式有了很大的不同，但不论如何发展，都保持了它的基本框架和特征。这种模式的优点是以自由市场为导向，通过激励个人和企业在市场中进行激烈的竞争，充分调动个人和企业的积极性、主动性和创造性，最大限度地发挥市场竞争那只"看不见的手"对经济的指挥作用，与其他发展模式相比，更能适应以市场化和自由化为特点的经济全球化趋势。但我们也要看到这种模式的诸多局限性。由于完全依赖市场"看不见的手"进行资源配置，而政府"看得见的手"处于无政府状态，因此，在市场竞争中，使弱势群体面临更大压力，贫富差距持续拉大，社会不平等现象突出；负债沉重，赤字巨大；实体经济空壳化严重；经济增长的不稳定性比较明显。当今，新美国模式利用它们控制的国际货币基金组织、世界银行和世界贸易组织，在全球各国推行其经济、社会体制，但大多数发展中国家推行新自由主义改革的结果，不仅没有使这些国家政治、经济、社会固有的各种矛盾得到解决，反而出现了许多新问题，严重削弱了发展中国家的民族工业，大大降低了政府控制本国经济和保证金融安全的能力，民族独立和国家主权不断弱化，社会生活急剧下降，贫富两极分化严重。这说明，新美国模式并不是世界各国的"普适性模式"。

(二) 中国特色社会主义与新美国模式的区别

1. 经济制度不同

以公有制为主体、多种所有制经济共同发展的基本经济制度是中国特色社会主义制度的重要支柱，也是社会主义市场经济体制的根基。改革开放30多年来，中国特色社会主义取得的辉煌成就，就是这一基本经济制度优势的生动体现。它表明，虽然中国特色社会主义允许多种所有制经济，但社会主义公有制经济仍占主导地位。这就从根本上消除了资本主义制度下社会化大生产和生产资料私人占有制之间的根本矛盾，为生产力的解放和发展提供了有利的制度条件，促进了国民经济又好又快地发展，也为消灭剥削、消除两极分化、最终实现共同富裕提供了坚实的物质基础。相比较而言，实行新美国模式的资本主义国家虽然有国有经济、社会股份制等新经济形式，但这些经济形式并没有占绝对优势，私有制仍然是这些资本主义国家经济的基础。正如马克思所说，"雇佣工人群众终身注定从事雇佣劳动，他们和资本家之间的鸿沟，随着现代大工业的逐渐占有一切生产部门而变得越来越深，越来越宽。"[①]

从基本分配制度看，中国特色社会主义始终坚持按劳分配为主体、多种分配方式并存。十八届三中全会针对收入分配领域差距拉大的突出矛盾，强调要促进社会公平正义，改革收入分配制度，促进共同富裕。而新美国模式实行的是按资分配为主、按劳分配为辅的分配方式。在优先保障私有资本利益的前提下，兼顾社会公正和大众的利益。按资分配必然造成社会的严重不公。在当代资本主义国家，资产阶级同普通劳动者的收入差距极为悬殊。数据显示，从2009年到2012年，占据美国人口仅1%的最富有阶层收入增长了31.4%，其余99%的人口收入则增长了区区0.4%。2012年，美国1%最富有阶层的平均家庭年收入超过39.4万美元，而占据人口10%的富人阶层家庭年收入则超过11.4万美元。[②] 马克思早在100多年前就明确指出：在资本主义社会，工人阶级经过斗争，虽然可以待遇高一些，吃穿可以好一些，持有财产多一些。但是这"不会消除奴隶的从属关系和对他们的剥削，同样，也不会消除雇佣工人的从属关系和对他

[①] 《马克思恩格斯全集》第22卷，人民出版社1965年版，第110页。
[②] 吴良成：《美国贫富差距创新高》，《人民日报》2013年9月13日第22版。

们的剥削"①。

在经济运行机制上,中国特色社会主义与新美国模式在市场经济的发展途径、发展目的和发展方式上是不同的。中国特色社会主义把市场经济与社会主义制度紧密结合在一起,在强调市场对资源配置的决定性作用的同时要求更好地发挥政府的作用,让政府"有形的手"有效配合市场"无形的手"发挥作用,以保证市场经济的健康发展。中国搞社会主义市场经济的最终目的是为了百姓福祉,使发展成果更多更公平惠及全体人民,在经济社会不断发展的基础上,走向共同富裕。实行新美国模式的资本主义国家把市场经济与资本主义制度联系在一起,其宏观调控主要以法律手段为主,国家约束力比较小。资本主义市场经济的目的是实现资本家及其财团的利益最大化。

2. 政治制度不同

我们党坚持把马克思主义基本原理与中国具体实际相结合,在长期的探索实践中,找到了一条适合中国国情的社会主义政治发展道路。既是对社会主义政治文明本质属性的坚持,又是中国特色的鲜明体现。其核心机制是党的领导、人民当家作主和依法治国三者的有机统一。习近平同志指出,评价一个国家政治制度是不是民主的、有效的,主要看国家领导层能否依法有序更替,全体人民能否依法管理国家事务和社会事务、管理经济和文化事业,人民群众能否畅通表达利益要求,社会各方面能否有效参与国家政治生活,国家决策能否实现科学化、民主化,各方面人才能否通过公平竞争进入国家领导和管理体系,执政党能否依照宪法法律规定实现对国家事务的领导,权力运用能否得到有效制约和监督。② 我国单一制的国家结构形式有利于形成整个政权内部上下一致的合力;中国特色的民主集中制超越了西方"三权分立"的政治格局,也超越了西方将权力制衡异化为相互掣肘、内耗严重的政治现状,保证了重大决策上不出现颠覆性错误;中国共产党领导的多党合作和政治协商制度创设了良好的政治生态环境,有力促进了多党合作事业的发展,各政党以维护和实现最广大人民的利益为己任,共同致力于建设中国特色社会主义,在党和国家重大决策中发挥了积极作用。所以,中国的政治制度是更加科学、更具效率的政治制

---

① 《马克思恩格斯选集》第 2 卷,人民出版社 2012 年版,第 276 页。
② 习近平:《在庆祝全国人民代表大会成立 60 周年大会上的讲话》,人民出版社 2014 年版,第 16 页。

度模式。

新美国模式实行两党制或多党制,通过竞选轮流执政,表面上看似乎是很民主的,但由于生产资料私人占有制度依然是当代资本主义社会的基础,掌握着社会大部分财富的阶级与集团必然要利用金钱对政治加以干预,进而控制社会公共权力。因此,无论哪个党派上台执政,实际上都是代表资产阶级和大资本集团的利益,不可能真正代表人民利益。最近发生的新"邮件门"事件戳破了美国民主的很多神话,让人洞悉了美国民主表面光鲜之下相当肮脏的一些东西。"金钱是政治的母乳",这是对当代美国政治一针见血的描述。大量数据表明,近四十年来,美国的竞选经费花销呈逐年上升的趋势。1976年的总统大选开支为6690万美元,到了2000年这一开支就上升到3.431亿美元,而2004年更达到7.179亿美元,开支上升的速度惊人。2016年总统竞选人及其支持团体仅在竞选宣传上就已"烧掉"10亿美元,成为有史以来最昂贵的选举。恩格斯早在1893年就说过:"美国人早就向欧洲世界证明,资产阶级共和国就是资本主义生意人的共和国;在那里,政治同其他任何事情一样,只不过是一种买卖。"① 三权分立是同资本主义经济和政治相适应的基本政治制度,立法、行政、司法三项权力分离又制约,以权力制衡权力。其本质是资产阶级内部的权力分工。作为一种政治制度,三权分立的弊端在于,它使相当一部分权力在相互牵制中抵消,常常是议不付行、议行分离,以致浪费了大量的人力、物力和财力。曾任美国国会参议员的威廉·富布莱特指出:"我们的政治体制今天运转起来非常不灵……在民主党控制国会而总统是共和党人时,宪法规定的行政和立法之间的内在抗衡就要大大加剧……国会常常不能就预算达成一致意见,也不能有效地削减财政赤字……这在很大程度上要归咎于我们政府权力分立体制所固有的行政和立法之间的抗衡"。②

当前,要划清"依宪执政"与西方的"宪政民主"的界限。党的十八大以后,党中央从维护党和国家长治久安的战略全局出发,把"全面推进依法治国"看作推进国家治理体系和治理能力现代化的重要保证,并强调指出依法治国首先是依宪治国;依法执政,关键是依宪执政。这就科学界定了依法执政与依宪执政的关系,进一步强化了宪法在我们党的依

---

① 《马克思恩格斯选集》第4卷,人民出版社2012年版,第632页。
② [美]威廉·富布莱特:《帝国的代价》,简新芽等译,世界知识出版社1991年版,第42—43页。

法执政中所起的重要作用,是一种规范国家权力的政体安排,体现了党的领导、人民当家作主和依法治国的统一。我国的依宪执政完全不同于西方资本主义的宪政民主,两者在领导力量、权力分享能力、权力行使方式等方面存在着泾渭分明、不容混淆的根本区别。如果简单地将我国依宪执政类比于西方的宪政民主,不但在法理上站不住脚,而且在民主政治的实践中也没有任何实际意义。

3. 思想文化不同

社会主义的经济基础和政治制度为中国特色社会主义思想文化奠定了良好的社会基础,在此基础上形成的思想文化反映了广大人民的利益。它始终坚持以科学的理论武装人、以正确的舆论引导人、以高尚的精神塑造人、以优秀的作品鼓舞人,帮助人们树立正确的世界观、人生观、价值观,培养高尚的理想和道德情操,弘扬优良的民族精神和社会风气,并引领时代发展的潮流,是人类文明发展的崭新文化的代表。在当代中国,发展社会主义先进思想文化,最根本的是坚持用社会主义核心价值体系引领多样化的社会思潮。作为社会主义意识形态最本质、最重要的部分,社会主义核心价值体系包括马克思主义指导思想、中国特色社会主义共同理想、以爱国主义为核心的民族精神和以改革创新为核心的时代精神、社会主义荣辱观等基本内容。它集社会主义价值理念之大成,把我们党倡导的基本理论、思想观念和价值取向系统凝练地整合在一起,规定着社会主义思想文化建设的性质和方向。而新美国模式的思想文化则是在资本主义社会土壤上生长出来的,与资本主义的经济基础和政治制度联系在一起,是为其剥削压迫制度进行辩护的意识形态。不可否认,新美国模式的思想文化在历史上对人类文明发展作出过重要贡献,但由于历史和阶级的局限,其思想文化有消极腐朽的一面,隐含着深刻的内在矛盾,存在难以克服的文化危机。在以私有观念为特征、个人主义为核心内容的世界观和价值观主导下,资本主义思想文化必然产生拜金主义、享乐主义、极端个人主义及各种社会问题。美国学者丹尼尔·贝尔直言不讳地说,"在文化上证明资本主义正当的是享乐主义"[①],是一种"世界末日来临般的享乐"。极端个人主义使"每个人都必然力图抓紧良机进行买卖,每个人都必然会成

[①] [美]丹尼尔·贝尔:《资本主义文化矛盾》,严蓓雯译,江苏人民出版社2007年版,第20页。

为投机家,就是说,都企图不劳而获,损人利己,乘人之危,趁机发财。"① 造成个人与他人、与社会的尖锐对立,破坏和谐的人际关系。

(三) 中国特色社会主义与新美国模式的相通之处

中国特色社会主义与新美国模式在社会制度上是根本对立的,但在基本制度的运行机制、运行形式上,是有一定联系的。只看到两种社会制度之间的对立和斗争,看不到二者的联系,忽视、怀疑、反对二者之间的相互借鉴、相互交流,就会自我封锁,走闭关自守的老路。只有充分认识社会主义和资本主义互补性的一面,才能在改革开放过程中大胆吸收和借鉴人类社会创造的一切文明成果,从而赢得与资本主义相比较的优势。资本主义社会存在的事物,有些是属于共性的,是不同社会经济形态和经济发展阶段所共有的规律、方式、方法和概念,是人类社会发展的共同财富,它本身并不等于资本主义。谁认识了它,了解了它,谁就可以运用它为自己服务。中国特色社会主义市场经济与新美国模式市场经济有着不同的性质,但在世界经济全球化的大潮中,不同的市场经济要面对共同的世界市场,有需要共同遵循的规则和程序;中国特色社会主义和新美国模式在政党政治上有着本质的差异,但随着世界政治民主化的发展,政党政治都是民主政治,而民主政治实际上又都是法制政治,因此,民主与法制必然会成为共同坚持和实行的原则;中国特色社会主义与新美国模式在思想文化方面有着很大的区别,但在文化多元化的大背景下,思想文化的发展在吸收借鉴外来先进文化的同时都要保持各自的独立性,使其内在的影响力不断扩大。面临这样的国际环境,对于中国特色社会主义来说,在前进的道路上既有很大的机遇,也有各种风险挑战,但从总体上讲,更有利于使中国特色社会主义在与新美国模式比较中体现出优越性。我们既要清醒地看到社会主义与资本主义之间的对立和斗争,也要看到二者之间在诸多方面的相互学习、借鉴与合作。中国特色社会主义和新美国模式作为当代最基本的两种发展道路,可以在竞争中互利互惠,取长补短,在求同存异中增进自身的发展,为人类文明作出更大贡献。

(四) 学习借鉴新美国模式必须抵制盲目崇拜西方

充分借鉴吸收人类一切文明成果特别是新美国模式的经验以推动中国

---

① 《马克思恩格斯全集》第 1 卷,人民出版社 1956 年版,第 615 页。

特色社会主义现代化建设事业,但是这种借鉴不能完全照搬,不能否定我们自己。目前,有些人仍不能以马克思主义的历史唯物主义的立场、观点和方法正确看待西方资本主义文明,从而陷入了盲目崇拜西方的认识和实践误区。这种观点过分强调两种制度的统一性,而抹煞对立性。主要表现为,第一,它不赞成社会主义,而是对西方资本主义无条件地崇拜;第二,它不赞成从中国实际出发,而是提倡照搬照抄西方国家的东西。如果按照他们的这种错误主张去做,那中国就既不会有社会主义,也谈不上有什么本民族的特色,更不会有中国特色社会主义了。邓小平在多次讲话中,谈到关于中国的政治体制改革时反复强调,我们不反对西方的议会民主制,但不能照搬照抄西方国家的政治制度,否则,将会使中国掉进西方国家设好的"和平演变"的圈套里,重蹈苏东亡党、亡国、亡制的覆辙,使国家走向分裂,走向衰落。习近平也多次强调"照抄照搬他国的政治制度行不通,会水土不服,会画虎不成反类犬,甚至会把国家前途命运葬送掉"①。

盲目迷信西方的这种倾向,其产生不是偶然的,而是反映着深刻的历史背景。胡适曾在《介绍我自己的思想》一文中,认为中国不但在物质机械、政治制度上不如人,而且在道德、知识、文学、艺术等方面都不如人,甚至连身体也不如人。因此他热烈的颂扬西洋文明而指责东方文明。1958年9月,毛泽东会见巴西记者马罗金和杜特列夫人谈话时说过,对西方的崇拜是一种迷信,是由历史形成的。这与中国长期陷于半殖民地的境地相关。"帝国主义者长期以来散布他们是文明的、高尚的、卫生的。这一点在世界上还有影响,比如存在一种奴隶思想。我们也当过帝国主义的奴隶,当长久了,精神就受影响。"②"有些人做奴隶做久了,感觉事事不如人,在外国人面前伸不直腰,像《法门寺》里的贾桂一样,人家让他坐,他说站惯了,不想坐。"③ 此外,由于战后发达资本主义国家先行利用科学技术成果提高劳动生产率,经济水平仍居世界前列。同它们相比,中国的经济和科技还存在较大的差距,而且这种差距不是短时间内能够消除的,因此,一些缺乏马克思主义理论素养的人,对西方资本主义的

---

① 习近平:《在庆祝全国人民代表大会成立60周年大会上的讲话》,人民出版社2014年版,第16页。
② 《毛泽东文集》第7卷,人民出版社1999年版,第382页。
③ 同上书,第43页。

东西没有独立思考的能力，从而产生了迷信和盲目崇拜。盲目崇拜西方的教条主义，危害极大，影响甚广，其中一个主要危害就是不能真正地学习和批判地吸收西方资本主义国家的一切文明成果。这种愈演愈烈的错误倾向，如果得不到坚决回击，就会在西方反华势力的纵容下，危及我国来之不易的安定团结的局面，导致政治上的不稳定，改革就会不可避免地发生转向。

学习和借鉴新美国模式的一切积极成果，为我国的改革开放和社会主义现代化建设服务，必须坚持从中国实际出发，采取科学的学习方法。"决不学习和引进资本主义制度，决不学习和引进各种丑恶颓废的东西"[①]，"绝不允许把我们学习资本主义社会的某些技术和某些管理的经验，变成了崇拜资本主义外国，受资本主义腐蚀，丧失社会主义中国的民族自豪感和民族自尊心"[②]。因为资本主义社会弊端丛生，并不像有些人鼓吹的那样完美无缺。实行资本主义制度，照搬资本主义经济、政治、社会等制度，不但不能解决中国的问题，反而会生出更多麻烦。资本主义不能摆脱对利润的无止境的追求，不能摆脱资本的对外扩张和掠夺，不能摆脱周期性爆发的社会经济的大混乱，无法在全社会形成共同的理想，不能消除犯罪、堕落、绝望这些阻碍社会发展的消极因素。因此，在私有制占主体地位的资本主义社会制度下，造成的只能是两极分化，一方面是生产资料的占有者财富的积累，另一方面是没有生产资料被剥削者贫穷的积累，造成的只能是人对财富的贪婪及人性的堕落和丧失。所以，中国共产党领导人历来强调，在学习西方的过程中，要立足中国基本国情，维护中国主权安全，坚持独立自主，破除迷信，有分析有批判地学习西方，不能一切照抄，机械套用。不要学它们的短处和缺点，全盘西化的主张是错误的观点。学习西方资本主义的目的，是建设和发展中国特色社会主义。中国人要以自己的东西为主。对于西方的东西，必须根据中国的实际需要和具体情况进行选择。正确的态度应该像人们对于食物一样，经过口腔咀嚼和胃肠运动，之后排泄其糟粕，吸收其精华，再与中国的具体特点相结合，并通过一定的民族形式，使之完全中国化，创造出中国自己的、有独特的民族特色的东西。这样，才不会丧失民族自信心。为了推动中国特色社会主义的发展，我们应当大力提倡破除迷信、解放思想，冲破迷信西方

---

① 《邓小平文选》第 2 卷，人民出版社 1994 年版，第 168 页。
② 同上书，第 262 页。

的教条主义的束缚，放眼广阔世界，脚踏中国大地，去解决我们面临的各种问题，从而不断地推进中国特色社会主义的崇高事业。

通过分析比较上述几种模式可知，各个国家由于政治、经济、文化等发展的差异，选择发展道路和模式必须从自身的实际情况出发，多样化发展成为必然。每一种发展模式的产生都不是空中楼阁，而是各自历史的多维度的积淀，是经济、政治、历史和文化等各种因素综合作用的结果，这些社会的整体构成共同成就了当前的现实发展状况。在历史上，几种模式曾经互相批判，不认可对方的发展方式，但是随着时代的前进、社会的发展，对异己事物的包容程度越来越成为现代社会文明的标志，更是衡量文明程度高低的重要标准。必须尊重差异，尊重各国根据自己的国情选择的发展道路。单一的发展模式是不存在的，人为的教条的统一模式只能形成唯物主义的对立物，是不符合实际的。中国在广泛而深刻的社会变革中，探寻出了一条既超越传统社会主义模式，又不同于西方发展路径的现代化道路，创造了人类文明史上的奇迹，成功之处在于其独创性，但是这种独创性并不是封闭于世界之外的闭门造车，而是在尊重不同模式的共同与差异的基础上，包容多样，取长补短，共同发展。中国特色社会主义正是学习借鉴了其他社会主义包括民主社会主义以及资本主义的优长之处，才取得相比较的发展优势，在较低的历史起点实现较快的自身发展，但是这种吸收借鉴并非照单全收，也不是生搬硬套，而是根据自身的需要吸取其中科学的成分，促进自己的发展。改革开放以来，中国虽然遇到许多挫折，但始终坚持社会主义根本制度，坚持改革开放，立足于社会主义初级阶段这一基本国情，把社会主义同和平与发展的时代主题紧密结合起来，取得了被誉为"中国奇迹"的辉煌成就，推动了现代人类文明的进步。随着中国特色社会主义道路到21世纪中叶基本实现社会主义现代化的进一步发展，我们将以发展生产力和科学技术的实践，用精神文明、物质文明、政治文明和生态文明建设的实践，为世界贡献更多的"中国机遇"、"中国智慧"、"中国力量"，为人类文明的进一步发展开辟道路，创造出高于资本主义文明的新型文明，证明社会主义制度优于资本主义制度，让发达资本主义国家的人民也认识到社会主义确实比资本主义好，认识到社会主义是人类文明发展的必由之路。

第五章　中国特色社会主义对人类文明发展的贡献

习近平在新进中央委员会的委员、候补委员学习贯彻党的十八大精神研讨班开班仪式上发表重要讲话强调，"党的十八大精神，说一千道一万，归结为一点，就是坚持和发展中国特色社会主义"，并强调"一个国家实行什么样的主义，关键要看这个主义能否解决这个国家面临的历史性课题"。[①] 历史作出了只有社会主义才能救中国的结论。在中国共产党95年的曲折探索中，中国特色社会主义得以形成和发展，不但深刻地改变了中国的面貌，解决了中国的实际问题，而且为世界的发展提供了"中国方案"，对人类文明发展作出了重大贡献。

一　中国特色社会主义道路对人类文明发展的贡献

习近平《在十八届中共中央政治局第一次集体学习时讲话》中指出"中国特色社会主义道路，是实现我国社会主义现代化的必由之路，是创造人民美好生活的必由之路。中国特色社会主义道路，既坚持以经济建设为中心，又全面推进经济建设、政治建设、文化建设、社会建设、生态文明建设以及其他各方面建设；既坚持四项基本原则，又坚持改革开放；既不断解放和发展社会生产力，又逐步实现全体人民共同富裕、促进人的全面发展。"[②] 中国特色社会主义道路不但是符合中国基本国情的唯一正确的社会主义现代化之路，也对人类文明的发展作出了积极贡献。

---

① 《习近平谈治国理政》，外文出版社2014年版，第22页。
② 习近平：《紧紧围绕坚持和发展中国特色社会主义 学习宣传贯彻党的十八大精神》，《人民日报》2012年11月19日第2版。

（一）增加了人类文明发展的物质财富

自从人类社会发端以来，人类文明经历了从刀耕火种到现代文明的漫长的演进过程。一切文明在相互交织、渗透和转化中共同推动着整个人类文明的持续发展。文明的每一次进步都与生产力发展水平密不可分，是以一定的物质基础作保证的。没有生产力的普遍发展，"那就只会有贫穷、极端贫困的普遍化；而在极端贫困的情况下，必须重新开始争取必需品的斗争，全部陈腐污浊的东西又要死灰复燃。"[①] 中国特色社会主义道路遵循人类文明发展的规律，始终把解放和发展生产力作为主要任务，经济持续、稳定增长，在解决中国人民生存问题的基础上也推动了世界经济的发展，增加了人类文明的物质财富。据国家统计局公布的数据，从1978年到2014年，我国国内生产总值由3645亿元增长到63.6万亿元，年均增长达到9%以上；人均国内生产总值从381元增加到46652元，城镇居民人均可支配收入从343元增加到28844元，农民人均纯收入从134元增加到9892元，人民生活水平有了质的提高，综合国力迈上了一个大台阶，国家面貌发生了新的历史性变化。

中国特色社会主义道路对人类文明的贡献不仅体现于自身经济实力的增强，更表现在对世界经济发展和人类文明进步的巨大推动作用。正如习近平在访问俄罗斯时谈到的，"13亿多人口的中国发展起来给这个世界带来的是实实在在的好处"[②]。2001—2011年10年间，中国累计对外提供各类援款1700多亿元人民币，免除50个重债穷国和最不发达国家近300亿元人民币到期债务，承诺对同中国建交的最不发达国家97%的税目的产品给予零关税待遇，为173个发展中国家和13个地区性国际组织培训各类人员6万多名，增强了受援国自主发展能力。[③] 2014年，中国经济对全球经济的贡献率高达27.8%。进出口总额增长到26.43万亿元，成为世界最大贸易国。国家外汇储备从1.67亿美元增加到3.84万亿美元，居世界第一，占世界外汇储备的1/3。目前，物美价廉的"中国制造"遍及世界，大大降低了世界各国民众的生活成本；帮助非洲修建了2200多公里

[①] 《马克思恩格斯选集》第1卷，人民出版社2012年版，第166页。
[②] 习近平：《中国积贫积弱才是世界的麻烦》，《重庆晨报》2013年3月25日第3版。
[③] 胡锦涛：《在中国加入世界贸易组织10周年高层论坛上的讲话》，人民出版社2011年版，第3页。

铁路、3400公里公路，大大增强了非洲各国的发展能力；带动了东南亚各国经济的繁荣，使世界经济发展的重心从欧洲转移到亚洲。尤其在1997年亚洲金融危机、2008年全球金融危机中，中国始终是一支稳定的"金锚"，在事关人类文明发展命运的关键时刻起到了中流砥柱的作用。1997年金融危机爆发后，中国政府在IMF安排的框架内并通过双边渠道，向泰国等国提供了总额超过40亿美元的援助，向印尼等国提供了出口信贷和紧急无偿药品援助。① 2008年底为了应对世界金融危机，中国推出了高达4万亿元人民币的经济刺激方案。在中国经济刺激计划出台的当天，亚太股市全面飘红，欧洲股市大幅拉升。全球媒体用各种语言表达对"中国版罗斯福新政"的惊喜。俄罗斯《新消息报》发表了题为《感谢中国》的文章，认为中国是世界经济的另外一个重要发动机。《德国之声》报道称，中国刺激经济的举措起到了支撑世界经济的作用。上述这些实实在在的数据不仅是中华民族伟大复兴壮丽画卷的描绘，也是当代中国推动人类文明进步历史篇章的谱写。

（二）展示了世界文明发展多样性的基本特质

人类文明的发展有共性，也有因各民族自身的历史环境和发展条件等不同而呈现出的个性，两者共同构成人类文明的本质。各民族文明个性的存在，是文明多样性的前提和根据，也是人类文明进步的动力。马克思反对用固定不变的模式去裁剪世界历史的做法，主张要"把握特殊对象的特殊逻辑"②。因为相同的经济基础"可以由于无数不同的经验的情况，自然条件，种族关系，各种从外部发生作用的历史影响等等，而在现象上显示出无穷无尽的变异和色彩差异"③。

长期以来，西方霸权主义者用各种手段诋毁非西方文明形式是笼罩在黑暗愚昧阴影之中，是非理性的、堕落的、幼稚的。宣称欧美文明是世界文明唯一的源泉，是现代文明的典型样板和范例，人类都应该以西方文明为模式加以改造。福山在前些年更是狂言，"自由民主制度也许是'人类意识形态发展的终点'和'人类最后一站统治形式'，并因此构成'历史

---

① 欧国峰、易蔚：《金融危机影响中国》，《华夏时报》2007年7月9日第5版。
② 《马克思恩格斯全集》第1卷，人民出版社1956年版，第359页。
③ 《马克思恩格斯文集》第7卷，人民出版社2009年版，第894页。

的终结'"①,"资本主义朝着一个普世的方向发展"②。但是,历史的发展并不像这些狂妄的人所言。西方社会在现代化过程中充当了不光彩的角色、导致20世纪两次世界大战的爆发,给人类文明造成致命性打击。当代西方国家内部也无不矛盾重重,困难多多,阶级矛盾尖锐、贫富差距拉大、人与人关系紧张等日益凸显。而作为西方中心论现代版的"华盛顿共识",更是给发展中国家和转型国家带来灾难性后果,如拉美陷阱、俄罗斯东欧的转型失败等。哥伦比亚大学教授约瑟夫·斯蒂格利茨在《社会主义向何处去》中批评道:一个不容置疑的事实表明,某种经济学思想导致了世界近半数人口遭受痛苦。③ 相形之下,中国走了一条与西方现代化不同的特色发展道路。它在融入人类文明大潮的同时,没有亦步亦趋地跟在别人身后,既没有采取苏联模式,也没有采取欧美模式、莱因模式,而是将国外优秀的文明成果与中国的具体实际相结合,摸索出属于自己的独特之路,并在经济、政治、文化、社会等方面取得了巨大成就,以自身的文明实践对西方文明中心论进行了证伪。中国特色社会主义道路的成功,为深陷制度危机中的西方和非西方国家提供了借鉴,为走向现代化的发展中国家开具了一个成功"良方",丰富和拓展了世界文明发展模式。阿富汗前总统卡尔扎伊曾表示:"如果阿富汗有机会重新选择的话,一定会走中国式的发展道路。因为它行动高效,决策果断,以结果为导向,是一个很好的模式,为所有人带来积极的结果。"④ 就连提出"历史终结论"的福山也不得不承认:"客观事实证明,西方自由民主可能并非人类历史进化的终点。随着中国崛起,所谓'历史终结论'有待进一步推敲和完善,人类思想宝库需为中国传统留下一席之地。"⑤

中国特色社会主义道路也向世界昭示了世界是多样化的世界,要尊重文明发展的多样性。文明有姹紫嫣红之别,却无高低优劣之分。既没有十全十美的文明,也没有一无是处的文明,要看到其他文明的长处,正视自己文明的不足,以平等、谦虚的态度对待各种文明,在相互尊重的基础上实现文明间的交流互鉴,形成促进人类社会发展进步的合力。对此,中国

---

① [美]弗朗西斯·福山:《历史终结论》,黄胜强等译,远方出版社1998年版,第1页。
② 同上书,第5页。
③ [美]约瑟夫·斯蒂格利茨:《社会主义向何处去——经济体制转型的理论与证据》,周立群等译,吉林人民出版社1998年版,第2页。
④ 杨锐:《如重新选择 阿富汗将走中国道路》,《环球时报》2014年6月10日第7版。
⑤ 肖国忠:《高擎真理的火把》,《光明日报》2011年12月2日第1版。

共产党人有过明确的表述:"文明是多彩的,人类文明因多样才有交流互鉴的价值。阳光有七种颜色,世界也是多彩的。一个国家和民族的文明是一个国家和民族的集体记忆。人类在漫长的历史长河中,创造和发展了多姿多彩的文明。从茹毛饮血到田园农耕,从工业革命到信息社会,构成了波澜壮阔的文明图谱,书写了激荡人心的文明华章。"① "各种文明都以自己的方式为人类文明进步作出了积极贡献。存在差异,各种文明才能相互借鉴、共同提高;强求一律,只会导致人类文明失去动力、僵化衰落。"②世界发展的活力恰恰在于多样性的共存。

(三)唤起人们对社会主义的信心

世界历史总是在曲折中前进的,"设想世界历史会一帆风顺、按部就班地向前发展,不会有时出现大幅度的跃退,那是不辩证的,不科学的,在理论上是不正确的"③。社会主义诞生以来经历了从高潮到低潮、从低潮逐步回升的过程。第二次世界大战后,社会主义从一国发展到多国,成就辉煌。然而,由于诸多原因,社会主义从20世纪60年代就已开始向低潮转化,到80年代末90年代初,苏联东欧发生剧变,世界社会主义运动遭受了空前的最严重的挫折,跌入了谷底。在这种情况下,很多人对社会主义还能否存在和发展、社会主义运动还能否重新振兴产生了动摇和怀疑,甚至丧失了走社会主义道路的信心。西方敌对势力借机宣扬"马克思主义过时论"、"社会主义失败论"等谬论,以为世界将是资本主义一统天下的局面。但事实是,国际上依然存在坚持马克思主义、坚持走社会主义道路的力量,社会主义没有像西方敌对势力期待的那样走向终结,反而在局部地区有了较大发展。俄罗斯学者娜塔莉娅·莫洛佐娃坚信"隧道尽头是社会主义的复兴"④,社会主义的未来发展定会让历史重新沸腾起来。在这种背景下,中国走什么道路的影响更加突出,关系着中国自身的前途和世界社会主义的命运。以邓小平为代表的党的第二代中央领导集体制定了"冷静观察、稳住阵脚、沉着应付、韬光养晦、有所作为"的战略方针,坚定中国特色社会主义才能发展中国的信念,毫不动摇地沿着

---

① 《习近平谈治国理政》,外文出版社2014年版,第258页。
② 《十六大以来重要文献选编》中,中央文献出版社2006年版,第997页。
③ 《列宁选集》第2卷,人民出版社2012年版,第694页。
④ H. 莫罗佐娃:《隧道尽头是社会主义的复兴》,牟卫民译,《燧石》1994年第2期。

中国特色社会主义道路奋勇前进,在改革开放和社会主义现代化建设中取得了辉煌的成就,从而巩固了我国社会主义阵地,经受住了东欧剧变、苏联解体的冲击,顽强顶住了西方霸权主义、强权政治的压力,粉碎了它们的经济制裁和政治孤立。说明社会主义运动遭到的巨大挫折并不等于社会主义的失败,它仍然踏着世界历史韵律的节拍昂首挺进。这使信仰社会主义的人们在中国蓬勃向上的发展状况中看到了世界社会主义的希望之光,增强了对社会主义的信念和信心。正如邓小平所指出的,"一些国家出现严重曲折,社会主义好像被削弱了,但人民经受锻炼,从中吸收教训,将促使社会主义向着更加健康的方向发展。因此,不要惊慌失措,不要认为马克思主义就消失了,没用了,失败了。哪有这回事!"[①] "只要中国社会主义不倒,社会主义在世界将始终站得住"[②]。中国特色社会主义道路的成功实践使世界社会主义运动在"量"上得到了扩充,在"质"上得到了提升,为世界文明发展作出了自己的贡献。

(四) 为解决人类文明的共同性问题提供了现实可能

在人类文明发展的进程中,伴随着各种矛盾和问题。农业文明时期,人类创造了辉煌灿烂的古埃及文明、波斯文明以及黄河流域文明,但同时也打破了自然的生态平衡。恩格斯曾指出各地的居民,"为了想得到耕地,把森林都砍完了,但是他们梦想不到,这些地方今天竟因此成为荒芜不毛之地"[③]。"一旦环境迅速恶化,人类的文明也就随之衰落了"[④]。人类社会进入到工业文明以后,虽然在生产力的发展、经济社会的进步等方面取得了巨大成就,但是不可否认,资本主义并没有消除人类社会以往所出现的矛盾和问题,并且资本主义社会中的各种根本性矛盾又有尖锐化的趋势,一次又一次的经济危机更使资本主义社会陷入更大的混乱,而资本主义社会本身却又毫无办法。对此,恩格斯指出:"在每次危机中,社会在它自己的而又无法加以利用的生产力和产品的重压下奄奄一息,面对着生产者没有什么可以消费是因为缺乏消费者这种荒谬的矛盾而束手无

[①] 《邓小平文选》第3卷,人民出版社1993年版,第383页。
[②] 同上书,第346页。
[③] 《马克思恩格斯全集》第20卷,人民出版社1971年版,第519页。
[④] [美] 弗·卡特、汤姆·戴尔:《表土与人类文明》,庄峻、鱼姗玲译,中国环境科学出版社1987年版,第3页。

策。"① 有学者把当今世界人类文明所面临的共性问题归纳为三个方面:"一是人与人之间越来越不平等,其紧张关系到了无以复加的程度,以自我为中心,以享受为特征的腐朽、颓废文化价值观畅行无阻;二是人与自然之间的冲突越来越严重,人类的生态容量已快接近底线;三是人的各种功能、需求之间越来越不平衡,一味地把'占有'作为自己的人生宗旨,而精神上、心理上、文化上的需求被扭曲。"② 这三大问题制约着人类的物质生产和精神生产、人类的生活方式和生活质量。共同对付人类所面临的问题,实现和谐发展是人类文明的理想目标。法兰克福学派著名代表人物马尔库塞曾说"如果有那么一天,不断增长的社会财富与其破坏性使用之间的冲突能够在资本主义的体制内得到解决;如果能够消灭生活环境遭到毒化的现象;如果资本能够在和平的方式中扩展,贫富差距能够不断缩小;如果技术能够被用来增强人类的自由;如果,——我再强调一遍——如果所有这一切都能在资本主义体制内得到解决的话,那么马克思主义理论就证明错了"③。显然,在资本主义体制内这一切都未能解决,却在更大范围内以更复杂的形式交织在一起、愈发严重。而以"五位一体"为基本发展布局的中国特色社会主义道路对这些问题提出了科学的解决方法,为其他国家和地区破解这些难题带来积极的示范效应。

在解决人与人的不平等问题上,中国特色社会主义建立了以公有制为主体、多种所有制共同发展的社会主义初级阶段基本经济制度,强调人民是生产资料的占有者,从根本上否定了由于生产资料的资本主义私有制所形成的人对人的剥削;强调人民是国家的主人,一切权利属于人民,人民通过人民代表大会制度充分享有广泛而真实的各种权利;强调人民群众是发展社会主义先进文化的主体,发展文化的根本目的就是满足人民群众日益增长的精神文化需要,不断丰富人们的精神世界,增强人们的精神力量,促进人的全面发展;强调人与人之间的和谐,提出构建人与人、人与社会和谐相处的社会等。

对于人与自然的关系,中国共产党人在探索中国特色社会主义道路的

---

① 《马克思恩格斯文集》第 3 卷,人民出版社 2009 年版,第 563 页。
② 陈学明:《论中国道路对人类文明的历史性贡献》,《上海师范大学学报》(哲学社会科学版) 2013 年第 3 期。
③ 转引自[英]布莱恩·麦基《思想家》,周穗明、翁寒松等译,生活·读书·新知三联书店出版 1987 年版,第 75 页。

过程中，日益关注人与自然关系的处理。党的十五大报告首次提出经济社会的可持续发展战略。党的十六大之后，在科学发展观指导下，党中央相继提出许多新的发展理念和战略举措，要求转变经济发展方式，走新型工业化发展道路，把发展循环经济和低碳经济作为重大任务纳入社会发展规划中，建立资源节约型、环境友好型社会，要摒弃过去那种拼廉价劳动力、拼资源环境的做法，建设创新型国家，建设生态文明等。党的十七大在此基础之上，明确提出建设生态文明的新要求。党的十八大报告再次强调："我们一定要更加自觉地珍爱自然，更加积极地保护生态，努力走向社会主义生态文明新时代。"[①] 2013年5月，习近平在中共中央政治局第六次集体学习时进一步强调："要牢固树立生态红线的观念。在生态环境保护问题上，就是要不能越雷池一步，否则就应该受到惩罚。"[②] 从此，生态文明、美丽中国建设响彻中国神州大地，掀起了人与自然和谐相处的新篇章，为人类社会如何处理人与自然日益紧张的矛盾提供了可资借鉴的宝贵经验。

解决人的全面发展问题上，中国特色社会主义道路在形成发展的过程中始终强调人的因素，强调人的全面发展问题。邓小平理论高度重视人民利益，把全心全意为人民谋利益作为中国共产党人的根本目的。强调通过制度建设保障人民在政治、经济和各种社会活动中获得不同程度的自由；"三个代表"重要思想将能否真正忠实代表最广大人民群众的根本利益作为检验共产党人是否真正坚持马克思主义的基本标准，明确认为努力促进人的全面发展是马克思主义关于建设社会主义新社会的本质要求；科学发展观将"以人为本"作为其核心和本质，同时主张通过全面建设惠及十几亿人口的更高水平的小康社会，使社会各阶层、各方面的利益能得到更好的保障与实现。"中国梦"展现了新一届中央领导集体对人民幸福的郑重承诺，体现了人的全面发展的价值诉求。借此可以看出，在开创中国特色社会主义事业的实践进程中，中国共产党几代领导集体十分重视解决人的全面发展问题，克服了以往社会在发展中对人的异化。正像有学者指出的，"说中国特色社会主义道路代表了对一种真正属人的生存状态的追求，说中国特色社会主义道路的开创是对正处于危机之中的西方文明支配

[①] 胡锦涛：《坚定不移沿着中国特色社会主义道路前进　为全面建成小康社会而奋斗》，《人民日报》2012年11月18日第1版。

[②] 习近平：《坚持节约资源和保护环境基本国策　努力走向社会主义生态文明新时代》，《人民日报》2013年5月25日。

下的那种人类存在方式的革命,并不算夸张。"① 这一评价是公允的。

(五) 开创了大国崛起的和平发展之路

翻开人类文明发展史,可以发现,大国的崛起和兴盛往往与血腥和战争紧密相随。尤其进入资本主义文明后,其斗争和对抗远超以往文明形态。在以资本主义生产方式实现现代化的过程中,资本对内是对人民的残酷剥削,对外则是充满了对别的国家和民族的侵略扩张。进入21世纪以后,资本主义全球化这部机器抛出大量财富和施舍物的同时也留下了巨大灾难的沟壑。美国学者罗伯特·吉尔平认为国际体系的历史就是这样一些帝国和居支配地位的国家的兴衰史,"一场霸权战争的结束是另一次成长、扩张、直至最终衰落周期的开端。不平衡发展规律继续重新分配权力,从而破坏着上一次霸权争斗建立起来的现状。不平衡代替平衡,世界走向新一轮霸权冲突,这种周期已经并且还将继续下去,直至人类或者毁灭自己,或者学会开辟一种有效的和平变革机制。"② 中国特色社会主义道路的横空出世打破了几千年来被大多数人奉为圭臬的大国通过战争而崛起的认识逻辑,为人类提供了一种全新的社会主义现代化发展范式。

马克思主义理论表明,社会主义是以公有制为基础,以人民利益为出发点,以实现和谐、和平为价值目标的社会。因此,从本质上说,社会主义主张和平,反对战争。作为共产党领导的人民当家作主的社会主义中国,是不断发展社会生产力的社会主义,是主张和平的社会主义。和平发展是中国特色社会主义道路的主要特征之一。在国际上,它表现为中国既通过争取较长时期的、相对稳定的和平国际环境发展自己,又以自身发展维护和促进世界和平,反对各种形式的霸权主义和强权政治,在国际事务中弘扬平等互信、包容互鉴、合作共赢的精神。党的十八大报告指出:"和平发展是中国特色社会主义的必然选择。要坚持开放的发展、合作的发展、共赢的发展,通过争取和平国际环境发展自己,又以自身发展维护和促进世界和平,扩大各方利益汇合点,推动建设持久和平、共同繁荣的

---

① 陈学明:《论中国道路对人类文明的历史性贡献》,《上海师范大学学报》(哲学社会科学版) 2013年第3期。

② [美] 罗伯特·吉尔平:《世界政治中的战争与变革》,宋新宁、杜建平译,世纪出版集团2007年版,第213页。

和谐世界。"① 中国政府历来倡导和平外交,和平共处五项原则始终是中国外交的根本指导原则。反对霸权主义和强权政治,旗帜鲜明地支持被压迫民族和被压迫人民的正义斗争,致力于维护世界和平,促进人类进步,以和平方式解决国际问题和争端,是多年来我国处理对外关系的一贯主张。

我们知道,中国特色社会主义的形成得益于邓小平对时代主题的判断。邓小平在阐发他对世界时代主题的看法时就指出,"中国的对外政策,主要是两句话。一句话是反对霸权主义,维护世界和平,另一句话是中国永远属于第三世界。"②。我们搞的中国特色的社会主义,是主张和平的社会主义。邓小平认为,中国的发展不是世界和平的破坏力量,而是维护世界和平的重要力量。他指出"从政治角度说,我可以明确地肯定地讲一个观点,中国现在是维护世界和平和稳定的力量,不是破坏力量。中国发展得越强大,世界和平越靠得住。"③ 后来的中国共产党人进一步发展和强化了邓小平这一思想。江泽民多次强调,中国永远不称霸,中国会永远成为维护世界和平的重要力量。胡锦涛在新世纪新阶段提出了中国"和平崛起"战略,强调"就要坚持走和平崛起的发展道路,坚持在和平共处五项原则的基础上同各国友好相处,在平等互利的基础上积极开展同各国的交流和合作,为人类和平与发展的崇高事业作出贡献。"④ 在提出建设社会主义和谐社会的基础上,胡锦涛又提出要构建"和谐世界"的思想,并于2005年发布《中国的和平发展道路》白皮书,既强调了中国走和平发展道路的坚定决心,同时又指出,中国是当今世界上最大的发展中国家。13亿中国人民走和平发展道路,无疑为世界和平与发展增添了积极因素,进一步强化了中国的和平发展思想。习近平同样举起了和平发展的大旗,他指出"和平犹如空气和阳光,受益而不觉,失之则难存。没有和平,发展就无从谈起。","我们将坚定维护亚洲和世界和平稳定。中国人民对战争和动荡带来的苦难有着刻骨铭心的记忆,对和平有着孜孜不倦的追求。中国将通过争取和平国际环境发展自己,又以自身发展维护和促进世界和平"⑤。从邓小平、江泽民、胡锦涛再到习近平的讲话中,

---

① 胡锦涛:《坚定不移沿着中国特色社会主义道路前进 为全面建成小康社会而奋斗——在中国共产党第十八次全国代表大会上的报告》,人民出版社2012年版,第15页。
② 《邓小平文选》第3卷,人民出版社1993年版,第56页。
③ 同上书,第104页。
④ 《十六大以来重要文献选编》上,中央文献出版社2005年版,第647页。
⑤ 《习近平谈治国理政》,外文出版社2014年版,第333页。

我们可以清晰地看到，中国特色社会主义强调的是和平发展，我们走的是一条和平之路。这条道路既与中国的传统文化有关，也与中国近代以来备受别人欺凌从而中国人民不愿意把自己曾遭受的痛苦转嫁给他人有关，不过，从根本上讲，中国特色社会主义本身就决定了中国是必定要走和平道路的，注定会成为世界维护和平的坚定力量。

中国始终不渝走和平发展道路所展现出的新的发展模式，是对世界和平与人类进步事业的重大贡献，是力行和平发展理念的最好明证。虽然中国特色社会主义的和平发展道路不是已经完成了的东西，但我们相信，随之不断地变得成熟和圆满，它对世界历史的意义也会愈加充分地展现在人们面前。

（六）为发展中国家提供了榜样示范

中国特色社会主义道路是对经济文化相对落后的国家怎样建设社会主义的破解，精髓是独立自主地探索适合本国国情的发展道路。20世纪70年代末，中国经济社会的发展基本陷于停滞状态，这既与我们偏离了社会主义建设的根本任务，片面强调阶级斗争有关，也与中国长时期学习模仿苏联模式有关。因而，针对这种状况，中国共产党人开始了"什么是社会主义，怎样建设社会主义"这一根本问题的思考。邓小平提出，中国的革命要走自己的路，中国的建设也不能照搬别人的模式，中国建设要想取得成功，必须立足于我国的实际，独立自主地探索适合中国国情、具有中国特色的现代化发展之路。因此，在开创中国特色社会主义道路伊始邓小平就强调，"中国的事情要按照中国的情况来办，要依靠中国人自己的力量来办。独立自主，自力更生，无论过去、现在和将来，都是我们的立足点"[1]。在中国特色社会主义道路发展过程中，中国共产党人主要关注了三个方面的问题。一是本国的实际状况。对中国的实际状况最经典的概括就是人口多、底子薄，这也是中国在制定发展战略、选择发展道路时必须注意的两大问题。所以，邓小平指出，"中国搞社会主义，强调要有中国的特色。我们坚信马克思主义，但马克思主义必须与中国实际相结合。……我们正是根据这样的思想，力求实现我们的发展目标"[2]。二是独立自主地进行探索。1988年邓小平在总结十余年中国社会发展时指出："我们党的十一届三中全会的基本精神是解放思想，独立思考，从自己的实

---

[1] 《邓小平文选》第3卷，人民出版社1993年版，第3页。
[2] 同上书，第213页。

际出发来制定政策。因为在中国建设社会主义这样的事,马克思的本本上找不出来,列宁的本本上也找不出来,每个国家都有自己的情况,各自的经历也不同,所以要独立思考。不但经济问题如此,政治问题也如此。"①三是借鉴人类文明成果。党的历代领导集体多次强调,中国的发展离不开世界,要积极借鉴人类一切文明成果。正是这三个方面的结合,使中国特色社会主义道路既与时代相连,又立足本国实际,因而取得了巨大成功。

与中国特色社会主义道路所取得成功形成鲜明对比的是一些拉美国家在对待外来经验时的盲目模仿甚至完全照搬,教训最为深刻的是阿根廷。阿根廷在20世纪初在世界的发展中是处于领先地位的,甚至当时西方有一个谚语说"富得像阿根廷人一样"。但是,在20世纪80年代后,在新自由主义的推动下,阿根廷不顾本国基本国情,完全信奉新自由主义,进行了彻底的私有化改革,结果使国家失去了对经济和社会的有效控制及管理,导致阿根廷经济政治社会的全面危机。

因而,独立自主地探索适合中国国情的发展道路应该是经济文化落后的国家在发展过程中的一条基本经验,中国特色社会主义道路的成功在这方面树立了一个榜样。邓小平在谈到中国特色社会主义道路对发展中国家的影响时曾指出,"我们的改革不仅在中国,而且在国际范围内也是一种试验,我们相信会成功。如果成功了,可以对世界上的社会主义事业和不发达国家的发展提供某些经验。当然,不是把它搬给别国。我们的原则是把马克思主义同中国的实践相结合,走中国自己的道路,我们叫建设有中国特色的社会主义","这不但是给占世界总人口四分之三的第三世界走出了一条路,更重要的是向人类表明,社会主义是必由之路,社会主义优于资本主义"②。尼日利亚著名学者对中国特色社会主义道路经验总结道,"上世纪70—80年代,中国和大部分非洲地区处于同样的经济落后局面,正因为如此,中国今天的经济腾飞为非洲人提供了特殊的经验","非洲可以从中国这个经济巨头身上学到很多经验,首先并且最重要的是,相信万事皆有可能,无论从哪个方面来说,中国的经济表现都是一个奇迹。它展示出一个拥有自信、决心和远见的民族可以取得什么样的成就";"我们可以借鉴的另一个经验是,要想发展本国经济,只能靠自己民族的努力

---

① 《邓小平文选》第3卷,人民出版社1993年版,第260页。
② 同上书,第225页。

和决心，历史上没有哪个国家的经济是靠外国人发展起来的"①。

二 中国特色社会主义理论体系对人类文明发展的贡献

中国特色社会主义理论体系源于中国特色社会主义的伟大实践，并指导中国实践取得了巨大成功，同时又是当今世界时代发展的产物，对人类文明发展作出了积极贡献。

（一）深化了对三大规律的认识

恩格斯在论述现代社会主义的产生时曾经指出："同任何新的学说一样，它必须首先从已有的思想材料出发，虽然它的根子深深扎在物质的经济的事实中。"② 中国特色社会主义理论体系也是如此，毫无疑问，它的根本来源是由马克思主义理论指导的伟大的中国特色社会主义实践，但是，古今中外的一切人类文明发展都对它起到或多或少的作用，它本身是人类文明发展进步的结晶，成为绚丽多彩的人类文明的一个重要组成部分，和其他组成部分一起共同推动人类社会发展进步。

改革开放以来，中国共产党领导人立足中国，放眼世界，在继承以往文明发展的成果特别是马克思列宁主义、毛泽东思想的基础上，对人类社会发展特别是社会主义的发展进行了艰辛而富有成效的理论探索，形成了中国特色社会主义理论体系。中国特色社会主义理论体系紧紧围绕"什么是社会主义、怎样建设社会主义，建设什么样的党、怎样建设党，实现什么样的发展、怎样发展，什么是改革、进行什么样的改革、怎样改革"四个基本问题进行探索。在系统回答这四个问题的基础上，极大地深化了对人类社会发展规律、社会主义建设规律和共产党执政规律的认识。

第一，深化了对共产党执政规律的认识。

马克思、恩格斯在《共产党宣言》中就对党的性质、宗旨、任务等

---

① ［尼］费米·阿科莫莱夫：《中国经济腾飞为非洲提供特殊经验》，《海外经济评论》2006 年第 27 期。

② 《马克思恩格斯选集》第 3 卷，人民出版社 2012 年版，第 775 页。

进行了明确表述。列宁更是重视党的建设。毛泽东在新中国成立前夕，把离开西柏坡进入北京比喻为赶考，高度重视党的建设。可以看出，对如何加强党的建设，马克思主义经典作家给我们留下了宝贵的财富。但是，有所不同的是，马克思、恩格斯没有经历过共产党执政的时期，列宁、毛泽东等人在进行党的建设时，共产党才刚刚执政，面临的形势和任务也与以社会主义现代化建设为中心任务的当代中国共产党迥异，因而面对长期执政、执政环境日趋复杂的情况下，如何加深对共产党执政规律的认识就成为一个重大的理论和实践问题摆在中国共产党领导人面前。

在改革开放之初，邓小平就提出了"执政党应该是一个什么样的党，执政党的党员应该怎样才合格，党怎样才叫善于领导"的问题。在邓小平看来，中国共产党是中国社会主义现代化建设的核心，没有党的领导，中国的事情一切都无从谈起。这就出现一个问题，即怎样实现好中国共产党的领导，为此，邓小平提出了党要管党、从严治党的思想，强调要加强对党的管理，严格对党员的教育，治党务必从严。中国建立社会主义市场经济之后，中国共产党面临更加艰巨的历史任务，形势更加复杂，风险更加严峻，江泽民同志在探索中国社会主义建设的进程中，对"建设什么样的党，怎样建设党"这一重大问题进行了深刻思考，他指出，我们党"已经从领导人民为夺取全国政权而奋斗的党，变成为领导人民掌握全国政权并长期执政的党；已经从受到外部封锁和实行计划经济条件下领导国家建设的党，成为对外开放和发展社会主义市场经济条件下领导国家建设的党。"① 任务和形势的变化迫切要求进一步对共产党执政规律进行探索。江泽民同志对此作出了重大的理论贡献，突出表现就是提出了"三个代表"重要思想，对新时期新形势下党的性质作出了新的概括，强调中国共产党既是中国工人阶级的先锋队，同时又是中华民族的先锋队，这就坚持了党的阶级性和群众性的统一，扩大了党的执政基础和群众基础，推进了马克思主义的建党学说的发展，成为新时期中国共产党建设的思想指南。进入新世纪之后，胡锦涛在毛泽东、邓小平、江泽民等人党的建设认识的基础上，提出党的建设是一项新的伟大工程，注重党的建设的理论创新，强调中国共产党要保持和发展党的先进性。先进性作为马克思主义政

---

① 《江泽民文选》第 3 卷，人民出版社 2006 年版，第 536 页。

党固有的根本属性，是区别于其他任何政党最鲜明的标志。胡锦涛强调要加强党员的先进性教育，使党永远处于时代前列，通过学习型政党的构建，制度建设的加强来提高党的建设的科学化水平。胡锦涛的一系列党的建设思想，对共产党执政规律的认识提高到了一个新的水平。习近平的"四个全面"的战略思想系统回答了执政党建设的根本性问题，即我是谁、为了谁、依靠谁。明确了"中国共产党是中国特色社会主义事业的坚强领导核心"这一定位；深化了对执政是为了"让人民生活得更好"的认识，体现了执政党的先进性、彻底性；强调了"人民拥护和支持是党执政的最牢固根基"[①]，指出"一个政党，一个政权，其前途和命运最终取决于人心向背。如果我们脱离群众、失去人民拥护和支持，最终也会走向失败。"[②] 这是对马克思主义建党学说的丰富与发展，充分说明了中国特色社会主义理论体系对党执政规律的认识逐渐加以深化。

第二，深化了对社会主义建设规律的认识。

建设中国特色社会主义有一个首要的基本的理论问题，那就是"什么是社会主义、怎样建设社会主义"的问题。俄国十月革命胜利后，世界上第一个无产阶级专政的国家诞生了，几百年来由资本主义一统天下的局面被打破。但是，如何认识新生的社会主义社会，怎么建设社会主义是一个更加复杂的现实问题。难点主要在于苏联及随后建立的社会主义国家不是诞生在发达的资本主义国家，而是一些落后的资本主义国家甚至是殖民地半殖民地国家，这些国家的经济文化落后，生产力不发达，这和马克思主义创始人的设想相差甚远，虽然这些国家根据列宁的"一国胜利论"发动了社会主义革命和建立了社会主义国家，但是面对落后的生产力和生产方式，如何巩固社会主义是一个更为重要和紧迫的问题。后起的社会主义国家开始了践行的实践，但是由于大多仍是教条式地理解马克思主义，因而这些探索虽然取得了一些积极的理论成果，但总的来说，并没有解决社会主义建设的基本问题。

十一届三中全会后，邓小平辩证分析了中国的具体国情，总结了包括中国在内的社会主义国家建设的正反两方面的经验教训，在此基础上，提出了党和国家工作重心向社会主义现代化建设转移的重大战略转

---

① 《习近平谈治国理政》，外文出版社2014年版，第368页。
② 同上书，第15页。

变,在中国大地上拉开了社会主义建设的序幕。1982年党的十二大胜利召开,我们党在总结十一届三中全会以来中国社会主义现代化建设经验的基础上,第一次明确提出了"建设有中国特色社会主义"的科学命题,指出在中国实行的社会主义必须要符合国情、切合实际,突出强调了中国特色社会主义的民族性,这是对社会主义模式可以而且应当多样化的科学揭示。党的十三大作出了中国正处于社会主义初级阶段的科学判断,这是对马克思把未来共产主义分为第一阶段和第二阶段思想的继承和发展,也是对毛泽东把社会主义分为"比较发达的社会主义"和"不发达的社会主义"思想的继承和发展,对中国所建设的社会主义的性质和特点有了更加明确的认识。以社会主义初级阶段理论为指引,中国形成了社会主义初级阶段的基本路线,确立了中国社会主义的主要矛盾和根本任务。这是极其重大的理论贡献。因为以前包括中国在内的社会主义建设之所以出现大的波折,很大程度上就是对各自社会主义处所的发展阶段没有正确的认识,制定了很多不符合实际的政策。自此,党的历届代表大会都坚持并发展了党的社会主义初级阶段的判断,因为这是中国的最大国情,是中国社会主义建设的根本出发点和立足点。20世纪八九十年代,在苏东剧变和帝国主义和平演变的攻势下,中国国内"左"倾思想抬头,国内出现社会主义与资本主义之辩,有些人在社会主义现代化建设中出现缩手缩脚的情况。邓小平鲜明地提出了长期的理论思考,提出了社会主义本质论断,明确了"三个有利于"的判断标准,澄清了市场经济与资本主义和社会主义的关系,深化了对"什么是社会主义,怎样建设社会主义"的认识。在此基础上,江泽民、胡锦涛、习近平等人又进一步拓展了对社会主义建设的认识,比如江泽民在邓小平"发展是硬道理"的基础上作出了"发展是党执政兴国的第一要务"、在邓小平"两手抓"、"两手都要硬"等思想基础上,提出物质文明、精神文明、政治文明共同发展、相互促进的思想,在邓小平对社会主义新人德智体美发展的基础上提出促进人的全面发展思想等,胡锦涛更是提出以人文本,全面协调可持续的科学发展观,把中国共产党人对建设社会主义的认识提升到一个新的高度。在新的历史条件下,习近平围绕"什么是改革,进行什么样的改革,怎样改革"这一时代课题,对社会主义本质、发展阶段等方面进行了深化,为中国特色社会主义理论体系增添了新的鲜活元素,深化了对社会主义建设规律的认识。当前，我国已经进入全面建成小康社会的决胜阶段，这是实现中国梦这一未来目标的关键一步，将为实现中华民族的伟大复兴奠定坚实的基础。我们所要建设的小康社会，是逐渐消除贫困、改善民生，公平惠及十几亿人口和消除城乡、区域、行业差别的小康社会，体现了发展的全面性、协调性、普惠性，使人民"学有所教、劳有所得、病有所医、老有所养、住有所居"，这是社会主义本质要求的具体化。小康社会作为承上启下的重要过渡阶段，与中国梦一道，构成社会主义发展中的阶段性目标，并与长远目标紧密相连，反映了中国特色社会主义建设的规律。

第三，对人类社会发展规律认识的深化。

人类社会发展有无规律可言是古今中外先贤们努力探求的问题，但是，从根本上讲，在马克思主义诞生之前，由于受世界观和阶级立场等因素的限制，人们并没有科学地回答这一问题。马克思以唯物史观为观察世界发展的工具，揭示了人类社会发展的奥秘，探索到了人类社会的规律。他认为，人类社会像自然界一样，经历了一个不断由低级向高级发展的过程，原始社会、奴隶社会、封建社会、资本主义社会、共产主义社会是人类社会发展的一般形态，共产主义必然代替资本主义是不以人的意志为转移的客观规律，但如何向共产主义过渡，马克思、恩格斯没有也不可能指出具体的细节。列宁、斯大林、毛泽东等人进行了艰苦的探索，不过从总体上来说并没有获得成功，资本主义和社会主义共存于一个地球这是一个基本事实。这就给人们提出一些疑问，即究竟如何看待马克思、恩格斯提出的"两个必然"，如何看待列宁提出的帝国主义是腐朽的、垂死的，特别是面对当代资本主义虽然面临一些困难，但仍能促进生产力的发展，苏联和东欧国家的社会主义在发展变革中又倒退到资本主义等这些问题。面对这种局面，有些人的理想信念发生了动摇，"马克思主义过时论"、"社会主义失败论"等一些论调又沉渣泛起。如何从历史的长河中、从人类社会发展客观规律的高度看待这些问题是摆在中国共产党人面前必须解决的重大理论和实际问题。邓小平坚持唯物史观，从马克思主义基本原理出发，客观地分析了人类社会发展中出现的这些问题，满怀信心地指出："我坚信，世界上赞成马克思主义的人会多起来的，因为马克思主义是科学。它运用历史唯物主义揭示了人类社会发展的规律。封建社会代替奴隶社会，资本主义代替封建社会，社会主义经过一个长过程发展后必然代替资本主义。这是社会历史发展不可逆转的总趋势，但是道路是曲折的。资本主义代替封建主义的几百年间，发生过多少次王朝复辟？所以，从一定意义上说，某种暂时复辟也是难以完全避免的规律性的现象。"① 邓小平的判断既坚持了"两个必然"，又明确指出了在人类社会文明发展进程中的复杂性和曲折性，对人类社会发展规律有了更具时代意义的认识，进一步丰富和发展了马克思主义的基本原理。科学认识人类社会发展规律，必须正确认识和处理社会主义和资本主义的关系。江泽民、胡锦涛、习近平等中国共产党人在认识人类社会发展规律时十分强调这两者的关系，关注资本主义在当代的新发展、新变化，认为资本主义的消亡是一个长期的过程，对资本主义要有一个科学的认识，不能采取简单化的态度，不能简单否定资本主义的文明成果。同时，共产主义的实现是一个非常漫长的历史过程，不能好高骛远，急于求成。这些认识都是对马克思主义的新发展，对人类社会发展规律的新论断。

此外，党的第三代领导集体在阐述"三个代表"重要思想时明确指出，中国共产党要承担起推动中国社会进步的历史责任，"必须始终紧紧抓住发展这个执政兴国的第一要务，把坚持党的先进性和发挥社会主义制度的优越性，落实到发展先进生产力、发展先进文化、实现最广大人民的根本利益上来，推动社会全面进步，促进人的全面发展。"② 同时，还提出社会发展和人的全面进步是社会进步的重要标志，它们之间不是主导和从属的关系，而是互为前提、互相促进的关系，这是我们党对人类社会发展规律认识的新开拓。

科学发展观作为中国共产党人政治智慧的结晶，善于把发展的合目的性与合规律性融为一体，在把握世界科技经济大趋势的基础上，指出中国的现代化建设必须要转变经济发展方式，选择中国特色新型工业化道路，坚持可持续发展，从发展目标、内涵、结果等多层面实现了对传统发展观的历史性超越。从一个全新的角度对人类社会发展的道路与目标作出了新的探索，对人类文明的未来发展走向作了新回答，这是我们党把握人类社会发展规律的新飞跃。

"四个全面"战略思想既科学把握中国的实际，又着眼于时代潮流和世界发展大势，始终前进在人类文明发展的大道上。它揭示了社会历史发

---

① 《邓小平文选》第 3 卷，人民出版社 1993 年版，第 382—383 页。
② 《江泽民文选》第 3 卷，人民出版社 2006 年版，第 538 页。

展的决定性因素在于物质生产,解放和发展社会生产力,要求从根本上改变影响和束缚生产力发展的体制机制,消除阻碍生产力发展的各种障碍,"不断适应社会生产力发展调整生产关系,不断适应经济基础发展完善上层建筑。"① 同时,要全面、正确地认识生产力标准,不能简单化、片面化、绝对化地理解。生产力和生产关系、经济基础和上层建筑之间是双向互动的辩证发展过程,不是单线式的简单决定与被决定的逻辑。只有既解决好生产关系中不适应生产力发展的各个环节,又解决好上层建筑中不适应经济基础变化的部分,才能产生综合效应。强调这一点,对于解决今天面临的突出矛盾和现实问题具有重要的指导意义。习近平同志指出:只有把生产力和生产关系的矛盾运动同经济基础和上层建筑的矛盾运动结合起来观察,把社会基本矛盾作为一个整体来观察,才能全面把握整个社会的基本面貌和发展方向。② 这是我们党对人类社会发展规律的认识和把握达到的新高度。

(二) 提供了理论指南和思想借鉴

中华民族有悠久的历史,灿烂的文化,在人类历史上取得过巨大成就,长期在人类社会发展中占据着中心地位。但是,进入近代以来,在工业革命的刺激下,西方国家迅速崛起,伴随着西方国家的不断对外侵略扩张,中国陷入半殖民半封建社会,中华民族陷入被动挨打的境地。

近代中国历史既是中华民族的血泪史,也是中国人民的奋争史,为争取中华民族的独立,实现中华民族的复兴,先进的中国人民沿着采西学、争独立,谋富强之路奋力开拓,洪秀全、康有为、严复和孙中山是这方面的代表性人物。但是,这些人的努力并没有解决中国的问题,正是在这种背景下,伴随着十月革命的胜利,马克思主义来到中国,并在中国生根发芽,中国共产党在马克思主义的指导下,经过国内革命战争、抗日战争、解放战争,中华人民共和国成立,掀开了中华民族复兴的新篇章。新中国成立后,以毛泽东为代表的中国共产党人开始了马克思主义与中国实际第二次结合的宝贵探索,为中华民族的复兴提供了宝贵经验、理论准备、物质基础。

---

① 《习近平总书记系列重要讲话读本》,学习出版社、人民出版社 2014 年版,第 176 页。
② 参见《习近平总书记系列重要讲话读本》,学习出版社、人民出版社 2014 年版,第 175 页。

十一届三中全会的召开，作出了党和国家工作重心转移的重大决定，这是中国特色社会主义理论体系的历史起点与逻辑起点。正是在中国特色社会主义理论体系的指引下，中国迅速崛起，综合国力显著增强，人民生活水平显著提高，中华民族在世界的声誉、影响日益扩大，中华民族的复兴不是在雾里看花的影像，而是近在眼前的目标。正像习近平总书记指出的那样，"我们比历史上任何时期都更接近中华民族伟大复兴的目标，比历史上任何时期都更有信心、有能力实现这个目标。"[①]。现在我们国家有这个信心和能力来谈中华民族伟大复兴的中国梦，重要的原因就是在中国特色社会主义理论体系指引下，我们成功找到了在经济文化落后的中国实现这一目标的发展道路，形成了具有本国特色的社会主义制度。

在解决中国问题的同时，中国特色社会主义理论体系也为世界其他民族国家的发展进步提供了思想借鉴和启发。

一是国家的发展进步必须要有先进的科学的理论作为指导。理论源于实践，同时理论又对实践具有巨大的能动作用。国家的发展进步离不开对国家基本国情的正确认识和把握，离不开对本国社会实践规律的科学认识，这是作为国家指导思想的理论所要完成的任务。中国特色社会主义30多年的巨大成功，可以说是在中国共产党科学把握中国时代和实践特征，准确把握中国具体实际的前提下取得的，是在中国特色社会主义理论体系这一唯一正确的理论作为指导完成的。这可以说是一条基本规律。不论是发达的资本主义国家还是对一般发展中国家而言都是这样。目前，全球有200多个国家，但是近几十年来，真正获得巨大发展的为数不多，这固然有各个国家发展的历史阶段、资源禀赋、科技力量、人民素质等客观因素的差异，但是更和很多国家没有找到一条先进的符合国情的科学的理论作为指导密切相关。

二是作为国家指导思想的理论要与时俱进，勇于吸收借鉴其他文明成果。邓小平多次指出，现在的世界是开放的世界，中国的发展离不开世界，世界的发展也离不开中国。中国特色社会主义理论体系虽然主要源于中国社会主义现代化的伟大实践，但是它并不排斥其他人类文明，包括资本主义文明，而是对它们采取批判吸收的态度，极大地增强了中国特色社会主义的开放性与包容性，使中国特色社会主义理论体系能够做到与时俱

[①] 《习近平谈治国理政》，外文出版社2014年版，第50页。

进。事实的确如此。当代世界，随着科技与生产力、社会生活的深度融合，经济全球化趋势日益显现，人们的生活方式、价值观念相互影响，共同构成多姿多彩的人类文明，在这种情况下，一个国家采取封闭的姿态，孤立于人类社会发展文明大道的做法显然是不合时宜的，这样形成的理论不可能有效的指导本国社会实践，取得令人满意的成就。

三是客观对待外国的经验，外国的经验对一个国家来说只能借鉴不能照搬。理论是灰色的，而一个国家的社会实践是丰富多彩的。对一个国家而言，没有现成的理论可以套用。在这方面中国是有过很深的教训的，不论是革命时期还是在社会主义建设时期，中国都有一段时期过分相信苏联获得政权和社会主义建设的经验，但却没有取得理想的效果。中国特色社会主义理论体系的创建和发展，从一定程度上说就是对我国这种过去照抄照搬外国经验教训的总结得来的。在党的十二大上，邓小平明确指出，照抄照搬国外经验从来没有取得过成果，我们要建设有中国特色的社会主义。20世纪八九十年代拉美国家的惨痛现实更揭示了这一点。马克思曾指出："哲学家们只是用不同的方式解释世界，问题在于改变世界。"[①] 不同的实践可以形成不同的理论，我们要形成能够"改变世界"的理论，首要的就是立足于本国的社会实践，对外国的经验只能是借鉴而不能照搬。

三　中国特色社会主义制度对人类文明发展的贡献

制度是管全局、根本性的东西。习近平对此有过深刻阐述，他指出："中国特色社会主义制度，坚持把根本政治制度、基本政治制度同基本经济制度以及各方面体制机制等具体制度有机结合起来，坚持把国家层面民主制度同基层民主制度有机结合起来，坚持把党的领导、人民当家作主、依法治国有机结合起来，符合我国国情，集中体现了中国特色社会主义的特点和优势，是中国发展进步的根本制度保障。"[②] 中国特色社会主义制度为中国特色社会主义凯歌行进提供了制度保证，丰富了人类社会制度文明的多样性，为人类社会发展指明了一条新路。

[①] 《马克思恩格斯选集》第1卷，人民出版社2012年版，第136页。
[②] 《习近平谈治国理政》，外文出版社2014年版，第9页。

（一）实现了由少数人的统治到多数人成为社会主人的转变

突出人民群众在历史发展中的主体作用是马克思主义的一条基本原理。马克思、恩格斯曾经指出，"历史上的活动和思想都是'群众'的思想和活动"①，"历史活动是群众的事业，随着历史活动的深入，必将是群众队伍的扩大。"② 这就摒除了以往唯心史观过分强调社会发展的无序性或由个别英雄人物掌控等谬论。马克思主义认为，人类社会的历史是由人民群众创造的，人民群众是社会发展的推动力量。毛泽东也曾指出："群众是真正的英雄，而我们自己则往往是幼稚可笑的，不了解这一点，就不能得到起码的知识。"③ 毛泽东强调："人民，只有人民，才是创造世界历史的动力。"④ 在人类社会发展史上，马克思主义第一次明确肯定了人民群众在社会发展中的主体地位，强调了人民群众是创造世界历史的动力。

既然人民群众是人类社会发展的主体，那么在社会上占统治地位的力量应当是人民群众，而不是少数剥削者或统治者。对于包括资本主义在内的以往一切剥削阶级社会存在的只有少数人占有权力而广大人民群众处于被剥削被压迫地位的状况，马克思、恩格斯认为，这些都应该废除的，取而代之的是建立起人民大众掌权的新社会。在这样的社会中，没有阶级差别和阶级对立，甚至已经消灭了阶级。人民群众在社会中平等的共同的行使权力。在对未来社会的权力结构的设想中，马克思、恩格斯指出："无产阶级革命将建立民主的国家制度，从而直接或间接地建立无产阶级的政治统治。"⑤ 对此，列宁也有过深刻的论述，指出："资产阶级的民主制和议会制同苏维埃的或无产阶级的民主制之间的差别在于：前者是把重心放在冠冕堂皇地宣布各种自由和权利上……无产阶级的或苏维埃的民主则……着重于实际保证那些曾受资本压迫和剥削的劳动群众能实际参与国家管理。"⑥ 强调："苏维埃政权正是无产阶级专政即先进阶级专政的组织形式。这个先进阶级发动千百万被剥削劳动者来实行新的民主，独立参加国家的管理，他们正根据亲身体验认识到，有纪律有觉悟的无产阶级先锋

---

① 《马克思恩格斯全集》第 2 卷，人民出版社 1957 年版，第 103 页。
② 同上书，第 104 页。
③ 《毛泽东选集》第 3 卷，人民出版社 1991 年版，第 790 页。
④ 同上书，第 1031 页。
⑤ 《马克思恩格斯选集》第 1 卷，人民出版社 2012 年版，第 304 页。
⑥ 《列宁选集》第 3 卷，人民出版社 2012 年版，第 724 页。

队是自己最可靠的领袖"。①

社会主义制度在中国建立后,中国以宪法的形式规定了人民在国家发展中的主体地位,指出中华人民共和国是工人阶级领导的、以工农联盟为基础的人民民主专政的社会主义国家,并强调中华人民共和国的一切权力属于人民。人民是国家的主人,社会主义国家就是要保障人民在经济、政治、社会等国家事务中的各项权利。中国特色社会主义制度包括根本政治制度、基本经济制度、法律体系及在这些制度基础上形成的各种经济的、政治的、文化的具体制度,每一项制度的根本出发点都是保护人民群众在国家中当家作主的地位,维护社会主义国家的繁荣稳定和长治久安。比如人民代表大会制度,人民代表大会制度是我国的根本政治制度,它是国家权力属于人民在实践中的最佳表现形式,由人民选举各级人民代表大会的代表,由这些代表来代表全国各族人民共同管理国家和社会各项事务,这样就把一切国家权力属于人民的思想贯穿到了实处,保障了人民对国家的权力的行使,实现了人民当家作主的愿望。再比如基层群众自治制度,把和人民群众直接相关、密切联系的各项权力直接交给群众自己直接管理,更是彰显了人民群众是社会主人的思想。很明显,中国特色社会主义制度的人民当家作主的实践是一切旧的社会制度包括资本主义制度所无法比拟的。在阶级差别存在、阶级对立尖锐的社会中,由于人民群众不是生产资料的占有者,他们不可能拥有管理国家和社会事物的权利,而只能处于被剥削受压迫的窘境,虽然资本主义标榜全民平等自由,但那里充斥的只有资产阶级的自由,资本的自由。

(二) 结束了只有少数人富裕而大多数人贫穷的历史

马克思、恩格斯在《共产党宣言》指出:"过去的一切运动都是少数人的,或者为少数人谋利益的运动。无产阶级的运动是绝大多数人的,为绝大多数人谋利益的独立的运动。"② 这表明,马克思、恩格斯在创建马克思主义理论之初观点非常鲜明,就是无产阶级没有自身的私利,就是要废除以往社会中只有少数人获得利益而绝大多数人没有或很少获得利益的局面,在解放自身的过程中让社会上的人能够平等地共同地获得利益。当然,这个社会上的人是不包括少数剥削者的,对少数剥削者采取的态度是

---

① 同上书,第497页。
② 《马克思恩格斯选集》第1卷,人民出版社2012年版,第411页。

"剥夺剥夺者",通过的具体办法是"消灭那种将多数人的劳动变为少数人的财富的阶级所有制","把现在主要用做奴役和剥削劳动的手段的生产资料,即土地和资本完全变成自由和联合的劳动的工具,从而使个人所有制成为现实"。① 马克思、恩格斯在这里触及了以往剥削阶级社会存在的基础,即生产资料所有制,要改变以往社会存在剥削和阶级差别的现状,首先要改变的就是经济基础。

事实也是如此。按照马克思主义基本原理,社会形态是由生产方式决定的,有什么样的生产就会有什么样的分配,就有各个社会阶层在社会中地位的基本状态。在私有制存在的情况下,"物的世界的增值同人的世界的贬值成正比"②,特别是在资本主义生活中,由于资本的权利极具扩张,不占生产资料的广大劳动者苦苦为基本的生存而挣扎,富者越来越富,穷者越来越穷,两极分化极为严重。

公有制经济的确立是社会主义制度建立的主要标志。公有制经济是以广大劳动者占有生产资料为特征的经济形态,这既保证了广大劳动者在国家政权中的地位,又为广大劳动者摆脱经济压迫实现共同致富提供了可靠保证。随着中国社会主义改造的基本完成,中国完成了所有制形式的根本转变,广大中国人民成为生产资料的主人,这为中国人民走共同富裕之路奠定了坚实的制度基础。改革开放后,邓小平等党和国家领导人一再强调了在公有制基础上实现共同富裕的重要性,邓小平指出,私有制只能"使中国百分之几的人富裕起来,但是绝对解决不了百分之九十几的人生活富裕的问题。"③ 因而,中国决不能走资本主义道路,只能实行社会主义制度,因为,"如果走资本主义道路,可能在某些局部地区少数人更快地富起来,形成一个新的资产阶级,产生一批百万富翁,但顶多也不会达到人口的百分之一,而大量的人仍然摆脱不了贫穷,甚至连温饱问题都不可能解决。"④ 对于这一问题,邓小平等党和国家领导人是始终高度关注的。如在建设中国特色社会主义的过程中,邓小平不止一次的指出:"社会主义的目的就是要全国人民共同富裕,不是两极分化。如果我们的政策导致两极分化,我们就失败了;如果产生了什么新的资产阶级,那我们就

---

① 《马克思恩格斯选集》第 3 卷,人民出版社 2012 年版,第 102—103 页。
② 《马克思恩格斯选集》第 1 卷,人民出版社 2012 年版,第 51 页。
③ 《邓小平文选》第 3 卷,人民出版社 1993 年版,第 64 页。
④ 同上书,第 208 页。

真是走了邪路了。"① 邓小平在 1986 年答美国记者华莱士问时又一次强调,"社会主义财富属于人民,社会主义的致富是全民共同致富"②。

中国特色社会主义制度是中国实现共同富裕目标的根本保证。以公有制为主体、多种所有制经济共同发展是中国特色社会主义的基本经济制度。这一制度"生产是为了最大限度地满足人民的物质、文化需要,而不是为了剥削。由于社会主义制度的这些特点,我国人民能有共同的政治经济社会理想,共同的道德标准",和资本主义制度形成鲜明的对比,由于资本主义制度实行的是生产资料私有制,资本家占有生产资料,因而,以上这些社会主义所具有的特点和优点,"资本主义社会永远不可能有。资本主义无论如何不能摆脱百万富翁的超级利润,不能摆脱剥削和掠夺,不能摆脱经济危机,不能形成共同的理想和道德,不能避免各种极端严重的犯罪、堕落、绝望。"③ 邓小平在 1992 年南方谈话中,把"实现共同富裕"当成社会主义最终要达到的目标,又一次说明了共同富裕在中国特色社会主义中的地位。

(三) 为人类追求公平正义提供了可靠的制度保障

公平正义是古今中外的人们孜孜以求的理想。但是,在私有制为基础的旧社会中,这一目标是不可能实现的。作为价值目标,公平正义的实现,显然需要以占有生产资料为支撑,而包括资本主义社会在内的以往旧的社会制度中,广大劳动群众是没有生产资料可言的,他们在社会中处于被统治和被压迫的地位,在这种情况下,公平正义只能是统治阶级进行阶级统治的口号而已,对广大群众来说,这是镜中花、水中月。公平正义就成了统治阶级的追求,并且以全民的意志追求在全社会中存在,把它说成是全民的追求,其实这和全民是不相干的东西,或者说全民也无时无刻不在追求这公平正义,但是公平正义对他们来说在旧的社会制度中是不会实现的。

马克思主义认为,以往社会的不公,最大的根源在于经济基础的私有性,要想实现社会的公平正义必须对以往的社会制度进行根本性的变革。马克思、恩格斯认为,社会公平正义是马克思主义的首要的价值追求,社

---

① 同上书,第 110—111 页。
② 《邓小平文选》第 3 卷,人民出版社 1993 年版,第 172 页。
③ 《邓小平文选》第 2 卷,人民出版社 1994 年版,第 167 页。

会公正应该是无产阶级的重要的价值观念,在 1871 年为国际工人协会起草的"共同章程"中,马克思明确指出,"加入协会的一切团体和个人,承认真理、正义和道德是他们彼此间和对一切人的关系的基础,而不分肤色、信仰或民族"①。当然,作为价值目标,社会公平正义的实现是一个历史过程,不能脱离经济社会的发展。

社会主义制度在中国建立后,中国共产党始终重视社会公平正义问题,1954 年通过的第一部《中华人民共和国宪法》就明确宣布中国的一切权力属于人民,这里的人民是不分男女老幼、民族、宗教信仰及教育程度差别等因素的,并且在政治、经济、文化、社会等各项制度建设上严格保证人民的各项权益,实现社会公平正义的最大化。改革开放之后,面对着改革开放和市场经济的冲击,人与人之间的差别出现逐渐拉大的趋势,党和国家再次强调了社会公平正义问题,从财富分配、就业、教育等各个方面制定政策,保证人民机会的均等。在党的十七大报告中指出,实现社会公平正义是中国共产党人的一贯主张,是发展中国特色社会主义的重大任务,党的十八大报告更是强调"必须坚持维护社会公平正义。公平正义是中国特色社会主义的内在要求。要在全体人民共同奋斗、经济社会发展的基础上,加紧建设对保障社会公平正义具有重大作用的制度,逐步建立以权利公平、机会公平、规则公平为主要内容的社会保障体系,努力营造公平的社会环境,保证人民平等参与、平等发展权利"②。可以说,中国特色社会主义制度从各个层面上保证了社会公平正义的实现,实现了效率与公平的统一,初步实现了自古以来人们对社会公平正义的理想追求。

(四) 实现了人类社会制度史上的深刻变革

好制度判断的标准是什么?美国等西方国家鼓吹的好制度是不是真正的好制度?说到底,一个制度的好坏,不是看其新与旧,而是取决于制度执行能力。好的制度若不能有效治理,同样会失去存在的合法性。西方的三权分立制度一度被世人鼓吹成最民主、效率最高的制度,看来应该是普通人眼中的好制度了。但是,真实情况到底如何呢?不可否认,西方的制度在制约权力制衡、防止个人专权方面有一定的积极意义,但是西方制度

---

① 《马克思恩格斯选集》第 3 卷,人民出版社 2012 年版,第 172 页。
② 胡锦涛:《坚定不移沿着中国特色社会主义道路前进 为全面建成小康社会而奋斗》,《人民日报》2012 年 11 月 18 日,第 1 版。

所产生的相互掣肘、相互扯皮、政策议而不决、决而不行的现象也屡见不鲜，这归根到底是由西方社会的所有制经济基础决定的，正如上文所谈到的那样，私有制经济不可能给广大民众提供公平公正的机会，不可避免地会产生两极分化，那么在社会生活中，广大民众是不会得到掌握国家政权的权利的，有的只是有产者阶级之间的讨价还价，投机专营。私有制下不可能"消除资本主义和其他剥削制度所必然产生的种种贪婪、腐败和不公正现象"。① 在这种情况下，西方社会制度是注定难以为继的。正如有学者指出的那样："近一段时间，西方国家接连发生一系列令世人震惊的事件：美国信用评级近百年来首次遭下调，欧洲主权债务危机持续恶化，挪威发生死伤惨重的枪击爆炸案，英国爆发几十年未见的大规模街头骚乱。种种困境和乱象表明，在国际金融危机的沉重打击下，西方正在经历深刻的制度性危机。"② 这正是西方社会制度的写照。

中国特色社会主义制度则于此完全不同，它建立起的是以公有制为主体、多种所有制经济共同发展的基本经济制度，广大劳动人民共同占有生产资料，成为国家的主人，他们的根本利益、长远利益是一致的，并通过人民代表大会制度、中国共产党领导的多党合作和政治协商制度、民族区域自治制度、基层民主制度等一系列制度行使管理国家和社会事物的权利。这就从根本上保障了在当代中国政策决策和执行效率的统一。对此，邓小平曾明确指出："社会主义同资本主义比较，它的优越性就在于能做到全国一盘棋，集中力量，保证重点。"③ 强调："我们的制度是人民代表大会制度，共产党领导下的人民民主制度，不能搞西方那一套。社会主义国家有个最大的优越性，就是干一件事情，一下决心，一作出决议，就立即执行，不受牵扯。"④ 这些论述很好地说明了中国特色社会主义制度的特点和优点。

现实社会生活实践也很好地说明了这一点。新中国成立以来特别是改革开放以来，在中国特色社会主义制度的保障下，中国的社会面貌发生了巨大变化，综合国力显著增强，生产力明显提高、人民生活水平得到很大改善。中国改革开放 40 年的社会实践被国际社会盛赞为人类发展史上的

---

① 《邓小平文选》第 3 卷，人民出版社 1993 年版，第 143 页。
② 郭纪：《西方正在经历深刻的制度危机》，《求是》2011 年第 17 期。
③ 《邓小平文选》第 3 卷，人民出版社 1993 年版，第 16—17 页。
④ 同上书，第 240 页。

奇迹，中国的发展道路被外国有识之士赞誉为"中国模式"。中国特色社会主义制度在处理困难局面、面对巨大灾难危机面前，这种特点和友善尤为明显。如1998年的抗洪抢险、2008年的汶川大地震和北京奥运会等，中国政府和中国人民的表现得到了世界社会的广泛认可。《澳门日报》曾有评价："中国举国一体，集中力量办大事、办急事、办难事的制度优势，已成为中国抗击各类灾难和危机的强大保障。"[1]

（五）为正确处理人类社会面临的问题提供了新思路

如何处理人与人、人与社会、人与自然的关系始终是人类社会面临而需要解决的重大问题。正确处理这三者之间的关系其实就是采取什么样的手段即政策使这几者保持和谐的问题。当然，在不同的社会制度中，对这三者的关系所采取的手段是截然不同的。

在私有制为基础的阶级社会中，由于社会中的人对生产资料的占有状况不一样，因而人们在社会生产中的地位也是不同的，他们之间的关系基本处于对立状态，人与人之间的和谐无从谈起。这可以从人类社会的历史发展实践清晰地表现出来。特别是在资本主义社会中，人与人之间的关系更加异化，变成了纯粹的赤裸裸的金钱关系。同时，由于资本的贪婪性和扩张性，人们在处理人与社会、人与自然的关系上，也显得贪得无厌，人与社会、人与自然关系十分紧张。虽然西方社会一再表白自身的价值观是普世的，发展的阶段最高、最完善，但正如有学者指出的那样，"若没有一种全新的价值体系去取代正辐射着强大影响力的现代西方价值体系，人类将会走向毁灭！"[2]

中国特色社会主义制度在处理人与人、人与社会、人与自然的关系上走出了一条和现代西方社会完全不同的路径，保证了这三者之间关系的和谐。首先，中国实行的是以公有制为主体多种所有制共同发展的经济制度，这就从根本上消除了人与人之间对立紧张的关系。人与人的和谐主要是物质利益的和谐，没有共同的物质利益基础，人与人之间不可能走向和谐。私有制社会无论统治阶级如何宣传和谐、标榜和谐，那样的社会中也不会出现真正的和谐。而中国由于公有制的建立，中国人民有共同的物质

---

[1] 转引自钟君《实现中国梦的制度保障——诗意理想与先进制度的协奏曲》，红旗出版社2014年版，第91页。

[2] 卢风：《现代西方价值观与人类文明的危机》，《道德与文明》1999年第6期。

利益基础，他们的根本利益和长远利益是一致的，这就为人与人之间的和谐提供了可靠的保障。其次，中国在各项制度的设立过程中，把社会主义原则贯穿其中，注重平等、公正等思想的渗透，"通过消灭旧的社会分工，通过产业教育、变换工种、所有人共同享受大家创造出来的福利，通过城乡的融合，使社会全体成员的才能得到全面的发展"。① 这样才能实现真正的人与人、人与社会的和谐。最后，特别值得一提的是，新世纪新阶段以来，面对中国发展出现的阶段性特征，中国又提出的科学发展观，在发展人与人、人与社会和谐的基础上，又指出要正确地处理人与自然的关系，使人与自然和谐相处。在这个问题上，恩格斯早就对资本主义工业文明提出过严厉批评，并提出了解决这一问题的办法。他说："人们就越是不仅再次地感觉到，而且也认识到自身和自然界的一体性，那种关于精神和物质、人类和自然、灵魂和肉体之间的对立的荒谬的、反自然的观点，也就越不可能成立了"②。"但是要实行这种调节，仅仅有认识还是不够的。为此需要对我们的直到目前为止的生产方式，以及同这种生产方式一起对我们的现今的整个社会制度实行完全的变革。"③近年来，中国通过建设资源节约型和环境友好型社会，人与自然的关系得到明显改善。在党的十八大报告中，又旗帜鲜明地提出生态文明建设，把它与中国特色的经济建设、政治建设、文化建设、社会建设一起看成中国社会主义现代化建设的总体布局，并强调要"树立尊重自然、顺应自然、保护自然的生态文明理念，把生态文明建设放在突出地位，融入经济建设、政治建设、文化建设、社会建设各方面和全过程"④，中国把人与自然的关系提到了前所未有的高度。中国的这些举措、政策无疑为人类社会正确处理人与人、人与社会、人与自然的关系提供新思路，为人类社会文明作出了积极贡献。

当然，中国特色社会主义制度还没有完全定型，按照邓小平的说法"恐怕再有三十年的时间，我们才会在各方面形成一整套更加成熟、更加定型的制度"⑤。中国特色社会主义制度还有不完善的地方，这需要我们更加努力，对此习近平强调："今天，摆在我们面前的一项重大历史任

---

① 《马克思恩格斯选集》第 1 卷，人民出版社 2012 年版，第 308—309 页。
② 《马克思恩格斯选集》第 3 卷，人民出版社 2012 年版，第 999 页。
③ 同上书，第 1000 页。
④ 《中国共产党第十八次全国代表大会文件汇编》，人民出版社 2012 年版，第 36 页。
⑤ 《邓小平文选》第 3 卷，人民出版社 1993 年版，第 372 页。

务，就是推动中国特色社会主义制度更加成熟更加定型，为党和国家事业发展、为人民幸福安康、为社会和谐稳定、为国家长治久安提供一整套更完备、更稳定、更管用的制度体系。这项工程极为宏大，必须是全面的系统的改革和改进，是各领域改革和改进的联动和集成，在国家治理体系和治理能力现代化上形成总体效应、取得总体效果。"① 但是，需要我们注意的是，我们要对中国特色社会主义制度充满自信，而不能因为它还不够定型、完善而对它产生动摇。对得之不易的中国特色社会主义制度我们要倍加珍惜，充满信心。正如邓小平曾强调的那样"我们的党和人民浴血奋斗多年，建立了社会主义制度。尽管这个制度还不完善，又遭受了破坏，但是无论如何，社会主义制度总比弱肉强食、损人利己的资本主义制度好得多。我们的制度将一天天完善起来，它将吸收我们可以从世界各国吸收的进步因素，成为世界上最好的制度。"②

---

① 《习近平谈治国理政》，外文出版社 2014 年版，第 104 页。
② 《邓小平文选》第 2 卷，人民出版社 1994 年版，第 337 页。

第六章 坚持和发展中国特色社会主义，推动人类文明发展

一部人类文明史，是为人类创造更加美好的生存和发展条件的过程。这是一个不断有所创造、有所发现、有所发明、有所前进的过程。中国特色社会主义文明也必然如此。面对新的机遇、问题和挑战，要从社会历史发展规律、社会主义建设规律和共产党执政规律的高度，进一步总结、提升我们以往处理对内、对外关系上的经验，概括出若干基本经验，探索如何按照党的基本路线的要求，在科学发展观的指导下，推进中国特色社会主义建设实践，为人类文明作出更大贡献。

一 关于中国特色社会主义的国际评论

20世纪六七十年代，国外学者已经开始关注中国发展道路问题。近年来，世界日益深刻地认识到中国改革开放40年来取得的巨大成就，同我们所选择的正确道路有着密不可分的内在逻辑联系。自党的十八大报告对中国特色社会主义道路的内涵进行了科学和完整的概括后，国际社会有关中国特色社会主义问题的探究再次升温并呈现出许多新的特点和趋势。了解这些观点和看法，对于推动中国特色社会主义事业发展具有积极意义。

（一）国际社会为什么关注中国特色社会主义

近年来海内外舆论对中国特色社会主义特别关注，原因概括起来，主要有以下几点：

1. 中国应对1997年亚洲金融危机、2008年经济危机的成功，引起国际社会对中国发展战略和发展模式的重新审视

1997年亚洲金融危机和2008年经济危机，使中国经济社会的发展受

到了一些影响，但在党中央国务院正确领导下，采取了妥善的对应政策，不仅没有陷入危机之中，而且还保持了经济的比较稳定和快速发展，中国这种逆势飞扬的非凡表现，堪称奇迹中的奇迹，使中国崩溃的言论不攻自破，彰显了中国特色社会主义的独特优势，这个时候，中国的成功自然就吸引了全球的目光，国际社会开始重新审视中国的发展战略和发展模式。美国智库卡内基国际和平基金会专家黄育川说，中国成功应对国际金融危机和全球经济衰退，是了不起的成就。相比世界其他国家和地区，中国以一种合理的方式，很好地度过了危机。"中国领导人干得很好，国家保持了稳定、强劲的发展。"①

2. 中国集中力量办大事、强有力地应对特大灾害的能力引起世界关注

长期以来，国际上有一种看法认为，中国的经济发展虽然取得了令人瞩目的成就，但一党执政的政治体制陈旧落后，呈现出很多弊端。不改变这种格局，市场经济就会因缺乏保障而无法正常发展。然而，这些年来中国"神舟"系列飞船圆满完成航天飞行任务，成功应对南方大雪灾、汶川大地震、西北大干旱和舟曲特大泥石流等灾难。中国为迎接奥运会，用三年时间完成三号航站楼的建造，这在西方连审批程序需要的时间都不够。中国高速有效的动员能力，震撼全球，充分显示了中国特色社会主义的体制效率和组织优势。面对这些事实，国际上怀疑、批评中国政治制度和社会制度的声音减少，越来越多的国际高层人士对中国政治制度持积极肯定的看法。

3. 东西方鲜明对比的结果

以新自由主义为理论基础的"华盛顿共识"主张私有化、自由化的经济发展道路，在俄罗斯搞"休克疗法"、在拉美形成"拉美模式"、在亚洲形成"东亚模式"，结果在20世纪晚期造成了三个重灾区，即出现了拉美的经济危机、东亚的金融危机和俄罗斯"休克疗法"的失败。非洲18个国家以西方的结构调整方案为主导，减少政府的作用。实行20多年后，非洲的国家能力变得更加脆弱，导致了经济更加衰败、社会危机恶化、艾滋病频发等。近年金融风暴肆虐全球后，人们重新认识资本主义的固有矛盾，反思新自由主义的实质和危害，而恰恰在此期间，"风景这边

① 吴成良等：《成就非凡 前景光明——外国人士高度评价中国经济社会发展成就》，《人民日报》2013年3月4日，第3版。

独好",出现了"中国奇迹"。过去五年,中国国内生产总值从26.6万亿元增加到51.9万亿元,跃升到世界第二位。在政治建设、文化建设、社会建设方面取得举世瞩目的成就。因此,党的十七大报告在对改革开放30多年的伟大历程进行回顾和总结时提出了一个重要判断,即"中国的发展,不仅使中国人民稳定地走上了富裕安康的广阔道路,而且为世界经济发展和人类文明进步作出了重大贡献。"正反两方面的比较,使人们纷纷把目光投向蓬勃发展的社会主义中国,国际社会开始认真探究中国发展战略和发展模式的丰富意蕴,并从理论上进行概括和总结。

4. 发展中国家渴求实现现代化的道路,在迷茫中发现了"中国奇迹"

在全球化背景下,广大发展中国家都在追逐现代化的梦想,然而如何实现现代化,对发展中国家来说是一个新课题。当今世界实现现代化有两条道路,一条是资本主义现代化道路,一条是社会主义现代化道路。社会主义的"苏联模式"虽然有过辉煌的时期,但最终表明并不十分成功;资本主义现代化道路上的"东亚模式"和"拉美模式"近年又失效,中国作为一个大国在这样的背景下崛起,就格外引人注目,使发展中国家加倍关注中国的成功经验。正如中非关系专家丹尼尔·拉志所指出的,"中国独特发展模式的成功引起了国际社会,特别是第三世界国家的广泛关注,成为与后殖民主义时期其他现成经验不同的理念和新的发展援助的来源。"[1]

(二) 国际社会怎样看待中国特色社会主义

1. 国际社会对中国道路内涵和特征的议论

对中国道路内涵和特征的理解,国际社会从不同的角度出发,作出了不同的诠释。很多学者认为,"中国道路"与"中国模式"的内核和精华基本相同,是不同语境下的同一概念,因而可以替换使用。雷默认为,"中国模式"的"核心就是一个国家按照自身的特点进行发展","它的定义是锐意创新和试验,积极地捍卫国家边界和利益,越来越深思熟虑地积累不对称投放力量的手段。它既讲求实际,又是意识形态,它反映了几乎

---

[1] Daniel Large, "Beyond 'Dragon in the Bush': The Study of China-Africa Relations," African Affairs, vol. 107, no. 426, 2008. P. 53.

不区别理论与实践的中国古代哲学观。"① 美国霍普金斯大学的乔尔·安德斯在《新左派评论》杂志发表的"中国变化的颜色"一文中指出，中国走的是一条独特的东亚道路，其特点是强大的国家、活跃的家庭劳动经济和主要由小企业组成的私有经济和小规模资本主义经济。②《澳大利亚人报》驻中国资深记者罗恩·卡利克认为"中国模式"由两个部分组成，一是效仿自由经济政策的成功要素，通过使本国经济的很大部分对国内外的投资开放，又允许实现劳动方面的灵活性，减轻税收和监管方面的负担，并把私营部门和国家的开支相结合，从而创建一流的基础设施；二是保持执政党对政府、法院、军队、国内安全机构以及信息的自由流动的牢牢控制。③ 用"经济自由加政治压制"来概括中国模式，得到了许多西方学者的支持。

不少印度的中国问题专家认为，"中国模式"包括：经济上，制定适合本国国情的对外开放政策，趋利避害，与全球化潮流齐头并进；外交上，与邻为善、稳固周边；政治上，稳步推进适合国情的民主改革；军事上，在实现国防现代化的同时，将大量原本投入到军事领域的宝贵资源转为民用，极大地减轻了国家的负担。④

俄罗斯学者久加诺夫在把中国道路与俄罗斯的经济发展道路相比较的前提下，指出中国成功=社会主义+中国民族传统+国家调控的市场+现代化技术和管理。⑤ 张维为在《中国震撼》一书中，把中国模式归纳为8个特点，即实践理性、强势政府、稳定优先、民生为大、渐进改革、顺序差异、混合经济、对外开放。⑥

2. 国际社会对中国特色社会主义本质属性的认识

改革开放以来，尤其是进入新世纪以来，国外学者对中国特色社会主义性质的讨论日益深入，对这一问题的看法存在较大分歧，可以归纳出以

---

① ［美］乔舒亚·库珀·雷默：《中国形象：外国学者眼里的中国》，沈晓雷等译，社会科学文献出版社2006年版，第294—295页。
② Joel Andreas, "Colours of the PRC", New Left Review, No. 54, 2008. P. 138.
③ Rowan Callick, "The China Model", American, No. 7, 2007. P. 36.
④ 宿景祥：《印度喜欢说中国的长处 俄国愿借鉴中国的做法》，《环球时报》2004年4月28日第7版。
⑤ 参见沈云锁、陈先奎主编《中国模式论》，人民出版社2007年版，第421页。
⑥ 张维为：《中国震撼：一个"文明型国家"的崛起》，上海人民出版社2011年版，第100页。

下几种有代表性的观点。

(1) 中国已经是资本主义

国外有些学者以经典社会主义理论为依据,认为计划经济和公有制是经典社会主义的特征,市场经济和私有制则是资本主义的特征。中国特色社会主义已经与传统社会主义标准相背离,市场成为主要的调节手段,所有制的结构发生了根本性变化,而市场的逻辑恰恰是推翻国家规则、动摇社会主义意识形态的力量,因此,中国已经走向了资本主义。如美国左翼学者马丁·哈特·兰兹伯认为,市场改革只要一启动,就会陷入一种"湿滑的斜坡效应",其结果就是私有一步一步地替代公有,"通往了彻底的资本主义的回归"[1]。罗伯特·韦尔也持这样的观点,认为社会主义制度无法控制市场,中国在改革进程中必然会陷入市场改革的陷阱从而导致资本主义政治经济制度的日益巩固,最终不是利用资本主义来建设社会主义,而成了利用社会主义来建设资本主义。[2] 美国学者黄亚生教授在其所著的《中国特色的资本主义:企业与国家》一书中,通过中国经济成分和发展指标的分析,指出中国经济实际上已经资本主义化。他认为所谓的"中国特色社会主义"实质就是"中国特色资本主义"。[3] 日本庆应大学教授国分良成认为,中国"已经开始不把社会主义作为经济概念去理解。甚至现在已经暗示今后将破坏部分公有制,不断加进私有制。因此,社会主义这个概念,已经可以不单纯作为经济概念来考虑。所谓社会主义,只保留在共产党的领导这一政治概念方面"[4]。爱德华·斯坦菲尔德认为,中国吸纳了西方资本主义市场经济的规则制度与精神,采纳了这一套西方的游戏规则,玩着西方社会的竞争游戏,中国已蜕变成一个高度涉入全球生产的新兴国家,成为了一个不折不扣的资本主义社会。[5]

在一些国外学者眼中,虽然中国走上了资本主义道路,但与他们期望的资本主义模式不同,而是有着鲜明的中国特色。这些特殊性是他们关注

---

[1] Martin Hart-Landsberg & Paul Burket, "china and Socialism", Monthly Review, July-August 2004. P. 50.

[2] Robert Weil, Red CAT, White Cat: China and the Contradictions of "market socialism". New York: Monthly Review Press, 1996. P. 230.

[3] Yasheng Huang, Capitalism with Chinese Characteristics: Entrepreneurship and the State, Cambridge University Press, 2008. P. 160.

[4] 国分良成:《邓小平时代的成果》,韩凤琴摘译,《国外中共党史研究动态》1992 年第 6 期。

[5] 杨芙宜:《中国善于"内化"西方游戏规则》,《参考消息》2010 年 6 月 30 日第 16 版。

的重点,并基于不同的角度表达着不同的观点。崔宇认为中国实行市场经济,推行按要素分配,中国模式确切地说是政府控制和干预下的国家资本主义。恩里克·凡胡尔认为中国模式具有政治专制的特点,"保持强势政府,通过多种渠道积极管理国内事务。"① 有学者认为,中国在改革开放的历程中,产生了一大批主导着中国资本主义发展的官僚,他们"将公共资产系统地转化为私有资本只是政治权力私有化整个进程中的一部分。对政治经济权力的官僚垄断,是我们理解资本主义在中国复辟的要害所在。问题不在于解释中国特色资本主义的本来面目,更在于理解在中国向资本主义演变进程中官僚资产阶级所扮演的关键作用。"②

(2) 不姓"资"也不姓"社"

波兰马克思主义理论家亚当·沙夫通过对中国当前社会生活的观察得出:对于中国式的社会主义、中国式的资本主义、中国式的封建主义这三种说法,都不能表示同意。他认为,"由于我们分析的对象处于大变革过程中,有许多不确定的因素,只能说当前中国的制度是一种混合型制度。"③ 英国著名经济学家彼得·诺兰认为中国走的道路既不同于资本主义也不同于社会主义,应把中国特色社会主义道路理解为"第三条道路",他指出,"如果我们所说的'第三条道路'是指国家与市场之间的一种创造性、共生的相互关系,那么我们可以说,中国 2000 多年来一直在走它自己的第三条道路。这是中国令人印象深刻的长期经济和社会发展的基础。中国的第三条道路是一种完整的哲学,把既激励又控制市场的具体方法与一种源于统治者、官员和老百姓的道德体系的深刻思想结合在了一起。"④ 俄国学者杰柳辛在《"中国的资本主义"还是"有中国特色的社会主义"?》一文中指出,争论中国的现行制度是"有中国特色的社会主义"还是"中国的资本主义"没有意义,问题不在于名称,只要改革的结果使人民生活能够得到改善,使经济、社会、政治进一步发展,那么世

---

① [西班牙]恩里克·凡胡尔:《北京共识:发展中国家的新样板?》(http://news.xinhuanet.com/world/2009-08/20/content) 11914758.htm,2009-08-20/2015-12-17。

② Yi-Qing Wu, Rethinking "Capitalist Restoration" in China. Monthly Review, Vol. 57, No. 6, 2005. P. 44.

③ [波兰]亚当·沙夫:《我的中国观》,郭增麟译,《当代世界社会主义问题》2001 年第 4 期。

④ [美]彼得·诺兰:《处在十字路口的中国》,吕增奎摘译,《国外理论动态》2005 年第 9 期。

界上具有最独特和最古老文化的国家挂什么招牌并不重要。① 澳大利亚格里菲斯大学国际商务与亚洲研究系副教授利奥·刘指出,中国的经济改革没有走中东欧后共产主义国家所采取的"休克疗法",而是创造了一种与新自由主义模式完全背离的市场经济。他认为中国的市场改革是渐进性的。造成这种差异的原因主要在于共产党的统治在中东欧国家垮台了,而在中国没有垮台,所以不存在相似的用市场代替中央计划以及将企业私有化的狂热,相反,市场和私有企业只是对计划和国有制的补充。②

(3) 一直坚持"社会主义"方向

虽然一些学者对中国道路的认知方向有些偏离,但仍然有一些学者认可中国道路的社会主义性质。法国学者托尼·安德烈阿尼在《中国还是社会主义国家吗?》一文中认为,"中国的社会主义市场经济仍属社会主义性质。其理由一是中国目前正处在社会主义初级阶段,当前最主要的问题是发展生产力,摆脱'贫穷的社会主义';二是中国的国家和集体所有制在经济中占主导地位,公有经济发挥着领导作用,土地仍然实行国家所有制,私营经济的发展受到鼓励;三是中国仍然保留了国家计划和政府宏观调控,只不过通过间接手段进行;四是中国在发展社会主义市场经济的同时,还促进了精神文明的发展,而这种文明又完全不同于西方文明"③。美国著名历史学家阿里夫·德里克认为,社会主义已经成为中国民族形象不可分割的一部分,中国特色的社会主义"并不是在经典马克思主义的社会主义是一个后于资本主义的历史发展阶段意义上说的,而是在社会主义代表一种对资本主义经验的反应和一种克服资本主义发展缺陷的尝试的意义上说的。"④ 智利共产党总书记、国会众议员劳塔罗·卡莫纳说:"中国的发展来源于中国人民及其执政党的智慧,他们知道如何才能发展经济,更重要的是,在发展经济问题上,执政党能超越意识形态的生硬标签,从更加科学合理的角度考虑经济发展问题。当外界审视中国经济成就

---

① [俄]杰柳辛:《"中国的资本主义"还是"有中国特色的社会主义"?》,《国外社会科学》1994年第4期。

② Leong Liew, China's Engagement with Neo-liberalism, Path Dependency Geography and Party Self-Reinvention. Journal of Development Studies. Vol. 41, No. 2, 2005. P. 333.

③ [法]托尼·安德烈阿尼:《中国还是社会主义国家吗?》,《思想》杂志2005年第1期;转引自李其庆《法国学者托尼安德烈阿尼批驳两种否定中国特色社会主义的观点》,《当代世界与社会主义》2005年第4期。

④ [美]阿里夫·德里克:《重访后社会主义:反思中国特色社会主义的过去、现在和未来》,吕增奎译,《马克思主义与现实》2009年第5期。

时，时常提到中国模式或者中国经验，但更重要的是，这种模式和经验背后的精神实质是中国共产党始终秉持的社会主义发展模式和理念。"① 保加利亚尼·波波夫教授也赞同中国道路的社会主义性质；日本左翼学者大木一训也持相似观点，认为社会主义市场经济是在国家的领导下，实现市场对资源配置的基础作用，是吸收了市场经济和计划经济两者优点的新体制，定将为中国当前及今后的经济发展奠定理论基础。②

3. 国际社会对中国特色社会主义世界影响的看法

在中国特色社会主义能否以及如何为其他国家乃至人类社会发展提供经验借鉴这个问题上，国际社会也有着不同的看法和争论，主流的声音是"中国特色社会主义"将对世界各国发展产生积极影响。

（1）打破了西方模式的垄断地位

百年一遇的金融危机，宣告了"美国模式就是世界发展进程唯一标准"这一被美国人赋予神权色彩的信条的破产，中国事实上已经开始作为国际政治生活中的一支独立力量而发生作用。弗兰西斯·福山指出："人们将许多不平等现象归咎于美国式的资本主义，全世界对这些不平等现象的不满，可能会将人们的注意力更多地转向像中国这样的社会主义模式，从而结束美国的霸权地位。"③ 奈斯比特夫妇的《中国大趋势》说，中国在创造一个崭新的社会、经济和政治体制，它的新型经济模式已经把中国提升到了世界经济的领导地位；而它的政治模式也许可以证明资本主义这一所谓的"历史之终结"只不过是人类历史道路的一个阶段而已。④ 英国马丁·雅克说：用不了 20 年，中国就会超过美国成为全球第一大经济体。而且中国对世界的影响将不仅体现在经济方面，也会在政治、文化等方面发挥越来越大的作用。⑤

---

① 杨爱国、赵焱：《国际社会盛赞中国共产党成立 90 年取得巨大成就》（http://news.xinhuanet.com/2011-06/02/c_121489041_4.htm），2011-06-02/2015-12-23。
② [日] 大木一训：《日本学者眼中的中国当前经济》，张利军译，《社会科学报》2005 年 2 月 17 日，第 7 版。
③ 辛西娅·C. 瓦格纳：《美学者预测世界七大"战略意外"》，耿凌楠译，《青年参考》2008 年 1 月 29 日，第 6 版。
④ 转引自孟黎《西方学者眼中的中国未来》，《金融时报》2009 年 11 月 20 日，第 11 版。
⑤ 王更宏：《新中国 60 年与中国模式纵横谈——专访〈当中国统治世界时〉作者马丁·雅克》，《参考消息》2009 年 10 月 8 日第 14 版。

(2) 丰富了世界文明的多元性

一些西方学者也尝试从文明进化角度看待中国道路的重要贡献,认为中国道路丰富和发展了世界发展模式,为全球的发展注入了强劲、健康、鲜活的因素,必将以其独创性为人类文明不断走向繁荣与发展作出贡献。历史学家汤因比认为,中国可能为人类的文明提供一个全新的文化起点。① 福山也认为,中国模式的有效性证明,西方自由民主并非人类历史进化的终点,人类思想宝库要为中国传统留有一席之地。②

(3) 为更多国家提供了新的选择和信心

通过国际比较,舆论普遍看到,处于同一历史时期,面对相似的国际环境,中国取得了持续快速发展,中国的发展道路为不少国家树立了参照和榜样。2004年6月14日,时任联合国秘书长的安南在接受记者提问时说,中国依靠独特模式实现发展的有益经验,的确值得其他国家特别是发展中国家借鉴。③ 美国学者约瑟夫·奈2008年初对记者说:"中国的经济增长不仅让发展中国家获益巨大,中国特殊的发展模式和道路也被一些国家视为可效仿的榜样……更重要的是将来,中国倡导的政治价值观、社会发展模式和对外政策做法,会进一步在世界公众中产生共鸣和影响力。"④ 南部非洲资源观察研究所所长卡本巴说:"中国走出了一条受世人称赞的'中国道路',它使中国变得更加强大,人民更加富足",同时也"为发展中国家,特别是非洲国家起到了示范作用"。⑤ 还有学者指出,"中国模式"中的许多做法不一定具有普遍意义,但这些做法背后的思想,特别是"实事求是"、"以人为本"、"循序渐进"、"和而不同"、政府的作用等,则可能有相当普遍意义,并构成了中国的政治软实力。这将对发展中国家摆脱贫困、对全球问题的有效治理、对国际政治和经济秩序未来的演变,产生深远的影响。⑥

---

① [英] 阿诺德·汤因比:《历史研究》,上海人民出版社2000年版,第394页。
② 转引自张意轩《"中国路"的清醒——抬头看路:"前后两个三十年"绝非割裂》,《人民日报》(海外版) 2013年2月20日第1版。
③ 谢鹏:《安南称中国发展模式值得借鉴》(http://news.sina.com.cn/w/2004-06-16/03352816379s.shtml),2004-06-16/2015-12-23。
④ 詹世雄:《国外热议"中国模式"及其启示》,《参考消息》2008年3月27日第9版。
⑤ 《世人称赞的"中国道路"》,《新华每日电讯》2012年11月12日第7版。
⑥ 张维为:《中国模式回应世界挑战》,《当代中国史研究》2008年第2期。

(4) 为中国赢得了宝贵的话语权

中国的崛起能带来一种全新的思维、一种深层次的范式变化,是西方现存理论和话语无法解释的新认知。阿根廷学者孔萨尼在接受新华社记者采访时指出,"中国文化崇尚'和谐'与'和平',中国在参与经济全球化过程中也给世界带来了中国文化,这不仅对中国,而且对未来世界的健康发展也非常有意义。"① 俄罗斯《远东问题》杂志也刊文强调,中国当代文明和社会政治经验,客观上就成了自由主义"历史终结"、"文明冲突"说之外的另一种选择,揭示了历史发展、预防文明冲突、向建设性对话与全球共同发展过渡的前景。② 汤因比说:"西方观察者不应低估这样一种可能性:中国有可能自觉地把西方更灵活、也更激烈的火力与自身保守的、稳定的传统文化融为一炉","如果中国能够在社会和经济的战略选择方面开辟出一条新路,那么它也会证明自己有能力给全世界提供中国和世界都需要的礼物。这个礼物应该是现代西方的活力和传统中国的稳定二者恰当的结合体。"③ 中国话语权的提升,增强了国际政治中的和平因素,有利于世界和平这一共同目标的实现。

当然,国际舆论也有不少对中国特色社会主义世界影响的消极议论。一些学者认为,中国是社会主义的"反面教材"。认为中国建立市场经济体制和发展外向型经济使中国离社会主义渐行渐远,国内两极分化严重,对区域间竞争的强化损害了其他国家工人的利益,因而对世界社会主义实践是一种消极的力量。

(三) 国际社会关注中国特色社会主义的特点

自中国特色社会主义成为国际社会关注的热点以来,国外学者、政要等等对其内涵、性质、特点、意义等问题进行了深入的分析。由于各自知识结构、思维方式的不同而呈现出以下特点。

1. 研究呈现繁荣景象

近年来,海外主流中国者学者对当代中国的研究呈现出日益繁荣的景象,国际上有数十个国家的几百个研究机构和成千上万的研究人员,在从

---

① 《十八大的世界意义》,《新华每日电讯》2012年12月6日,第1版。
② [俄罗斯] 季塔连科:《中国现代化经验的国际意义》,《远东问题》2004年第5期。
③ [英] 阿诺德·汤因比:《历史研究》,刘北成等译,上海人民出版社2000年版,第394页。

事有关中国问题的研究。最负盛名的研究机构如美国哈佛大学的东亚研究所，日本的亚洲政治经济学会、中国研究所、京都大学人文研究所，加拿大的多伦多大学、约克大学、蒙特利尔等东亚研究中心，法国的现代中国资料中心、德国科隆的联邦东方与国际研究所和汉堡的亚洲事物研究所，俄罗斯的远东研究所等等。英国的《新左派评论》和《中国季刊》、美国的《当代中国》、日本的《中国研究》、俄罗斯的《远东问题》等都是极有影响的国外刊登中国学研究的主要学术刊物。国外也非常注重研究现代中国的资料搜集与交流，美国、日本、俄罗斯被称为世界各国研究中国问题的主要资料基地。其中，美国95家图书馆的中文藏书达4亿册以上。研究对象从原来的意识形态、权力斗争等扩展到社会制度和社会结构领域。研究方法上不断变革，追求创新，形成了多样化的态势。如美国政治学家路逊·派伊所著的《中国政治的动态》一书，采用了社会科学和地域研究相结合的综合分析方法；比较研究方法的运用也相当广泛，既有纵向的比较，也有横向的比较，如美国的《比较政治研究》、《比较共产主义研究》等杂志就经常刊载运用比较方法研究中国学的文章。另外，国外学者还用数量分析、个案分析等方法来研究中国问题，使研究呈现出多元化的格局。

2. 现实观照不足

国外学者对中国特色社会主义的研究注重文献梳理，掌握的资料比较翔实，在分析历史资料的基础上转入对中国发展道路的讨论。但是，也要看到，他们的研究脱离了中国实际，无法真正与中国特色社会主义的实践"对话"。众所周知，中国特色社会主义是在中国特有国情下形成并发展的，正是与社会主义初级阶段的国情相结合，才使中国特色社会主义具有强大的生命力，对现实发展具有格外重大的指导意义。研究中国特色社会主义离开了对中国国情的考察是没有说服力的。由于国外学者了解中国社会的渠道狭窄，仅仅局限于阅读和研究中国的文献资料，拘泥于理论的思辨，较少做实证性研究，使他们难以把握理论与客观事实之间的关系，影响了他们对中国发展道路、发展策略分析的客观性和科学性。

3. 意识形态的偏见

有意无意地带有强烈的意识形态偏见是国外学者和西方政要关注中国特色社会主义的主要特点。郑永年曾指出："尽管中国本身不再强调意识形态，但西方不断要把中国再意识形态化，使用各种充满意识形态味道的概念如'权威资本主义'和'权威民族主义'来描述和打扮中国。"① 他们认可中国经济发展取得的巨大成就及对世界经济发展的影响,但对于政治层面则避而不谈,经常淡化"社会主义"色彩,回避中国的"社会主义"性质,不愿意或很少使用"中国特色社会主义"这一概念,不愿意承认中国道路的成功就是中国特色社会主义的成功。美国《时代》周刊记者迈克尔·舒曼提出,"我们为什么会这样担心崛起的中国,却不担心崛起的印度?或者说,为什么一个经济强大的中国比一个更强大的欧洲更难以让人接受?"② 原因很简单,印度与西方的价值理念是相似的,而中国的成就并非按西方的价值标准取得,而是历经百年忧患,根据中国特殊国情进行不断探索,在付出巨大代价,找到明确方向后取得的。如果他们肯定中国的成就而又肯定其价值理念,那就等于否定了西方本身的价值。所以,为了维护西方国家的价值理念、文化的强势地位,弱化不同于西方的文化认同,西方学者在分析中国道路的过程中,自然会出现意识形态化的特点。

总之,国际社会关于中国特色社会主义的讨论,有着复杂的背景。其中不乏高见,但误读也颇多。对此,我们应以客观、理性的态度加以认识。

二 在人类文明发展视野中推进中国特色社会主义建设

中国特色社会主义道路是人类文明史上的伟大创举,它在多个层面上推进了人类文明的发展,因此,推进中国特色社会主义建设,既是对社会主义中华文明的丰富发展,同时也是对整个人类文明发展的推动。

(一) 中国共产党人最终价值目标的要求

中国共产党人最终的价值目标是要实现人类最崇高的理想——共产主义。之所以以此为最终的价值目标,其一,这是马克思主义揭示的人类历史发展不可逆转的总趋势,全人类都要走这条历史必由之路。马克思从经济生产以及建立在此基础上的社会结构出发,科学阐明由生产方式内在矛

---

① 郑永年:《为中国辩护》,浙江人民出版社2012年版,第9页。
② [美] 迈克尔·舒曼:《为什么我们害怕崛起的中国》(http://finance.ifeng.com/opinion/hwkzg/20110609/4127926.shtml),2011-06-09/2015-12-23。

盾运动所推动的人类社会历史发展的逻辑进程。他指出"任何一个社会都是通过生产关系和生产力、上层建筑和经济基础的矛盾运动向前发展的。社会的物质生产力发展到一定阶段,使同它们一直在其中运动的现存生产关系或财产关系发生矛盾。于是这些关系便由生产力的发展形式变为生产力的桎梏,那时社会革命的时代就到来了。随着经济基础的变更,全部庞大的上层建筑也或慢或快地发生变革。"在《德意志意识形态》、《雇佣劳动与资本》、《〈政治经济学批判〉序言》中,马克思对人类历史上社会形态变迁的过程进行了考察,认为虽然资本主义社会使生产力得到了前所未有的巨大发展,在历史上曾起过巨大的进步作用。但是,资本主义社会自始至终存在生产社会化和生产资料私人占有之间的矛盾,这个矛盾依靠资本主义制度无法根本解决,因此,"资产阶级的灭亡和无产阶级的胜利同样是不可避免的。"崭新的共产主义社会形态必然代替资本主义社会形态,这是社会历史发展不可逆转的总趋势。

作为"共产主义远大理想的坚定信仰者"的中国共产党人必然以实现人类最崇高的理想——共产主义文明为最终的价值目标。毛泽东曾经指出:"我们的将来纲领或最高纲领,是要将中国推进到社会主义社会和共产主义社会去的,这是确定的和毫无疑义的。"① 党的十八大党章明确规定:"党的最高理想和最终目标是实现共产主义"。中国共产党以共产主义作为自己的最终目标,是建立在对人类社会发展规律的科学认识基础上的,昭示了中国共产党所从事的事业是符合人类未来趋势的伟大事业。习近平总书记明确指出:"共产党员特别是党员领导干部要做共产主义远大理想和中国特色社会主义共同理想的坚定信仰者和忠实践行者。""既要坚定走中国特色社会主义道路的信念,也要胸怀共产主义的崇高理想,矢志不移贯彻执行党在社会主义初级阶段的基本路线和基本纲领,做好当前每一项工作。"② 这充分说明,实现共产主义是中国共产党的最终奋斗目标,那种说中国共产党"抛弃了共产主义理想"的看法是错误的。

其二,这是人类历史上最先进、最合理的价值目标。已往的一切文明都是由劳动者创造的,但是劳动者得不到享受,劳动者创造得越多,反而受剥削越多。而唯有共产主义文明是由劳动者创造的,又由劳动者享受的。共产主义社会将铲除阶级剥削和阶级对立的经济基础;社会物质财富

---

① 《毛泽东选集》第 3 卷,人民出版社 1991 年版,第 1059 页。
② 《习近平谈治国理政》,外文出版社 2014 年版,第 23 页。

极大丰富；实行各尽所能、按需分配；全体社会成员的文化素养和道德品质极大提高；社会旧式分工和三大差别不复存在；整个社会是一个"联合体"，每个人的自由发展是一切人的自由发展的条件，人与人和谐相处，人与自然和谐共生。这是人类历史上最先进、最合理的价值目标。实现共产主义是一个长期的循序渐进的过程，有着不同的历史发展阶段和与之相应的一个个具体的阶段性目标，这些阶段性目标连在一起，通往共产主义。中国特色社会主义是向共产主义文明前进中的一个阶段，要实现人类最崇高的理想，必须加强中国特色社会主义建设，脚踏实地，一步一个脚印地去奋斗，为实现共产主义文明创造条件，打好坚实的基础。

（二）为国际社会分担责任、多作贡献的要求

中国是具有五千年文明史的礼仪之邦。进入社会主义社会之后，由社会制度本身的优越性所决定，出自对世界发展大势的深刻理解，中国曾对世界作出庄严承诺："中国应当对于人类有较大的贡献"[①]。数十年来，中国从事情本身的是非曲直和维护各国人民的共同利益出发，承担了越来越多的国际责任，树立了我国负责任大国的良好形象。《中华人民共和国宪法》第二十四条中就有关于加强国际主义教育的条款。中国在发展中困难不少，自身并不富裕的情况下，还是对外提供了大量无私援助。2010—2012年，中国共向121个国家提供了援助，在61个国家和地区完成技术合作项目170个，中国对外派遣55支援外医疗队，累计3600名医护人员，在受援国近120个医疗点开展工作，培训当地医护人员数万人。[②] 为了维护和平，我们参加了联合国维和行动，在安理会"五常"中，是出兵最多的国家，达万人次以上，受到了国际上广泛的好评。中国积极推动核裁军，并公开承诺不首先使用核武器，表明了我国政府的负责任态度。1997年亚洲金融危机期间，中国坚持人民币不贬值，为亚洲国家摆脱危机作出了自己的贡献。近些年中国为推动世界走出国际金融危机发挥了重要作用。中国积极参与国际救灾行动，针对海地地震、柬埔寨特大洪灾、缅甸地震、巴基斯坦洪灾、古巴飓风、利比亚战乱、叙利亚动荡等自然灾害和人道主义灾难，提供了近50批紧急救灾物资，包括帐篷、毛毯、紧急照明设备、发电机、燃油、食品、药品及净水设备等，价值约12亿元

[①] 《毛泽东文集》第7卷，人民出版社1999年版，第157页。
[②] 《中国的对外援助（2014）》，《人民日报》2014年7月11日第22版。

人民币。此外，提供现汇援助约 3 亿元人民币。① 中国以实际行动为世界和平与发展作出的贡献是有目共睹的。

今天，面对层出不穷的、任何一个国家都无法单独应对的全球性问题，国际协调与合作已成为不可阻挡的时代潮流。中国作为一个负责任的大国，更加意识到自己的责任。其一，中国将一如既往，继续倡导一种追求本国利益时兼顾他国合理关切、承担更大国际责任的开放心态和政策取向。其二，中国会继续在维和促和、人道救援、核安全、应对自然灾害、气候变化等影响人类生存和发展的重大问题上发挥独特作用。与世界休戚与共，共同应对全球性挑战，破解人类发展难题；中国将倡导和提供更多的志愿者行动，把中国周到的服务和热情的微笑带到世界去；中国在为人类文明发展创造更多的物质财富的同时，将努力为人类贡献更多的思想和精神财富。其三，中国肩负着推动世界社会主义复兴、从而促进人类历史发展总趋势向前的重大历史责任。中国的发展向人类表明，社会主义是必由之路，社会主义必然显现出资本主义无法比拟的优越性。

中国承担国际责任与自身的发展是紧密相连的。中国只有自身发展了、更加强大了，才能兑现对世界的庄严承诺。为了承担越来越多国际责任、多作贡献，必须进一步建设中国特色社会主义。

（三）总结中国特色社会主义经验，为人类文明发展提供借鉴

无论是向自然索取，还是在社会斗争中，人们要想取得胜利，必须使自己的思想符合客观实际，也就是要符合客观规律。建设中国特色社会主义，我们的理论、路线、方针政策必须符合人类历史发展规律、社会主义建设规律和共产党执政规律。客观规律是深藏在历史之中的，为了正确把握客观规律，必须深入地研究历史，特别是人民群众创造历史的经验。"人类总得不断地总结经验，有所发现，有所发明，有所创造，有所前进。"② 中国共产党人一贯重视历史经验的价值，不断结合形势发展的需要总结经验。毛泽东曾形象地指出，我是靠总结经验吃饭的。邓小平也强调："我们每走一步都要总结经验"③。改革开放以来，我们党先后召开过

---

① 《中国的对外援助（2014）》，《人民日报》2014 年 7 月 11 日第 22 版。
② 《毛泽东文集》第 8 卷，人民出版社 1999 年版，第 325 页。
③ 《邓小平文选》第 3 卷，人民出版社 1993 年版，第 219 页。

7次全国代表大会,每一次代表大会都对过去的经验进行了概括和总结,反映了党对建设和发展中国特色社会主义规律认识的不断深化。

1. 坚持马克思主义的指导地位,推进马克思主义中国化

从实践中产生,回归于实践,并在实践中得到检验和完善,马克思主义自诞生之日便闪耀着科学的光芒。马克思主义在国际共产主义运动的实践当中不断审视自身,在社会主义国家的建设发展当中不断创新自我,历经理论与实践的磨砺,逐步变为科学的化身。正如列宁所说,马克思学说具有无限力量,就是因为它正确。它完备而严密,它给人们提供了决不同任何迷信、任何反动势力、任何资产阶级压迫所作的辩护相妥协的完整的世界观。马克思主义是被实践证明了的世界观和方法论,是无产阶级认识世界和改造世界的强大思想武器,是集阶级性和科学性于一身的社会主义主流意识形态的"掌门人"。因此,确立马克思主义的指导思想地位是无产阶级开展革命运动的首要前提。中国共产党自诞生之日起就以马克思主义作为指导思想,作为治国理政的根本思想保障,并不懈进行理论创新。近代以来,鸦片战争使中国卷入了世界资本主义的旋涡,中国陷入前所未有的苦难和屈辱,中华民族遭遇空前绝后的危机。伴随一次次救亡图存尝试的失败,危难之际的中国在十月革命的枪炮声中惊醒,马克思主义的传入为中国开启了通往历史新篇章之径。思想碰撞之初,马克思主义在与各种社会思潮的博弈中,逐渐确立了指导思想的地位;百废待兴之际,马克思主义在实践中战胜各种歪理邪说,日渐巩固了指导思想的地位。无论是革命道路上,还是建设进程中,马克思主义都播散着科学的种子。我党也曾经出现偏离马克思主义的曲折时期,并直接导致了"文化大革命"的产生,造成了我国十年的困苦和灾难。直至十一届三中全会的召开,中国共产党才重新确立马克思主义的指导思想地位。今天,中国在世界经济低迷的旋涡中仍然保持着经济的稳步和快速增长,这充分彰显了中国特色社会主义的独特魅力,使得全世界开始重新关注马克思主义的科学理论。正反两方面的经验都告诉我们,唯有在生动的中国实践中坚守马克思主义的指导地位,才能更好地发挥科学理论对社会实践的巨大推动作用。

马克思主义的科学性和真理性表现在其所具有的时空超越性当中,具有世界普遍意义,但各国对马克思主义的具体运用各有特色。恩格斯在《致韦尔纳·桑巴特》的信中强调:"马克思的整个世界观不是教义、而是方法。它提供的不是现成的教条,而是进一步研究的出发点和供这种研

究使用的方法。"① 列宁在《我们的纲领》中也讲道："我们决不把马克思主义的理论看做某种一成不变的和神圣不可侵犯的东西；恰恰相反，我们深信：它只是给一种科学奠定了基础，社会党人如果不愿落后于实际生活，就应当在各方面把这门科学推向前进。"② 邓小平在中国共产党人的历史与现实中认识到："各国必须根据自己的条件建设社会主义。固定的模式是没有的，也不可能有。"③ 习近平亦强调："马克思主义必定随着时代、实践和科学的发展而不断发展，不可能一成不变，社会主义从来都是在开拓中前进的。"④ 马克思主义实事求是、与时俱进的内在精神品质与具体实际的需要要求我们要在坚持马克思主义的基础上，不断推进马克思主义中国化。以毛泽东、周恩来等为领导核心的中国共产党人带领全国各族人民，以马克思主义为指导，在实践中摸索适合中国的革命发展道路，完成了反帝反封建的新民主主义革命，吹响了新中国的号角，促成了马克思主义中国化的第一次飞跃。党的十一届三中全会后，以邓小平为领导核心的第二代领导集体，遵循马克思主义的基本原理，秉持解放思想、实事求是的基本原则，对社会主义初级阶段理论进行了明确概括和阐发，提出以经济建设为中心，实行改革开放，为建设中国特色社会主义指明了方向。步入新世纪，针对全新的世情国情党情，江泽民提出"三个代表"重要思想，明确了党的根本性质和根本任务。面临中国特色社会主义发展当中的困境和阻碍，胡锦涛提出了科学发展观、构建社会主义和谐社会等理念，形成了以邓小平理论、"三个代表"重要思想、科学发展观为主要内容的马克思主义中国化的第二次飞跃。站在全新的历史起点上，习近平总书记高瞻远瞩，注重加强中国特色社会主义事业的顶层设计，勾勒出"四个全面"战略布局，以时代的眼光开拓马克思主义中国化的全新局面。中国共产党90年来所以能够不断发展壮大，所以能够带领人民创造举世瞩目的伟业，一个根本原因，就在于始终以科学的理论为指导，坚持把马克思主义基本原理与中国的具体实践结合起来，以不自满、不懈怠的实干精神不断推进马克思主义中国化，实现了党的指导思想和基本理论的与时俱进。

---

① 《马克思恩格斯选集》第4卷，人民出版社2012年版，第664页。
② 《列宁选集》第1卷，人民出版社2012年版，第274页。
③ 《邓小平文选》第3卷，人民出版社1993年版，第292页。
④ 《习近平谈治国理政》，外文出版社2014年版，第23页。

2. 坚持以经济建设为中心不动摇

以经济建设为中心，促进经济、政治、文化、社会、生态协调发展，是中国特色社会主义不断发展的基本经验。马克思、恩格斯认为，生产力作为最活跃、最革命的因素，是人类社会发展和进步的最终决定力量。人类社会的基本矛盾，即生产力和生产关系、经济基础和上层建筑的矛盾，决定着整个社会发展的客观趋势。"受到迄今为止一切历史阶段的生产力制约同时又反过来制约生产力的交往形式，就是市民社会"，[①]"而对市民社会的解剖应该到政治经济学中去寻求"，[②]"人们在自己生活的社会生产中发生一定的、必然的、不以他们的意志为转移的关系，即同他们的物质生产力的一定发展阶段相适合的生产关系。这些生产关系的总和构成社会的经济结构，即有法律的和政治的上层建筑竖立其上并有一定的社会意识形式与之相适应的现实基础。物质生活的生产方式制约着整个社会生活、政治生活和精神生活的过程。"[③] 列宁在捍卫马克思、恩格斯关于经济基础与上层建筑关系的观点时，着重强调任何政治上层建筑"归根到底是由该社会中的生产关系决定的"[④]。邓小平在前人理论的基础上得出了这样的结论："一个真正的马克思主义政党在执政以后，一定要致力于发展生产力。"[⑤] 邓小平在南方谈话中，更是明确提出解放和发展生产力是社会主义的本质，以经济建设为中心是其题中应有之义，其他一切任务都要服从这个中心。

以经济建设为中心是我们党基于历史的经验教训、基本国情得出的结论。新中国成立后，由于当时历史条件的限制，我们在探索社会主义建设道路中走了一些弯路，路线方针出现了偏差，逐渐地由集中力量发展生产力转向了以阶级斗争为纲，导致了"文化大革命"的内乱，使社会主义建设遭到严重的挫折和损失。十一届三中全会开始，我们党确定了根本的政治路线，把努力发展社会生产力，作为压倒一切的中心任务，这是中国社会主义建设的历史性转变。目前我国正处于并将长期处于社会主义初级阶段，经济、政治、文化和社会生活的方方面面还存在各种矛盾，解决人

[①]《马克思恩格斯选集》第1卷，人民出版社2012年版，第167页。
[②]《马克思恩格斯选集》第2卷，人民出版社2012年版，第2页。
[③] 同上。
[④]《列宁选集》第4卷，人民出版社2012年版，第405页。
[⑤]《邓小平文选》第3卷，人民出版社1993年版，第28页。

民日益增长的美好生活需要和不平衡不充分的发展之间的矛盾就是我们的中心任务。只有以经济建设为中心，不断提高生产力水平，各种社会矛盾才能有效解决，推动社会全面进步。改革开放40年，我们取得了辉煌的成就，但我们仍然是发展中国家，在经济、科技和军事力量方面同发达国家还有着巨大差距，面临霸权主义和强权政治的压力。而要改变这一状况，仍然必须以经济建设为中心。只有生产力发展了，经济实力增强了，国家才能强大，在国际上才有发言权，腰杆子才能更硬。只有不断促进经济发展，改善人民群众生活，社会主义优越性才能植根于人民心中，我们党才能得到广大人民群众的衷心拥护和支持，才能为实现中华民族复兴的中国梦提供强大的物质基础。

从邓小平提出物质文明和精神文明"两手抓、两手都要硬"的战略方针，到党的十五大提出建设中国特色社会主义的经济、政治、文化建设三位一体的基本纲领，再到党的十六届六中全会提出经济、政治、文化、社会建设"四位一体"、十八大提出经济建设、政治建设、文化建设、社会建设、生态建设"五位一体"的总体布局，都是我们党科学总结社会主义建设实践经验的结果，体现了我们党对社会主义建设规律的认识达到新境界。近年来，学界对以经济建设为中心的看法产生分歧并提出了不同的观点，包括多中心论、中心转移论以及中心负面论等。以经济建设为中心是改革开放以来明确而又持之以恒的战略思想，只要社会主义初级阶段的主要矛盾没有发生根本变化，国际国内形势没有根本改变的情况下，就必须坚持以经济建设为中心，这是毫不动摇地坚持党在社会主义初级阶段基本路线的根本要求，也是解决当前我国所有问题的根本要求。习近平多次强调，以经济建设为中心是兴国之要，发展是党执政兴国的第一要务。所以，从根本上讲，我们今天所要做的不是去动摇和否定以经济建设为中心，而是要坚持和完善它。那种怀疑、否定以经济建设为中心的看法，违背了我国仍处于社会主义初级阶段基本国情的现实，在实际工作中是非常有害的。

3. 注重党的领导与群众创造的统一

实践的主体是人民群众，创造辉煌历史的主体还是人民群众，人民群众是物质财富和精神财富的创造者，也是推动社会变革的决定性力量。马克思、恩格斯曾说："历史什么事情也没有做，它'并不拥有任何无穷尽的丰富性'，它并'没有在任何战斗中作战'！创造这一切、拥有这一切并为这一切而斗争的,不是'历史',而正是人,现实的、活生生的人。'历史'并不是把人当做达到自己目的的工具来利用的某种特殊的人格。历史不过是追求着自己目的的人的活动而已。"① 历史是人民的选择,而创新是一个民族永葆生机的不竭动力。人民群众在创造历史的过程中,自觉发挥主观能动性,发挥首创精神,为人类生存和发展提供了源源不断的物质资源和精神财富。中国共产党成立以来,之所以能够从小到大、从弱到强、由革命党成为执政党,离不开广大人民群众的信任、支持和拥护。

改革开放以来,在中国特色社会主义实践进程中,人民群众作为中国特色社会主义道路的实践主体和创造主体,都在为中国特色社会主义贡献自己的力量,创造活力得到了充分体现,从而为党的领导提供了源源不断的动力。邓小平讲到,改革开放中许多东西,都是由群众在实践中提出来的,是群众的智慧、集体的智慧。安徽省凤阳县小岗村农民敢为人先,自发开始推行家庭联产承包责任制,提高了农业产量、促进了农业生产、改进了生产技术、激起了生产热情,正是人民群众首创精神的结果。就像邓小平所说:"中国的事情能不能办好,社会主义和改革开放能不能坚持,经济能不能快一点发展起来,国家能不能长治久安,从一定意义上说,关键在人。"② 随着物质资料生产方式的变革,先进科学技术和思想理念的引入,我国社会经济成分和经济利益、社会生活方式、社会组织形式、就业岗位和就业方式呈现出多样化趋势,社会阶层也日益分化出新的群体,如 IT 行业工作者、自由职业者,还有远离乡村、远赴城市的农民工群体等等,许多新奇的职业更是层出不穷。党的十六大报告明确指出:"包括知识分子在内的工人阶级,广大农民,始终是推动我国先进生产力发展和社会全面进步的根本力量。在社会变革中出现的民营科技企业的创业人员和技术人员、受聘于外资企业的管理技术人员、个体户、私营企业主、中介组织的从业人员、自由职业人员等社会阶层,都是中国特色社会主义事业的建设者。"③ 尽管他们从事不同的职业,拥有不同的利益诉求,但都在自己的岗位上发挥着不可磨灭的作用,推进着中国特色社会主义的创造性实践。

---

① 《马克思恩格斯全集》第 2 卷,人民出版社 1957 年版,第 118—119 页。
② 《邓小平文选》第 3 卷,人民出版社 1993 年版,第 380 页。
③ 《中国共产党第十六次全国代表大会文件汇编》,人民出版社 2002 年版,第 14—15 页。

人民群众的创造活动，也需要党的领导为其提供政治保障。中国共产党是工人阶级的先锋队，是无产阶级事业的领头人，列宁曾指出："只有工人阶级的政党，即共产党，才能团结、教育和组织无产阶级和全体劳动群众的先锋队，而只有这个先锋队才能抵制这些群众中不可避免的小资产阶级动摇性，抵制无产阶级中不可避免的种种行业狭隘性或行业偏见的传统和恶习的复发，并领导全体无产阶级的一切联合行动，也就是说在政治上领导无产阶级，并且通过无产阶级领导全体劳动群众。"[1] 正是中国共产党的导航作用，使人民群众能够制定出正确的实践目标和措施，使其创造才能得到展示，创造愿望得以实现。

当然，要使党的领导更好地为广大人民群众的创造性实践服务，就必须加强和改善党的领导，牢牢把握加强党的执政能力建设、先进性和纯洁性建设这条主线，同时充分尊重人民群众的主体地位，坚持党的群众路线和群众观点。中国共产党 90 多年的风雨历程，在革命、建设和改革的征途上，努力提升治国理政的能力和水平。习近平在十八届中央政治局常委同中外记者见面时的讲话中说道："打铁还需自身硬。我们的责任，就是同全党同志一道，坚持党要管党、从严治党，切实解决自身存在的突出问题，切实改进工作作风，密切联系群众，使我们党始终成为中国特色社会主义事业的坚强领导核心。"[2] 党的十八届三中全会提出了"国家治理体系和治理能力现代化"，并将其作为全面深化改革的总目标之一，这是对党的执政能力提出的全新要求。并且紧锣密鼓地开展了群众路线教育实践活动，树立和发扬"三严三实"作风，鼓励和要求"依靠学习走向未来"。一言以蔽之，不断提高党的执政能力，是不断满足中国特色社会主义实践的必然要求，也是巩固改革开放成果、确保中国特色社会主义方向的坚实屏障，更是为广大人民群众在经济、政治、文化、社会和生态领域的创造性实践拓展空间。

由此可见，党的领导和群众首创是相互关联、相辅相成的。党的领导是群众从事创造性实践的政治保障，而群众创造为党的领导提供了不竭的动力。只有把二者统一起来，才能推动中国特色社会主义事业的发展。遵循这一宝贵经验的指导，在今后的工作中，党要始终坚持为人民执掌政权、靠人民执掌政权，进一步健全重大决策的规则和程序，提升重大行政

---

[1] 《列宁选集》第 4 卷，人民出版社 2012 年版，第 474 页。
[2] 《习近平谈治国理政》，外文出版社 2014 年版，第 4—5 页。

决策的公民参与度。就涉及国家发展全局的重大问题和涉及群众切身利益的实际问题，要广纳群言、广集民智，充分发挥人民群众的主人翁作用。同时必须毫不动摇地坚持党对国家和社会生活的政治领导、思想领导和组织领导，善于把党的主张通过法定程序上升为国家意志，并动员和组织人民群众依法将其落实到治国理政的各项工作中去。

4. 坚持改革开放同坚持四项基本原则相结合

把坚持四项基本原则同坚持改革开放结合起来，始终保持改革开放的正确方向，这是我们在中国特色社会主义实践中积累的一条宝贵经验。牢记这条宝贵经验，对于我们加深对中国特色社会主义发展模式的认识具有重大意义。五千年的华夏文明铸就了中华民族灿烂辉煌的宏伟画卷，中国曾以世界强国的姿态屹立在东方大地上。但近代闭关锁国政策的施行，使得中国被远远甩在了世界发展的后面。19世纪50年代，马克思在《纽约每日论坛报》上评论中国问题时谈道："与外界完全隔绝曾是保存旧中国的首要条件，而当这种隔绝状态通过英国而为暴力所打破的时候，接踵而来的必然是解体的过程，正如小心保存在密闭棺材里的木乃伊一接触新鲜空气便必然要解体一样。"① 新中国成立以来，中国社会摆脱了半殖民地半封建的社会性质，以全新的姿态矗立于世界舞台，开始了中国社会主义建设和发展道路的探索，获得了成就和认可，也历经了彷徨和曲折。在饱尝固步自封、闭门造车的苦果后，我们不能再任由陈旧的思想禁锢发展的脚步。邓小平曾说："中国长期处于停滞和落后状态的一个重要原因是闭关自守，经验证明，关起门来搞建设是不能成功的。"② 自十一届三中全会起，开始实行改革开放的政策，中国的面貌发生了巨大变化。通过改革，中国特色社会主义道路把社会主义与市场经济结合在一起，使我们深化了对社会主义的认识，充分调动和发挥了劳动者的积极性、主动性和创造性，推动了我国经济又好又快的发展，促进了社会主义制度和体制的自我完善和发展。通过开放，使中国的发展与世界的发展更紧密地交织在一起，并与西方社会主导的全球化相对接，使中国特色社会主义获得了更广阔的发展空间和机遇，为我们学习和借鉴一切有利我国社会主义建设的有益经验和优秀成果创造了条件，也为人们思想不断解放、观念不断更新提

---

① 《马克思恩格斯选集》第1卷，人民出版社2012年版，第780—781页。
② 《邓小平文选》第3卷，人民出版社1993年版，第78页。

供了一种横向比较和外部动力。党的十七大报告指出:"事实雄辩地证明,改革开放是决定当代中国命运的关键抉择,是发展中国特色社会主义、实现中华民族伟大复兴的必由之路;只有社会主义才能救中国,只有改革开放才能发展中国、发展社会主义、发展马克思主义。"①

这里需要指出的是,我国实行改革开放和现代化建设的历程中,到底该遵循一条什么样的发展道路,对这一问题的回答关乎社会主义的前途和命运。对此,我们必须保持清醒的头脑。邓小平曾告诫:"在整个改革开放的过程中,必须始终注意坚持四项基本原则。"② 习近平也指出,改革开放是有方向、有立场、有原则的,要坚持四项基本原则这个立国之本,以四项基本原则保证改革开放的正确方向。我们制定的改革开放的各项方针政策,是在科学理论指导下进行的,而决不是相反,否则,就会把社会主义自我完善和发展的改革开放,变成同社会主义原则相对立的"改向"了。我们必须保持党制定的诸如独立自主、民主法制、对外开放、对内搞活等内外政策的连续性,不能改变更不能动摇,而所有这些政策的基础,就是四项基本原则。这说明,我国的改革开放是在坚持四项基本原则的前提下展开的,离开四项基本原则,改革开放就会迷失方向,社会就将陷入混乱,就谈不上安定团结,社会主义建设和改革、振兴中华、实现中国梦,都将成为空话。坚持四项基本原则,就为改革开放和现代化建设的健康发展提供了最重要的政治保证,使我们在任何风浪面前都能坚持正确的航向,把中国特色社会主义的航船驶向胜利的彼岸。

实践反复告诉我们,坚持党的基本路线不动摇,必须把改革开放和四项基本原则结合起来。改革开放是实现中华民族复兴的必由之路,要以四项基本原则为指导;四项基本原则是保证中国不变颜色的立国之本,要在改革开放中获得新的时代内容。两者都决定中国的命运,具有同等重要的意义,必须以马克思主义的立场、观点和方法,正确处理改革开放和四项基本原则的关系,把两者统一于建设中国特色社会主义事业之中。

5. 固守意识形态领域的领导权,维护和营造良好的思想环境

马克思、恩格斯在《德意志意识形态》中一个著名的论断:"统治阶级的思想在每一时代都是占统治地位的思想。这就是说,一个阶级是社会

---

① 《十七大以来重要文献选编》上,中央文献出版社 2009 年版,第 8 页。
② 《邓小平文选》第 3 卷,人民出版社 1993 年版,第 379 页。

上占统治地位的物质力量,同时也是社会上占统治地位的精神力量。"①意识形态属于观念上层建筑,由经济基础决定并会对经济基础起着促进或阻碍的作用。统治阶级"作为思想的生产者进行统治,他们调节着自己时代的思想的生产和分配"②,并"赋予自己的思想以普遍性的形式"③,进而将其上升为国家意志,甚或以法律的形式固定下来。牢牢把握意识形态领域的领导权,树立和宣扬社会主义主流意识形态,是马克思主义经典作家一再强调的重要工作。列宁说过:"对社会主义意识形态的任何轻视和任何脱离,都意味着资产阶级意识形态的加强。"④ 苏联解体、东欧剧变的主要原因之一即是意识形态领域领导权的松懈和放弃。

中国共产党成立以来,一直坚持马克思主义的指导思想地位,并充分意识到意识形态建设也是党建工作的重要部分,丝毫不曾放松在意识形态领域的领导权,积极开展思想政治工作,保障思想理论安全,努力营造符合和助力社会经济、政治发展的思想环境。1958 年,毛泽东强调:"思想工作和政治工作,是完成经济工作和技术工作的保证,它们是为经济基础服务的。思想和政治又是统帅,是灵魂。只要我们的思想工作和政治工作稍微一放松,经济工作和技术工作就一定会走到邪路上去。"⑤ 党的十一届三中全会之后,邓小平也一再强调,要把思想政治工作放在"生命线"的地位上,须臾不能放松,务必扎扎实实做好。新时期,胡锦涛同样看重思想政治工作的"生命线"地位,着重于抓好未成年人的思想道德建设和大学生思想政治教育,不断提高他们的思想认识。面对新情况新问题新要求,习近平深刻洞察瞬息万变的国际形势,体会到意识形态建设又发展到了新的阶段,言明要"把宣传思想工作做得更好",提出"要深入开展中国特色社会主义宣传教育,把全国各族人民团结和凝聚在中国特色社会主义伟大旗帜之下。要加强社会主义核心价值体系建设,积极培育和践行社会主义核心价值观,全面提高公民道德素质,培育知荣辱、讲正气、作奉献、促和谐的良好风尚。"⑥ 用马克思主义固守意识形态领域的领导权,维护和营造良好的思想环境,为中国特色社会主义道路确立一道思想屏

---

① 《马克思恩格斯选集》第 1 卷,人民出版社 2012 年版,第 178 页。
② 同上书,第 179 页。
③ 同上书,第 180 页。
④ 《列宁选集》第 1 卷,人民出版社 2012 年版,第 327 页。
⑤ 《毛泽东文集》第 7 卷,人民出版社 1999 年版,第 351 页。
⑥ 《习近平谈治国理政》,外文出版社 2014 年版,第 154 页。

障,这也是中国特色社会主义基本经验之一。

中国特色社会主义是中国共产党带领全国各族人民共同铸就的伟大工程。它形成于马克思主义普遍原理与中国实际的结合,发展于中国特色社会主义的伟大实践,落脚于当代中国的适时国情需要,服务于中国最广大的人民群众。总结中国特色社会主义基本经验,为审视中国特色社会主义的新境遇提供了多维视角,为谱写社会主义中华文明的新乐章提供了丰富的科学音符。

三 处理好同多种文明的关系

(一)正确处理中国特色社会主义文明同共产主义、中华传统文明的关系

要处理好同共产主义文明的关系。中国特色社会主义是共产主义社会形态发展的一个阶段。从两者文明的性质看,其本质相同。但是彼此有发展程度的区别。正确处理两者的关系,既不能将彼此割裂,也不能超越阶段。基本方针是坚持中国共产党的最高纲领和最低纲领的统一,明确共产主义的实现是一个历史过程,需要经过若干阶段的具体目标,有步骤、分阶段地向前推进。最低纲领是具有阶段性的目标,是我们党在不同历史时期的最近目标和通向共产主义理想道路上的里程碑。当前,要立足现实,面向未来,扎实做好现阶段的工作,为实现未来的目标创造条件,夯实基础。

要处理好同中华传统文明的关系。中华民族在历史上创造的灿烂文明曾走在世界文明发展的前列,在封建时代达到了巅峰。中国封建时代产生和发展的典章制度、文艺作品和古代科学技术等,是中国文明的重要成果。指南针、火药、造纸和印刷等许多重要发明,曾经给西方文明发展以深刻的重大的影响。对待中华传统文明,首先是要十分珍惜,继承这份珍贵的历史遗产;其次要进行历史的具体的分析,不能简单地全盘否定或全盘肯定。对于中华文明成果根本创造力的传统文化来说,重要的是坚持批判与继承相结合,创新与发展相结合。从批判与继承相结合的角度讲,任何一个国家的文化都是一个连续的统一体,过去、现在、未来的文明都有内在的关联性。中华传统文化是社会主义文明的渊源,是走向现代化、实现民族伟大复兴的动力。否定中华传统文化,就等于否定历史,人为地割

断自己的"根"。一方面，批判中有继承，批判并不是否定一切。就"批判"本身而言，有"分析判断"的意思。当然，我们对一种文明现象作出分析判断的时候，难免会出现一些否定评价，但它并不是单纯的否定，更不是彻底否定，而是一种辩证的评判，这种评判是在分析判断的基础上作出鉴别，再作出价值评价，然后进行取舍，即否定其不好的一面，对其好的一面往往通过转化、继承而加以吸收。另一方面，继承中也有批判，继承并不是全部照搬照抄。就"继承"而言，是对原有的东西的一种的"保留性承受"。传统文化的继承是一种选择性的接受，对中华传统文化的继承，必须要剔除其封建性、落后性的内容，吸收其民主性、开放性的精华。鉴于继承和批判之间是辩证统一关系，在中华传统文化创化过程中，我们必须反对两种观点：一种是只要批判不要继承，不加分析地盲目否定人类文明遗产，否定民族文化，甚至否定一切精神文化价值的"历史虚无主义"；另一种是只要继承不要批判，将传统文化当作"千古不变的教条"、"万世不变的真理"的文化复古主义。这两种观点都是形而上学观念，不肯对传统文化进行辩证的分析，是完全错误的。对中华传统文化实行批判性和继承性相结合，一方面要"取其精华"，对于中华传统文化中的优秀部分，需要继承好发展好；另一方面也要"剔除其糟粕"，对于中华传统文化中的消极落后的成分，进行积极地批判，正所谓"不破不立，不塞不流，不止不行，它们之间的斗争是生死斗争"[1]，这是对中国传统文化的辩证的"扬弃"态度，也是创造性转化和创新性发展的本质要求。

从创新与发展相结合的角度讲，文化是一个辩证的、发展的范畴。随着社会经济和政治的发展，文化也会相应地发生转变。换句话说，一个国家的物质文明发展水平必然要与一定文化精神相匹配，否则文化就会失去其应有的内在活力和发展动力。中国传统文化的创造性转化和创新性发展需要将创新和发展结合起来。"创新"，意味打破成规、消除偏见；"发展"意味着突破和超越。中华传统文化的创新，就是不断打破中华传统文化框架及其文化理念，建设具有指导性、前瞻性、稳定性的新文化、新理念。中华传统文化的发展，主要体现文化的自我否定、辩证发展的特质，体现出"苟日新，日日新，又日新"的自我更新特点。我们对待中

---

[1] 《毛泽东选集》第2卷，人民出版社1991年版，第695页。

国传统文化时,不是为了批判继承而批判继承,而是要在批判与继承的基础上,对原有的传统文化进行增添新义、改造形式、增补现实内容、拓宽延展其内涵,进行文化的再创造。在社会主义现代化建设过程中,坚持文化创新和文化发展,实际上就是要将传统和现实紧密结合起来,赋予中华传统文化以现代意义,使之与爱国主义为核心的民族精神和与改革创新的时代精神相融合,不断完善文化的表达,提出文化的理解,体现出文化与时俱进、变化日新的新气象。鉴于创新和发展之间的辩证统一关系,在建设中国特色社会主义文明过程中,我们必须反对两种观点:一种是盲目地排斥一切外文化、夜郎自大、闭关自守、安于民族现状的"文化保守主义";另一种是否定中国的一切传统文化,盲目的、完全照搬照抄国外的文化的"全盘西化论"。这两种观点要么拒绝同世界文化对话交往,要么"崇洋媚外"、全盘西方化,对中国传统文化的创新和发展极其有害。对中华传统文化实行创新和发展相结合,一方面要注意传统文化要与现代化相适应,消除与马克思主义和当代中国特色社会主义文化不相符合的内容;另一方面也要防止对西方文化优劣不分,全面、配套、彻底地将西方的政治制度、意识形态、道德伦理等移植到中国,将中华传统文化中的优秀因子连同糟粕一起扔掉。一句话,要处理好中国特色社会主义文明与中华传统文明的关系,必须实现传统文化的现代重塑,坚持创造性转化和创新性发展方针,把创新和发展相结合,传统和现代相承接,在继承中创新,在创新中发展。

(二) 正确处理中国特色社会主义文明同资本主义文明的关系

1. 当代资本主义和社会主义的对立统一,关系世界的全局

俄国十月革命的胜利和"二战"后一系列中欧、东欧、亚洲国家人民民主革命特别是中国革命的胜利,使世界历史出现了新的局面。人类历史上出现了从未有过的两个对立的世界:资本主义世界和社会主义世界。由于发达资本主义国家未进入更高的社会主义社会阶段,而经济落后的国家率先进入了社会主义社会,资本主义和社会主义本来是两个继时态的社会形态,却演变成了两种社会形态处于共时态和继时态的交叉状况。人类社会发展到现阶段,世界上尚存在既非社会主义又非资本主义的国家,但已经不是决定当今世界历史发展的基本因素。在现今的世界格局下,资本

主义文明继续存在和发展，社会主义文明在成长、壮大并将最终取代资本主义，这种客观存在的矛盾不可回避，而且成为当代世界全局性矛盾的焦点。这种矛盾经过双方几十年的交锋，现在已出现并存和相互竞争的局面。在这种局面下，任何一方都不可能用武力消灭对方，在短时期内结束对峙，双方只会长期处于并存和竞争的状态。并存和竞争是相互联系的。并存的双方都会在自己的社会制度范围内进行改革，通过完善自己来提升自己的地位，求得和保持超越对方的优势。在这一历史过程中，由于人类在解决人和自然、人和社会关系方面临某些共同问题，也由于科学技术的巨大进步，世界各国经济联系日益紧密，并存和竞争的任何一方的改革和发展都会受到另一方的制约和影响。这样，社会主义同资本主义并存、竞争的过程就同时成为两个世界相互制约又相互影响，相互合作又相互斗争的过程。要经过一个相当长的时期，双方力量的消长才能逐渐改变目前资本主义占优势的地位，进而由社会主义取代资本主义。资本主义迄今才400多年，从全局来说，远不到最终消灭的时候。资本主义文明与社会主义文明将在长时期内，处于共时态和继时态的交叉、竞争状况。这就是社会主义中国必须要着重处理同当代资本主义关系的深刻根据。

2. 中国特色社会主义文明如何处理同当代资本主义文明的关系

（1）在思想认识上，坚持内外有别的原则。对内始终坚持"四项基本原则"。坚持划清中央提出的"四个界限"，即"自觉划清马克思主义同反马克思主义的界限，社会主义公有制为主体、多种所有制经济共同发展的基本经济制度同私有化和单一公有制的界限，中国特色社会主义民主同西方资本主义民主的界限，社会主义思想文化同封建主义、资本主义腐朽思想文化的界限"；对外积极倡导尊重世界文明的多样性的一系列观点，如：坚持"人类历史上各种文明都以各自的独特方式为人类进步作出了贡献"的观点；每个国家有权选择符合本国国情的社会制度、发展战略、生活方式和意识形态，使世界文明呈现出多样性，这不仅是各国的权力所在，而且是世界充满创造活力、推动人类社会向前发展的伟大动力的观点；为推动不同文明的对话和交融，"在人类文明交流的过程中，不仅需要克服自然的屏障和隔阂，而且需要超越思想的障碍和束缚，更需要克服形形色色的偏见和误解，意识形态、社会制度、发展模式的差异不应成为人类文明交流的障碍，更不能成为相互对抗的理由"的观点；各种文明应与其他文明和平共处，求同存异，互相学习，互相借鉴，取长补短、共同发展,使人类更加和睦幸福,让世界更加丰富多彩的观点;反对强权政治、霸权主义,把自己的社会制度和意识形态强加于人的观点,等等。

(2) 在外交政策上,坚持独立自主的和平外交政策,始终不渝地走和平发展道路

在国家关系上,我们坚定不移实行对外开放的基本国策,完善开放型经济体系,全面提高开放型经济水平,坚持在和平共处五项原则的基础上同所有国家发展友好合作,重视学习别国特别是发达国家的先进的科学技术和管理经验,促进我国社会主义文明的发展。同时以自己的发展促进各种文明的融汇、进步和发展。坚持维护发展中国家正当要求和共同利益,积极参与多边事务,推动国际政治经济秩序朝着更加公正合理的方向发展。在党际关系上,中国共产党在独立自主、完全平等、相互尊重、互不干涉内部事务原则的基础上,同各国各地区政党和政治组织发展交流合作,相互学习借鉴治国理政经验,促进国家关系发展。

中国始终不渝地走和平发展的道路得到了国际社会的好评。季塔连科评论说,中国坚持走和平发展道路,并将维护世界安全和保卫和平视为自己的国际主义义务,在此基础上,又把"促进共同发展"这样一个极为重要的内容加入其中。这一结论意义非凡,是对科学社会主义理论的丰富和发展,是在社会主义从乌托邦变为科学和实践征途上迈出的重大一步。

(3) 在中美关系上,全面推进21世纪建设性合作关系

中美两国是世界上两个有重大影响的大国。中美两国关系的状况,事关两国文明能否健康稳定地向前发展,能否给两国人民带来越来越多看得见、摸得着的、实实在在的利益,事关能否对世界和平与稳定带来积极影响,能否给世界各国人民带来更多安全、更大的信心和希望。必须从中美关系发展的大局出发,加强交流、彼此尊重,平等互谅,尤其要尊重彼此核心利益,正确处理两国之间的关系。

长期以来,中国和美国人民对彼此都怀有友好的感情。中国人民欣赏渗透在美国人民生活中的敢于冒险、勇于拼搏、富于创新的精神,钦佩美国人民在国家政治、经济、文化、社会建设等方面取得的巨大成就。随着中国经济建设的快速发展,中美之间在经贸、环保、科技、农业、能源等诸多领域的合作不断深化,越来越多的美国人来到中国,了解中国,在纷纷赞叹中国改革开放以来发生的巨大变化的同时,对中国未来的发展给予

了极大的关注。新型大国关系构建的关键在于中美两国人民的理解、参与和支持。要促进中美创造的独特文明之间的交流，加强往来，增进两国人民的友谊，夯实中美友好的民众基础。

在新的国际形势下，中美两国之间拥有更加广泛的共同利益，合作领域不断扩大。在事关人类和平与发展的一系列问题上，尤其是在反对国际恐怖主义、防止大规模毁灭性武器扩散、解决朝鲜半岛问题、维护亚太稳定，打击跨国犯罪、环境保护等方面，中美两国超越分歧，共同利益逐渐增多。中国市场有着极为广阔的拓展空间，发展需求旺盛，美国有着先进的科学技术、优质的商品，在经济技术方面合作空间巨大。因而，中美建立新型大国关系有着良好的基础，前景广阔。正如习近平所指出的中美"双方都有建设新型大国关系的政治意愿；40多年双方合作的积累，使两国合作具有很好的基础；双方建立了战略和经济对话、人文交流高层磋商等90多个对话沟通机制，为建设新型大国关系提供了机制保障；双方建立了220多对友好省州和友好城市。中国有近19万学生在美留学，美国有2万多学生在华留学。建设中美新型大国关系具有深厚民意基础；未来两国有着广泛的合作空间。"[①] 特朗普上台后，两国在"不冲突、不对抗"意义上也达成了高度共识。可见，只要中美两国从战略高度和长远角度审视和处理中美关系，加强对话，增加互信，扩大共识，深化合作，面向21世纪的中美新型大国关系一定能取得重大进展。但历史的经验同样值得注意。由于美国作为一个世界超级大国，由其根本社会制度所决定，长期以来，一贯傲慢霸道，一意孤行，总是以自己的优越、高贵自居，对别的文明横加指责，随意干涉，置国际关系中的信誉、责任于不顾。如坚持部署导弹防御系统；拒绝执行自己曾经同意的《京都议定书》；严重影响国际法体系的执行；四处策动颜色革命，搞和平演变，总是企图颠覆社会主义国家政权，所以我们在谋求中美关系健康发展时，要十分注意抵制美国等西方国家的全面渗透。近段时间以来，在南海、台湾、朝核等问题上，中美双方分歧严重，尤其是持续向南海派遣军舰和军机，挑战我国的主权和安全。值得注意的是，这些事情都不是孤立偶然的现象，都与针对中国强大的地区大国地位密切相关。2018年后的中美关系将面临不可回避的磨合，中美双方如何携手合作共同应对，使中美关系不出大问题，这

[①] 《习近平谈治国理政》，外文出版社2014年版，第280页。

成为一个摆在美中双方面前的课题。只有维护世界的和平、稳定、发展，才会有利于整个人类的文明进步和发展。中美双方应共同努力，解决好存在的问题，抓住发展的机遇，继续深化各领域合作，加强在国际事务中的沟通协调，巩固扩大中美共同利益，使中美关系继续朝着对两国和两国人民都有利的方向发展。

结　语

本书以中国特色社会主义道路与人类文明史的关系为中心，依次解决的问题是，基本理论前提，即对课题提出的问题应用什么观点看（第一章），对课题提出的问题究竟应该怎么看（第二章—第五章），对课题提出的问题今后应该怎么办（第六章）。三个部分作为一个整体，具有内在的联系。

本书明确了文明和人类文明史在历史唯物主义范畴体系中的地位，并从哲学、历史和社会主义理论上深入论证了世界文明的多样性是一个客观存在。"没有多样化，就不成其为世界"，进一步确立了世界各种文明发展的独立性和不同文明之间的相互影响的观念，人类文明发展的一般规律与它在特定国家及其个别发展阶段上的特殊规律统一的观念，为研究中国特色社会主义与人类文明发展道路的关系提供了基本理论前提；从历史理论和现实的结合上，着力探讨了中国特色社会主义与人类文明发展道路的关系。集中阐明了中国特色社会主义是中国共产党领导下的中国人民在经济全球化背景下继承中华文明的成果，根据当代中国的新实际和时代特征创造的一条不同于传统现代化的、人类追求文明进步的新路。在中国特色社会主义道路上创造的社会主义中华文明成果，是人类文明史上具有独特性的重要组成部分，作出了具有世界历史意义的贡献。同时深入研究了中国社会主义现代化建设是在极其复杂的背景下进行的，中国的发展离不开世界，中国必须积极学习和引进世界上所有的先进经验、一切优秀的文明成果；以探讨中国特色社会主义道路与当代资本主义文明的关系为重点，系统总结了中国特色社会主义的经验，研究了如何正确处理社会主义中华文明与当今多种文明的关系，以为推动人类文明的发展作出新的贡献；为明辨是非，加强问题意识，科学分析了魔化、诋毁中国的怪论及反马克思主义的观点、依据、论证手法，并作出了有深度的理论说明。

本书通过深入发掘和研究相关的历史文献资料，创造性地提出并界定了社会主义中华文明的崭新概念。同时，对中华文明为何成为人类文明史上唯一没有中断的文明的"历史密码"，以及如何由中华文明发展成社会主义中华文明等提出了创新性的见解；对中国特色社会主义道路在人类文明史上作出的伟大创造、独特贡献和历史地位作出了富有创新性的概括和理论说明，清晰地展现了中国特色社会主义道路与人类文明史之间的对立统一关系、一般和特殊的关系；对今后如何加强中国特色社会主义建设，进一步推动社会主义中华文明、社会主义文明和人类文明的发展，作出了有创新性的构想和科学论证。

今天我们提出中国特色社会主义，不仅向世界展示文明的多样性这一人类社会的基本特征，凸显中国特色社会主义对人类文明发展的贡献，更为根本的就是在总结中国社会主义建设经验教训的基础上不断发展与创新，一代又一代地为未来的事业接续奋斗。唯此，我们才能实现共产主义的远大理想和最终目标。

中国特色社会主义建设的长期性、复杂性和艰巨性决定了中国道路问题的复杂性和多变性，也决定了本文的论述必然存在诸多不足和肤浅的地方。如对于中国共产党几代领导集体关于中国特色社会主义与人类文明的思想中蕴含的立场观点和方法还缺乏系统、深入地总结；对中国特色社会主义在人类文明发展中的地位和作用还缺乏深入地挖掘；对中国特色社会主义在与其他文明模式比较中前行的研究还明显不够；等等。这正是作者需要继续努力之处。

参考文献

著作：

1. 《马克思恩格斯文集》（1—10册），人民出版社2009年版。
2. 《马克思恩格斯选集》（1—4卷），人民出版社1995年版。
3. 《列宁选集》（1—4卷），人民出版社1995年版。
4. 《列宁专题文集》（1—5卷），人民出版社2009年版。
5. 《斯大林选集》（1—2卷），人民出版社1979年版。
6. 《毛泽东选集》（1—4卷），人民出版社1991年版。
7. 《邓小平文选》（1—3卷），人民出版社1995年版。
8. 《江泽民文选》（1—3卷），人民出版社2006年版。
9. 《习近平谈治国理政》，外文出版社2014年版。
10. 《习近平关于全面深化改革论述摘编》，中央文献出版社2014年版。
11. 中共中央文献研究室：《十七大以来重要文献选编》（上、中、下），中央文献出版社2011年版。
12. 中共中央文献研究室：《十六大以来重要文献选编》（上、中、下），中央文献出版社2011年版。
13. 中共中央文献研究室：《十五大以来重要文献选编》（上、中、下），中央文献出版社2011年版。
14. 中共中央文献研究室：《十四大以来重要文献选编》（上、中、下），中央文献出版社2011年版。
15. 中共中央文献研究室：《十三大以来重要文献选编》（上、中、下），中央文献出版社2011年版。
16. 中共中央文献研究室：《十二大以来重要文献选编》（上、中、下），中央文献出版社 2011 年版。

17. 中共中央文献研究室：《建国以来毛泽东文稿》（1—13 册），中央文献出版社 2011 年版。

18. 中共中央对外联络部资料编辑中心：《社会党国际和社会党重要文件选编》，中共中央党校出版社 1993 年版。

19. 中共中央文献研究室编：《建国以来重要文献选编》（第 1 册），中央文献出版社 1992 年版。

20. 刘建武：《中国特色社会主义理论体系形成的思想渊源和历史条件研究》，学习出版社 2014 年版。

21. 韦定广：《实现中国梦的康庄大道：中国特色社会主义道路探究》，上海人民出版社 2014 年版。

22. 朱秀英：《中国特色社会主义的"特色"研究》，中国社会科学出版社 2014 年版。

23. 朱宗友：《中国特色社会主义道路选择研究——全球化视野下的意义与战略》，社会科学文献出版社 2013 年版。

24. 白雪秋、宇文利、王寿林等：《中国特色社会主义道路历史、现实和未来》，北京大学出版社 2013 年版。

25. 秦宣主编：《为什么要坚持中国特色社会主义道路》，中国人民大学出版社 2013 年版。

26. 聂运麟等主编：《中国特色社会主义理论体系研究》，人民出版社 2011 年版。

27. 阎树群：《中国特色社会主义自我完善论》，中国社会科学出版社 2011 年版。

28. 张维为：《中国震撼——一个文明型国家的崛起》，上海人民出版社 2011 年版。

29. 教育部高等学校社会科学发展研究中心编：《中国特色社会主义理论体系研究述评》，教育科学出版社 2010 年版。

30. 刘海涛：《中国特色社会主义论纲》，人民出版社 2010 年版。

31. 姚介厚等：《世界文明通论：国外文明理论研究》（上、下），海峡出版发行集团、福建教育出版社 2010 年版。

32. 何星亮：《世界文明通论：中华文明·中国少数民族文明》（上、下），海峡出版发行集团、福建教育出版社 2010 年版。

33. 左玉河：《世界文明通论：中华文明·中国近代文明通论》，海峡出版发行集团、福建教育出版社 2010 年版。

34. 章国锋、钱满素：《世界文明通论：当代文明》（上、下），海峡出版发行集团、福建教育出版社 2010 年版。

35. 王峰明、蒋耘中主编：《时代变迁与思潮激荡》，清华大学出版社 2010 年版。

36. 范希春主编：《中国高层决策六十年：中国特色社会主义道路的探索与创新》（1—6 卷），京华出版社 2010 年版。

37. 孔祥云、刘敬东主编：《中国特色社会主义新编》，清华大学出版社 2009 年版。

38. 程伟礼、戴雪梅等：《中国特色社会主义思想史》，学林出版社 2009 年版。

39. 周新城：《民主社会主义思潮评析》，社会科学文献出版社 2008 年版。

40. 王立新：《苏共兴亡论》，中共中央党校出版社 2007 年版。

41. 沈云锁、陈先奎主编：《中国模式论》，人民出版社 2007 年版。

42. 梅荣政：《中国特色社会主义基本问题研究》，武汉大学出版社 2007 年版。

43. 俞良早：《马克思主义东方社会理论研究》，中共中央党校出版社 2006 年版。

44. 蒲国良、熊光清：《全球化进程中社会主义与资本主义的关系》，中国人民大学出版社 2006 年版。

45. 郑必坚：《思考的历程》，中共中央党校出版社 2006 年版。

46. 李慎明：《2005 年：世界社会主义跟踪研究报告——且听低谷新潮声》（二），社会科学文献出版社 2006 年版。

47. 沙健孙主编：《中国共产党史稿》（5 卷），中央文献出版社 2006 年版。

48. 赵曜：《马克思列宁主义基本问题简编本》，中央党校出版社 2005 年版。

49. 叶启绩主编：《全球化背景下中国特色社会主义价值研究》，中山大学出版社 2005 年版。

50. 冷溶、汪作玲主编：《邓小平年谱（1975—1997）》，中央文献出版社 2004 年版。

51. 沈宗武：《斯大林模式的现代省思》，云南人民出版社 2004 年版。

52. 靳辉明、谷源洋：《当代资本主义与世界社会主义（上卷）》，海南出版社 2004 年版。

53. 复旦大学当代马克思主义研究中心：《当代马克思主义评论》，人民出版社 2004 年版。

54. 马克垚主编：《世界文明史》（上册），北京大学出版社 2004 年版。

55. 丰子义、杨学功：《马克思"世界历史"理论与全球化》，人民出版社 2002 年版。

56. 李崇富、姜辉主编：《马克思主义 150 年》，学习出版社 2002 年版。

57. 吕世荣：《马克思社会发展理论研究》，中国社会科学出版社 2001 年版。

58. 靳辉明主编：《社会主义历史、理论与现实》，安徽人民出版社 2000 年版。

59. 孙承叔：《打开东方社会秘密的钥匙》，东方出版中心 2000 年版。

60. 胡连生、杨玲：《当代资本主义的新变化与社会主义的新课题》，人民出版社 2000 年版。

61. 张雷声：《资本主义的社会矛盾及其历史走向》，安徽人民出版社 2000 年版。

62. ［德］黑格尔：《小逻辑》，贺麟译，商务印书馆.2009 年版。

63. Yasheng Huang. Capitalism with Chinese Characteristics: Entrepreneurship and the State ［M］. Cambridge University Press. 2008.

64. ［美］罗伯特·吉尔平：《世界政治中的战争与变革》，宋新宁、杜建平译，世纪出版集团 2007 年版。

65. ［美］乔恩·厄尔斯特、［挪威］卡尔·欧夫·摩尼：《资本主义的替代方式》，王镭等译，重庆出版社 2007 年版。

66. ［法］路易·阿尔都塞：《保卫马克思》，顾良译，商务印书馆 2006 年版。

67. ［美］乔舒亚·库珀·雷默：《中国形象：外国学者眼中的中国》，社会科学文献出版社 2006 年版。

68. ［澳］罗·霍尔顿：《全球化与民族国家》，倪峰译，世界知识出版社 2006 年版。

69. ［美］大卫·A. 施沃伦：《自觉全球主义-矛盾冲突与对策》，郑文园译，社会科学文献出版社 2005 年版。

70. ［澳］安德鲁·文森特：《现代政治意识形态》，江苏人民出版社 2005 年版。

71. ［英］雷蒙·威廉斯：《关键词：文化与社会的词汇》，刘建基译，生活·读书·新知三联书店 2005 年版。

72. ［英］戴维·麦克莱伦：《马克思以后的马克思主义》，李智译，中国人民大学出版社 2004 年版。

73. ［美］塞缪尔·亨廷顿等：《全球化的文化动力-当今世界的文化多样性》，新华出版社 2004 年版。

74. ［美］爱德华·W. 萨义德：《文化与帝国主义》，生活·读书·新知三联书店 2003 年版。

75. ［英］安东尼·吉登斯：《社会学（第四版）》，北京大学出版社 2003 年版。

76. ［美］大卫·科兹、弗雷德·威尔：《来自上层的革命——苏联体制的终结》，曹荣湘、孟鸣歧等译，中国人民大学出版社 2002 年版。

77. ［英］约翰·格雷：《伪黎明——全球资本主义的幻象》，中国社会科学出版社 2002 年版。

78. ［苏］戈尔巴乔夫：《戈尔巴乔夫：对过去和未来的思考》，新华出版社 2002 年版。

79. ［英］安东尼·吉登斯：《失控的世界》，江西人民出版社 2001 年版。

80. ［美］费正清，刘尊棋译：《伟大的中国革命》，世界知识出版社 2001 年版。

81. ［美］米尔顿·弗里德曼：《资本主义与自由》，商务印书馆 2001 年版。

82. ［英］阿诺德·汤因比：《历史研究》，上海人民出版社 2000 年版。

83. ［德］哈贝马斯等：《全球化与政治》，中央编译出版社 2000 年版。

84. ［英］安东尼·吉登斯：《第三条道路——社会民主主义的复兴》，北京大学出版社 2000 年版。

85. ［法］安德烈·纪德：《从苏联归来》，辽宁教育出版社 1999 年版。

86. ［美］斯塔夫里阿诺斯：《全球通史——1500 年以前的世界、全球通史——1500 年以后的世界》，上海社会科学院 1999 年版。

87. ［美］伊曼纽尔·沃勒斯坦：《历史资本主义》，社会科学文献出版社 1999 年版。

88. ［美］约瑟夫·斯蒂格利茨：《社会主义向何处去——经济体制转型的理论与证据》，周立群等译，吉林人民出版社 1998 年版。

89. ［美］弗朗西斯·福山：《历史终结论》，黄胜强等译，远方出版社 1998 年版。

90. ［美］伊曼纽尔·沃勒斯坦：《现代世界体系》（第一、二、三卷），高等教育出版社 1998 年版。

91. ［英］弗里德里希·奥古斯特冯·哈耶克：《通往奴役之路》，中国社会科学出版社 1997 年版。

92. Robert Weil. Red CAT, White Cat：China and the Contradictions of "market socialism"，New York：Monthly Review Press. 1996.

93. ［英］爱德华·泰勒：《原始文化》，连树声译，上海文艺出版社 1992 年版。

94. ［美］弗·卡特、汤姆·戴尔：《表土与人类文明》，中国环境科学出版社 1987 年版。

95. ［英］布莱恩·麦基：《思想家》，周穗明、翁寒松等译，生活·读书·新知三联书店出版 1987 年版。

96. ［美］爱德华·麦克诺尔·伯恩斯、菲利普·李·拉尔夫：《世界文明史（第一卷）》，罗经国等译，商务印书馆 1987 年版。

论文：

1. 辛向阳：《中国特色社会主义制度的基本优势》，《长白学刊》2015 年第 1 期。

2. 罗建文、朱春晖：《论中国特色社会主义从必然向自由的新飞跃》，《湖南师范大学社会科学学报》2015 年第 1 期。

3. 李红军：《中国特色社会主义道路的世界历史意义》，《学校党建与思想教育》2015 年第 11 期。

4. 许全兴：《中国特色社会主义的"正反合"》，《毛泽东思想研究》2014 年第 4 期。

5. 徐玉明：《国外中国特色社会主义研究述评》，《社会主义研究》2014 年第 4 期。

6. 周新城：《关于坚持中国特色社会主义的几个重要理论问题》，《思想理论教育导刊》2014 年第 6 期。

7. 叶险明：《驾驭"资本逻辑"的中国特色社会主义初论》，《天津社会科学》2014 年第 3 期。

8. 蒋文玲、王莺：《中国特色社会主义的世界历史意义》，《学术探索》2014 年第 2 期。

9. 杨光斌：《"国家治理体系和治理能力现代化"的世界政治意义》，《政治学研究》2014 年第 2 期。

10. 张雷声：《论中国特色社会主义的理论逻辑和历史逻辑》，《马克思主义研究》2014 年第 2 期。

11. 姜淑兰、张丽红：《中国特色社会主义道路：历史必然性与主动选择性的统一》，《毛泽东思想研究》2014 年第 1 期。

12. 李红军：《国际社会对中国道路的解读》，《贵州师范大学学报》（社会科学版）2014 年第 4 期。

13. 李捷：《中国特色社会主义是对科学社会主义的遵循和发展》，《教学与研究》2013 年第 12 期。

14. 李海星：《坚持和发展中国特色社会主义——基于科学社会主义理论逻辑与中国社会发展历史逻辑相统一的视角分析》，《当代世界与社会主义》2013 年第 4 期。

15. 周新城、梅荣政：《关于苏联模式研究的两个问题》，《思想理论教育》2013 年第 8 期（上）。

16. 田鹏颖：《论中国特色社会主义的世界话语权》，《马克思主义研究》2013 年第 7 期。

17. 田心铭：《从〈家庭、私有制和国家的起源〉看马克思恩格斯文明思想》，《马克思主义研究》2013 年第 7 期。

18. 宋吉玲：《中国特色社会主义的内在规定性及其把握——基于

"中国模式"之争的再思考》,《探索》2013年第3期。

19. 陈学明:《论中国道路对人类文明的历史性贡献》,《上海师范大学学报》(哲学社会科学版)2013年第3期。

20. 王立胜:《中国特色社会主义的定性分析》,《中共中央党校学报》2013年第3期。

21. 姜加林:《世界视角下的中国道路》,《求是》2013年第6期。

22. 李景治:《中国特色社会主义道路在世界社会主义发展中的历史地位》,《科学社会主义》2013年第2期。

23. 蒋锐、王镇:《拉美与欧洲社会党的内外政策比较》,《江汉论坛》2012年第9期。

24. 朱颖原:《中国特色社会主义制度的价值取向》,《当代世界与社会主义》2012年第3期。

25. 许门友、李楠:《西方"中国模式"热评析》,《理论导刊》2011年第12期。

26. 黄晓波:《中国特色社会主义制度:构成、特点与完善》,《马克思主义研究》2011年第9期。

27. 郭纪:《西方正在经历深刻的制度危机》,《求是》2011年第17期。

28. 高继文:《论中国特色社会主义与苏联模式的关系》,《理论学刊》2011年第4期。

29. 陈宝:《中国特色社会主义道路在世界社会主义运动中的地位论析》,《学习与实践》2011年第4期。

30. 叶志坚:《人类社会发展道路的有益探索——中国特色社会主义道路的世界意义》,《中共福建省委党校学报》2011年第3期。

31. 李红军、梅荣政:《关于中国特色社会主义与人类文明发展道路的关系思考》,《江汉论坛》2011年第12期。

32. 张森林:《中国特色社会主义道路的科学内涵及世界意义》,《思想政治教育研究》2010年第4期。

33. 俞思念、赵大朋:《金融危机背景下中国特色社会主义发展模式与自由资本主义发展模式之比较》,《学习论坛》2010年第4期。

34. 常宗耀:《正确认识中国特色社会主义和资本主义的关系》,《中国浦东干部学院学报》2010年第4期。

35. 黄宗良：《从苏联模式到中国特色社会主义》，《中共党史研究》2010 年第 7 期。

36. 罗文东：《中国特色社会主义道路的探索历程和本质特征》，《中共云南省委党校学报》2010 年第 2 期。

37. 王拓彬：《论第一代中央领导集体对中国特色社会主义建设道路的艰辛探索》，《中国浦东干部学院学报》2010 年第 1 期。

38. 夏兴有、颜旭：《论中国特色社会主义的世界历史意义》，《中国井冈山干部学院学报》2009 年第 6 期。

39. 高巍翔：《跨越"卡夫丁峡谷"的历史逻辑与中国特色社会主义道路的成功探索》，《中国浦东干部学院学报》2009 年第 6 期。

40. 冷溶：《新中国的成立与中国特色社会主义道路的探索、开辟和发展》，《中国浦东干部学院学报》2009 年第 6 期。

41. 柳国庆：《论中国特色主义道路的理论基础和指导思想》，《东北师大学报》（哲学社会科学版）2009 年第 6 期。

42. 郑德荣、梁继超：《中国特色社会主义道路的社会形态和基本特征》，《东北师大学报》（哲学社会科学版）2009 年第 6 期。

43. ［美］阿里夫·德里克：《重访后社会主义：反思中国特色社会主义的过去、现在和未来》，吕增奎译，《马克思主义与现实》2009 年第 5 期。

44. 吴晓明：《论中国的和平主义发展道路及其世界历史意义》，《中国社会科学》2009 年第 5 期。

45. 秦益成：《如何对待资本主义：中国近现代史的基本问题——兼论中国特色社会主义道路的历史必然性》，《红旗文稿》2009 年第 19 期。

46. 王广：《中国特色社会主义道路的理论探索与历史价值——纪念新中国成立 60 周年》，《南京大学学报》（哲社版）2009 年第 4 期。

47. 徐崇温：《中国特色社会主义道路的世界意义》，《中国特色社会主义研究》2009 年第 4 期。

48. 胡长生：《中国模式、中国经验及其启示》，《中国延安干部学院学报》2009 年第 4 期。

49. 周新城：《为什么必须坚持改革开放不动摇而不能停顿和倒退》，《思想理论教育导刊》2009 年第 6 期。

50. 徐崇温：《国外有关中国模式的评论》，《红旗文稿》2009 年第

8 期。

51. 刘书林：《社会主义的"苏联模式"与中国特色社会主义》，《思想理论教育导刊》2009 年第 3 期。

52. 张忠良：《论中国特色社会主义道路的实践模式创新》，《思想理论教育导刊》2009 年第 2 期。

53. 徐艳玲：《从传统社会主义到中国特色社会主义的历史流变——基于全球化视角的省察》，《理论探讨》2009 年第 2 期。

54. 王泰：《1978 年邓小平访问日本学到了什么》，《政府法制》2009 年第 2 期。

55. 杨金海、吕增奎：《国外学者眼中的中国改革开放》，《上海党史与党建》2009 年第 1 期。

56. 周宏、董岗彪：《马克思主义经典与中国特色社会主义理论体系》，《马克思主义研究》2009 年第 1 期。

57. 蒋耘中、罗红：《科学社会主义基本原则与中国特色社会主义道路》，《高校理论战线》2008 年第 12 期。

58. 姜迎春：《论中国特色社会主义道路的辩证特性》，《毛泽东邓小平理论研究》2008 年第 6 期。

59. 马启民：《国外中国特色社会主义理论研究评析》，《当代世界与社会主义》2008 年第 6 期。

60. 杨承训：《科学发展观规导社会主义市场经济更完善——从改革开放 30 年成就看社会主义市场经济优于资本主义市场经济》，《高校理论战线》2008 年第 11 期。

61. 王炳林、马慧吉：《解放思想与中国特色社会主义道路》，《学习与探索》2008 年第 5 期。

62. 徐觉哉：《国外学者论中国特色社会主义》，《中国特色社会主义研究》2008 年第 3 期。

63. 王伟光：《改革开放是发展中国特色社会主义的强大动力》，《中国社会科学》2008 年第 5 期。

64. 肖贵清、刘爱武：《中国特色社会主义道路的内涵及其特征》，《中国特色社会主义研究》2008 年第 2 期。

65. 吴波：《现代性的内在超越：中国特色社会主义道路实质的一种分析》，《甘肃社会科学》2008 年第 2 期。

66. 张维为:《中国模式回应世界挑战》,《当代中国史研究》2008 年第 2 期。

67. 贺钦:《中国特色社会主义道路对发展中国家的启示》,《马克思主义研究》2008 年第 2 期。

68. 韩振峰:《中国特色社会主义道路的历史选择和现实要求》,《淮海工学院学报》(社会科学版) 2008 年第 2 期。

69. 侯惠勤:《中国的改革开放与科学社会主义共命运——纪念〈共产党宣言〉发表 160 周年》,《马克思主义研究》2008 年第 3 期。

后　记

　　这部《中国特色社会主义与人类文明发展道路研究》，是我们承担的2011年国家社科基金项目"中国特色社会主义与当今人类文明发展道路研究"（11BKS024）的结项成果。李红军作为项目负责人拟定写作提纲，并统稿、审改、定稿。具体写作分工如下：李红军（导论、第一章第二节、第三节、第二章第一节、第四章、第五章、第六章和结语）；陈留根（第一章第一节，第二章第二、三节，第三章）。

　　研究工作历时数年，此书付梓之时，还有许多感念之情难以忘怀。要向我的导师、武汉大学梅荣政教授表达深深的敬意，他对本研究提出了诸多有价值的建议。感谢为本书做了大量编辑工作，付出辛勤劳动的责任编辑，感谢中国社会科学出版社的出版支持。在本书的写作过程中，我们还参考了国内专家的相关研究成果，在此，致以诚挚的谢意！

　　由于我们的水平有限，书稿中难免会有不妥之处，恳请读者批评教正。

李红军

2017年11月24日